Über dieses Buch

Der Klimawandel ist da – keiner kann dies mehr leugnen. Schon wird gefragt, wie wir uns dem veränderten Weltklima anpassen können. Aber so weit ist es noch nicht. Noch können wir das Schlimmste verhindern, wenn wir endlich handeln.

Dieses Buch analysiert in seinem ersten Teil, woran bislang in Wirtschaft, Politik und Gesellschaft aktiver Klimaschutz scheitert. In seinem zweiten Teil werden elf konkrete Projekte vorgestellt, mit denen die Wende noch zu schaffen ist – allesamt möglich und machbar. Der dritte Teil ist ein Ausblick: Würden die Vorschläge des Buches realisiert, könnte der deutsche Kohlendioxid-Ausstoß bis 2020 halbiert werden. Und die Frage drängt sich auf, warum damit nicht endlich begonnen wird.

Toralf Staud und Nick Reimer zeigen, was jeder selbst zur Rettung der Welt tun kann: als Konsument und Wähler, als Häuslebauer und Urlauber. Und sie benennen, was Wirtschaft und Politik tun müssen – denn es ist zu wenig, nur an Einzelne zu appellieren: Mit Energiesparlampen allein ist die Welt nicht mehr zu retten.

Weitere Hintergründe, Tipps, Aktionen unter:
www.wir-klimaretter.de

Die Autoren

Toralf Staud studierte Journalistik und Philosophie. Von 1998 bis 2006 war er Politikredakteur und Hauptstadtkorrespondent der *ZEIT*. Heute ist er freier Autor, u. a. für das *Greenpeace Magazin*. 2005 erschien sein Buch »Moderne Nazis. Die neuen Rechten und der Aufstieg der NPD« (KiWi 909).

Nick Reimer, diplomierter Energieverfahrenstechniker, war im Herbst 1989 Mitgründer der ersten überregionalen Umweltschrift der DDR, der *Ökostroika*. Heute ist er Wirtschaftsredakteur der *taz* in Berlin. 2002 erschien sein Buch »als der Regen kam« über die Flut in Sachsen (Michel Sandstein Verlag).

Toralf Staud / Nick Reimer

WIR KLIMARETTER

 So ist die Wende
noch zu schaffen

Kiepenheuer & Witsch

Dieses Buch wurde – so weit möglich – klimaneutral produziert. Die durch den Druck des Buches entstandenen Kohlendioxid-Emissionen wurden durch die atmosfair gGmbH in Klimaschutzprojekten eingespart. Auch die bei Recherche und Vertrieb angefallenen Kohlendioxid-Emissionen wurden auf diese Weise ausgeglichen.

Die Autoren nutzten klimafreundlichen Öko-Strom von »Lichtblick« und den Energiewerken Schönau.

Aktionen, Informationen, Debatten unter:
www.wir-klimaretter.de

FSC

Mix

Produktgruppe aus vorbildlich
bewirtschafteten Wäldern und
anderen kontrollierten Herkünften

Zert.-Nr. GFA-COC-1223
www.fsc.org
© 1996 Forest Stewardship Council

1. Auflage 2007

Umschlaggestaltung: Barbara Thoben, Köln
Umschlagmotiv: © Fotolia
Gesetzt aus der Sabon und der Neuen Helvetica
Satz: Buch-Werkstatt GmbH, Bad Aibling
Druck und Bindung: Clausen & Bosse, Leck
ISBN: 978-3-462-03908-5

Inhalt

Das Klima ist noch zu retten

Aber nur, wenn wir sofort damit anfangen.
Und wenn alle mitmachen: Wirtschaft und Politik,
aber auch jeder Einzelne. Der deutsche Ausstoß
an Kohlendioxid kann bis zum Jahr 2020 halbiert
werden. Wie? Das zeigt dieses Buch.

Wenn Sie immer noch glauben, es gäbe keinen Klimawandel, dann lesen Sie dieses Buch nicht. Auf den folgenden Seiten werden keine Belege für das Offensichtliche ausgebreitet. Der Klimawandel ist längst da – weltweit schmelzen die Gletscher, das Packeis der Arktis wird weniger und dünner, der Frühling in Deutschland fing 2007 schon im Januar an. Ebenso klar ist, was das Klima aus dem natürlichen Rhythmus gebracht hat – beziehungsweise wer: der Mensch. Seit Beginn des Industriezeitalters stößt er mehr Treibhausgase aus, als die Atmosphäre verkraften kann. »Die Erwärmung des klimatischen Systems ist unzweifelhaft«, heißt es im jüngsten Bericht des UN-Klimarats IPCC. Und: Sie ist das »Resultat menschlicher Aktivitäten seit 1750«.[1] Wer seinen Verstand beisammen und keine gegenteiligen (wirtschaftlichen) Interessen hat, der leugnet das auch nicht mehr.

Doch statt nun über mögliche Maßnahmen und Lösungen nachzudenken, geht die Debatte nahtlos über zu der Frage, wie man sich am besten an den Klimawandel anpassen könnte. Dabei ist das Wort »Klimawandel« eine Verniedlichung dessen, was bevorsteht, wenn die Menschheit weitermacht wie bisher. Dann droht der Erde ein Klimakollaps, ein Klimachaos, eine Katastrophe. Statt uns Gedanken zu machen, wie wir mit dieser Katastrophe leben können, sollten wir uns besser überlegen, wie sie noch zu verhindern ist. Es ist noch nicht zu spät.

Dieses Buch zeigt, *wie* das Schlimmste noch abgewendet werden kann. Der erste Teil analysiert, woran bislang in Wirtschaft, Politik und Gesellschaft aktiver Klimaschutz scheitert. Danach geht es im zweiten Teil um Projekte, mit denen der Ausstoß von Treibhausgasen in Deutschland drastisch gesenkt werden kann. All diese Projekte sind machbar und finanzierbar. Man müsste sie nur wollen. Der dritte Teil blickt in die Zukunft: in eine Zukunft mit und in eine Zukunft ohne Klimaschutz.

Es geht in diesem Buch – fast – nur um Deutschland. Denn Industrieländer wie Deutschland müssen mit dem Klimaschutz anfangen. Sie sind für etwa 80 Prozent des menschengemachten Kohlendioxids verantwortlich, das sich heute in der Luft befindet.[2] Sie haben in den letzten 200 Jahren den Mülleimer Erdatmosphäre mit den Abgasen ihrer Kraftwerke und Fabriken, ihrer Autos und Flugzeuge gefüllt und sich dadurch Reichtum und globale Vorherrschaft gesichert. Sie haben eine Lebensweise kreiert, der nun Milliarden von Menschen auf der Erde nacheifern. Wenn wir keine Lösungsmöglichkeiten für das Problem finden, werden sie die alten Konzepte einfach kopieren. Die Industriestaaten haben keinerlei Befugnis, der ärmeren Welt ihren Entwicklungsweg vorzuschreiben. Das einzige, was wir tun können: Alternativen entwickeln, vorleben und so zur Nachahmung anbieten. Es stimmt, dass China in Kürze die USA als weltgrößten Erzeuger von Kohlendioxid ablösen wird. Aber selbst dann noch wird ein Chinese nur etwa ein Siebtel des amerikanischen und ein Viertel des deutschen Pro-Kopf-Ausstoßes erreichen. Der ständige Verweis auf China ist eine bequeme Entschuldigung der Industriestaaten für ihr Nichtstun – und dient außerdem der Dämonisierung des künftigen Konkurrenten in der weltpolitischen Arena.

Der erste Schritt zu mehr Klimaschutz in Deutschland ist mehr Ehrlichkeit: Wir müssen bekennen, üble Sünder zu sein. Gern und zunehmend zeigt man hierzulande mit dem Finger auf andere. Doch in Europa sind die Deutschen die größten Verursacher von Treibhausgasen. Auch umgerechnet auf die Einwohnerzahl liegt der deutsche Kohlendioxid-Ausstoß über dem EU-Durchschnitt und über Ländern wie Frankreich, Großbritannien, Schweden, Spanien oder Italien.

Der zweite Schritt ist die Einsicht, dass es *überall* Veränderungen geben muss. Kohlendioxid entsteht buchstäblich bei jedem Atemzug. So wie heute unser Leben organisiert ist, wird nahezu jede Alltagshandlung zum Klimafrevel. Weil das Problem so groß und allumfassend ist, kann jede Wirtschaftsbranche und Lobbygruppe argumentieren, man solle bitte schön anderswo anfangen, denn der eigene Anteil am Kohlendioxid-Ausstoß sei doch nur ganz klein. Die schlichte Wahrheit ist, dass sich an *jeder* Stelle etwas ändern muss. Keine Einzelmaßnahme und keine Technologie allein kann den Kohlendioxid-Ausstoß so stark senken, wie es zur Abwendung einer Katastrophe notwendig ist.

Der dritte Schritt ist: endlich anfangen. Mehr als zehn Tonnen Kohlendioxid verursacht jeder Deutsche heute jährlich. Bis 2050 müssen es weniger als zwei Tonnen sein, wenn wir die Erwärmung der Atmosphäre wenigstens auf 2 Grad begrenzen wollen. Mehr als zwei Tonnen verkraftet die Erdatmosphäre nicht, wenn die Bewohner der Entwicklungsländer dasselbe Recht zum Ausstoß von Treibhausgasen bekommen sollen wie wir in den Industriestaaten. Schon bis 2020, das belegt dieses Buch, ist eine Halbierung der deutschen Emissionen möglich. Und zwar nicht mit Technologien, die erst noch erfunden werden müssten. Und ohne Hirngespinste wie kohlendioxidfressende Algen, gentechnisch veränderte Energiepflanzen oder riesige Sonnenschirme im Weltall. Übrigens auch ganz ohne Atomkraft.

Klimaschutz – auch das will dieses Buch zeigen – bedeutet nicht das Ende des schönen Lebens. Die Senkung des Kohlendioxid-Ausstoßes kann sogar einen Gewinn an Lebensqualität bedeuten: Mieter von Niedrigenergiehäusern zum Beispiel berichten, dass sie sich dort wohler fühlen als in ihren vorherigen Wohnungen. Energiesparende Autos können Spaß machen. Auch eine Ernährung ist klimaschonend möglich, ohne dass der Genuss leidet. Nur an einem Punkt kommt ein Klimaretter um Verzicht nicht herum: beim Fliegen. Zum Kerosin wird es auf absehbare Zeit keine Alternative geben, und der technische Fortschritt wird nichts daran ändern, dass die Abgase von Düsenjets in besonders empfindlichen Schichten der Erdatmosphäre ausgestoßen werden und dort riesige Schäden anrichten. Ein einziger Flug nach Teneriffa trägt genauso viel zum Klimawandel bei wie ein ganzes Jahr Autofahren.[3] Selbst wer nur gelegentlich ins Flugzeug steigt, macht damit all seine anderen Klimaschutzmaßnahmen zunichte.

Die Wissenschaft ist sich einig, dass die Erderwärmung unbedingt auf 2 Grad Celsius begrenzt werden muss. Alles was darüberliegt, sei nicht mehr beherrschbar. Einerseits befürchtet die Wissenschaft, dass dann der Klimawandel ganz von selber weitergeht – beispielsweise weil dann die Permafrostböden in Alaska, Kanada oder Sibirien auftauen und unabwendbar ungeheure Mengen des Klimakillers Methan freisetzen. Andererseits vermag die Wissenschaft nicht vorherzusagen, ob Systeme wie der Golfstrom ab drei Grad mehr noch funktionieren.

Um also die Erderwärmung auf 2 Grad zu begrenzen, darf der Kohlendioxid-Gehalt der Atmosphäre nicht über 420 Anteile pro einer Million Luftmoleküle (ppm) steigen. Heute liegt der Wert bei 383 ppm, und jedes Jahr kommen durch die Verbrennung von Kohle, Öl und Gas 2,5 ppm hinzu. Bis zum Jahr 2020 muss deshalb der Ausstieg aus dem fossilen Zeitalter eingeleitet sein. Etwa 15 Jahre also bleiben noch.

Das Umweltbundesamt hat errechnet, dass Deutschland jährlich vier Milliarden Euro aufwenden müsste, um die Klimakatastrophe abzuwenden. Das klingt viel, wären aber lediglich anderthalb Prozent des Bundeshaushaltes 2007. Oder fünf Prozent dessen, was im Jahr 2006 die 30 Dax-Konzerne zusammen an Gewinn verbuchten. Umgerechnet auf die deutschen Privathaushalte entspräche die Summe monatlich weniger als zehn Euro. Ganz nebenbei könnten in der deutschen Wirtschaft hunderttausende neuer Jobs entstehen. Dankenswerterweise hat das Umweltbundesamt die Kosten des Nichtstuns gleich mitkalkuliert: Mit jährlich mindestens hundert Milliarden Euro ab 2050 lägen sie dann 25-mal so hoch. Jedes Jahr, das ohne ernsthaften Klimaschutz verstreicht, macht die sowieso unvermeidbaren Reformen nur teurer, die Einschnitte in alle Lebensbereiche werden dann noch tiefer.

Die Erdatmosphäre ist träge, und bisher war das ein Vorteil für den Menschen. Die großen Mengen Kohlendioxid, die er ihr seit Jahrzehnten zumutet, entfalten erst mit einer Verzögerung von etwa 50 Jahren ihre ganze Erwärmungswirkung. Künftig könnte der Effekt allerdings schlimme Folgen haben – denn selbst wenn wir sofort den Ausstoß von Treibhausgasen auf null reduzierten, wird die Erderwärmung noch Jahrzehnte weitergehen. Jedes Zehntelgrad weitere Erwärmung der Atmosphäre kann das entscheidende sein. Wenn erst das grönländische Festlandeis schmilzt, wird der Meeresspiegel um viele Meter steigen.

Verzögerung, schrieb Sir Nicholas Stern im November 2006 in seinem aufsehenerregenden Klimabericht für die britische Regierung, »ist teuer und gefährlich«.[4] Wenn wir das Klima retten wollen, müssen wir endlich handeln. Jetzt. Sofort.

I

Wir Klimaretter
Probleme

1. Wirtschaft

Das Ende des Kapitalismus – wie wir ihn kennen

Wachstum, Wachstum, Wachstum – das ist
das Credo des heutigen Wirtschaftens.
Die Erderwärmung macht klar, dass nichts
grenzenlos ist, nicht einmal der Himmel.
Der Kapitalismus muss sich reformieren – oder
er wird mit der Menschheit untergehen.

Vier Maurer hocken auf der Krone eines Schornsteins.
Der höchste Arbeitsplatz Europas – 120 Meter haben
sie den Koloss schon in den Himmel getrieben, 20 fehlen
noch. Es werden 20 anstrengende und gefährliche Meter.
Europas höchste Ziegel-Esse schwankt gewaltig hin und
her im Wind. Doch die Arbeit wird sehr gut bezahlt: Es
muss schnell gehen, denen unten am Boden ist die Luft
ausgegangen.

Halsbrücke, ein Bergarbeiterstädtchen im Herzen Sachsens, das 19. Jahrhundert ist schon in seiner zweiten Hälfte.
Die Hüttenwerke gehen harten Zeiten entgegen. Die ätzenden Abgase der Silber-Flammöfen haben das gesamte Tal
der Freiberger Mulde unfruchtbar gemacht. Das *Jahrbuch
für den Berg- und Hüttenmann* vermerkt: »Durch Erbauung
großer Flugstaubsammler und durch Verlegung der Flamm-
ofenarbeit auf die Wintermonate sind die Belästigungen der
Nachbarschaft zwar geringer geworden. Leider erweist sich
aber die Reinigung der Gase am schwierigsten.«[5] Die aber
wäre umso wichtiger, wo sich doch Halsbrücke »inmitten
einer Landwirthschaft befindet, welche fast nur auf kleine
Besitzer vertheilt ist und denen ein zufälliger strichweiser
Schaden recht empfindlich werden kann«.

Um zu begreifen, wie es zum Klimawandel kommen konnte, muss man tief in der Historie graben. Denn die Geschichte der Erderwärmung ist die Geschichte des kapitalistischen Wirtschaftens. Und diese Geschichte handelt von Profit und Rendite, vom Ersatz menschlicher Arbeit durch Energie, von Siegern und Verlierern im mittlerweile globalen Wettbewerb. Die Erderwärmung legt die Grundprobleme des Kapitalismus bloß: Wachstum heißt sein erstes, die Externalisierung von Kosten sein zweites. Die Unternehmer müssen sich stets einen Wettlauf um Mehr, Mehr, Mehr bieten – und glänzend haben sie es im Laufe der Geschichte verstanden, die dabei anfallenden Kosten zu externalisieren, also auf andere abzuwälzen. Die Umweltbewegung beklagt beide Missstände seit Jahrzehnten, aber heute kann sich niemand mehr darum drücken, nicht einmal mehr die Wirtschaft. Sir Nicholas Stern, ehemals Chefökonom der Weltbank und heute Berater der britischen Regierung, nennt den Klimawandel »das größte und weitestreichende Marktversagen, das wir je sahen«.[6] Heute ist klar: Der Klimawandel ist das Ende des Kapitalismus – jedenfalls so, wie wir ihn bisher kennen. Der Kapitalismus wird sich ändern müssen, oder er zerstört seine Naturgrundlagen und damit letztlich sich selbst.

Die Sächsische Silberproduktion um 1870: 40 Prozent ihres Gewinns müssen die Hütten aufwenden, um Entschädigungsforderungen der Bauernschaft zu begleichen. Zwar haben die Hüttenbesitzer versucht, sich der Zahlungen zu entledigen, indem sie den Bauern ihre Felder oder Weiden einfach abkauften. Aber das können sie sich jetzt nicht mehr leisten. Der Globalisierung wegen: In Peru, Chile oder Mexiko sind große Silberwerke entstanden, die den Weltmarktpreis gehörig unter Druck setzen. Die sächsischen Hütten suchen ihr Heil im technischen Fortschritt: Um die Schmelzleistung der Öfen pro Abstich zu steigern, setzten sie stärkere Gebläse ein. Tatsächlich ließ sich so die Produktivität deutlich steigern. Leider kam dadurch aus den Schornsteinen auch deutlich mehr Gift.

Halsbrücke, zwischen Dresden und Chemnitz, schmiegt sich ins Tal der Freiberger Mulde. Nicht einmal der höchste der Hütten-Schornsteine ragt aus dem Tal heraus. Die Abgase konzentrieren sich auf die umliegenden Höhen, vergiften Felder, Obstkulturen, Bienenvölker, Vieh. Immer und immer wieder werden die Hütten vor Gericht zur Zahlung von Entschädigungen verpflichtet. Da beschließen die Kapitalisten den Bau eines Weltwunders: einen Riesenschlot, der die benachbarten Berge deutlich überragt. Die Ingenieure projektierten einen 140-Meter-Giganten, um die Schadstoffe so weit übers Land zu verteilen, dass sie – nach damaliger Auffassung – in unschädlicher Verdünnung niedergehen. Am 8.8.1888 wird mit dem Bau der höchsten Esse der Welt begonnen.

Was vor 120 Jahren in Halsbrücke passierte, hat sich seitdem zigtausendfach wiederholt. Wieder und wieder haben Ökonomen das Phänomen untersucht – den Konstruktionsfehler im kapitalistischen System haben sie erst spät erkannt: den Stellenwert des grünen Kapitals, des Erwerbsvermögens der Natur. Sauberes Wasser oder die Energie des Windes – schon Adam Smith, der Begründer der klassischen Volkswirtschaftslehre, hatte im 18. Jahrhundert festgestellt, dass die Natur neben Arbeit und Kapital den dritten Produktionsfaktor darstellt. Allerdings billigten die frühen Wirtschaftstheoretiker wie Smith, David Ricardo oder Karl Marx der Natur nur eine passive Rolle zu: »Die Erde, wie sie den Menschen ursprünglich mit Proviant ausrüstet, findet sich ohne sein Zutun als der allgemeine Gegenstand der menschlichen Arbeit vor«, schrieb Marx in seinem Hauptwerk *Das Kapital*.[7] Heute wissen wir, dass die Atmosphäre dieses »allgemeinen Gegenstands«, der Erde, sich durch menschliches Zutun bedrohlich erwärmt.

Der Erde geht das grüne Kapital aus – eine Form des Kapitals, die Karl Marx, der wohl größte und zugleich umstrittenste deutsche Ökonom des 19. Jahrhunderts, noch nicht kannte. Bei Marx war der Ausgangspunkt der Anhäufung von Kapital die Warenzirkulation. Das Produkt dieser Zirkulation ist wiederum ihr Ausgangspunkt: Geld. Dies galt Karl Marx deshalb als Triebkraft kapitalistischen Wirtschaftens. Liza Minelli besang diese Erkenntnis in der oskargekrönten Verfilmung des Musicals *Cabaret:* »Money makes the world go around«.

Geld bewegt die Welt. Doch dann, Anfang der sechziger Jahre, entdeckte der amerikanische Ökonom Theodore William Schultz, dass es neben D-Mark, Yen oder Dollar noch eine andere Form des Kapitals gibt: das Fachwissen. Die kalte Welt der Wissenschaft fand dafür das Wort »Humankapital«. Gut ausgebildete Ingenieure zum Beispiel sind daher viel Geld wert, weil sie es verstehen, aus immer komplexer werdenden Forschungsergebnissen vermarktbare Produkte zu machen. Erich Gutenberg, der Begründer der modernen Betriebswirtschaftslehre, formulierte dies in seiner Faktorenlehre: »Humankapital« ist ebenso ein Produktionsfaktor wie physisches Kapital – also sein Geld wert. Fortan galt in der Ökonomie eine Deutsche Mark auch dann als gut investiert, wenn sie – statt direkt ein vielversprechendes Patent zu erwerben – einen fähigen Wissenschaftler an sich band. Der würde dieses Investment später mit sehr viel lukrativeren Patenten schon vergolden.

Physisches Kapital und »Humankapital« – 1983 beschrieb der französische Soziologe Pierre Bourdieu eine dritte Form, das sogenannte soziale Kapital (englisch: *social capital*). Es entsteht laut Bourdieu durch die Bereitschaft der ökonomischen Akteure, miteinander zu kooperieren. Soziales Kapital benötigt eine Basis des Vertrauens, auf der sich diese Kooperation entwickeln kann. Diese Basis war schon immer nötig, wurde aber zuvor als selbstverständlich vorausgesetzt. Nunmehr begannen Unternehmen, soziale Standards für den Umgang mit Mitarbeitern und Zulieferern zu formulieren (und in der Öffentlichkeit damit für sich zu werben). Wer für die Familien seiner Arbeiter Betriebskindergärten unterhielt, konnte schlecht in Bangladesch T-Shirts von Kinderhänden nähen lassen.

Nachdem Ende der achtziger Jahre mit dem real existierenden Sozialismus der Gegenspieler des Kapitalismus zu Grabe getragen war, beglückte ein erlauchter Kreis von Ökonomen aus Chicago die Welt mit einer Zauberformel. Sie sollte Blech in Gold, Wasser in Wein, Armut in Wohlstand verwandeln: Wenn alle Völker nicht mehr wie bislang dem Markt Zügel anlegen, sondern dem Staat, dann werde sich das Los aller Menschen der Erde verbessern – sogar das der allerärmsten. Sie bräuchten sich bloß vollkommen den geheimnisvollen Kräften des Marktes anzuvertrauen. Diese Idee hatte der Neoliberale Milton Friedman schon Ende der sechziger Jahre gehabt, aber erst Anfang der Neunziger entfaltete sie als »Washingtoner Konsens« über Institutionen wie Weltbank und Internationaler Währungsfonds ihre globale politische Wirkung. Fortan senkten weltweit Regierungen im Wettlauf die Steuern, die Sanierung der Haushalte und die Bekämpfung jeder Inflation wurden zum obersten Ziel erklärt, öffentliche Güter und Unternehmen wurden privatisiert, mehr Wettbewerb zugelassen, vor allem wurden Kapitalinvestoren mit offenen Armen empfangen. Völker, hört die Signale: »Mehr Markt, weniger Staat.«[8] Parallel dazu hatten sich zwei neue Transporttechnologien entwickelt, die die Orte der Welt näher zusammenrücken ließen – das Internet und der Standardcontainer. Die weltweite Computervernetzung transferierte Informationen, Ideen, indirekt per Online-Banking sogar Investitionen. Die standardisierten Blechbehälter machten Transporte schneller und billiger und verhalfen der weltweiten Warenzirkulation zu nie gekannter Intensität. Globalisierung – so wird dieses Phänomen gemeinhin genannt.

Dummerweise hatten die neoliberalen Vordenker den Schornstein von Halsbrücke vergessen. Zwar ist er längst außer Dienst gestellt. Doch bis heute haben sich die Hänge des rauchverätzten Muldentals nicht regeneriert. Nach wie vor bezeugt die Landschaft rings um Halsbrücke, dass die Menschheit Schulden bei der Erde hat. Noch immer ist der Schlot die höchste Ziegel-Esse Europas – ein unter Denkmalschutz gestelltes Symbol für den Kredit, den der Kapitalismus bis zum heutigen Tag in immer höherem Maße in Anspruch nimmt. Und der doch irgendwann abgezahlt werden muss.

Grünes Kapital – mit diesem Begriff versuchen Ökonomen, die Güter und Dienstleistungen der Natur in ihre Rechnungen einzubeziehen. Saubere Luft, klares Wasser, der tropische Regenwald – all das lässt sich eigentlich nicht mit Geld aufwiegen. Wie viel ist eine Schlangenart wert? So viel, wie man auf dem Pharmamarkt durch den Verkauf des Schlangenserums verdienen kann? Was ist der Wert einer Eiche? Ist es der Verkaufserlös ihres Holzes? Bemisst er sich nach der Menge des von ihren Blättern erzeugten Sauerstoffs? Das Geld, das ein Reisender bereit ist zu zahlen für ein Nickerchen unter ihrer Krone? Solche Fragen musste die Menschheit nicht beantworten – sie konnte die Kredite zinslos in Anspruch nehmen, solange sie das Stammkapital der Bank Erde nicht antastete. Seitdem die Menschheit massenhaft wächst und mit ihr die Gier nach Energie, Mobilität und Wohlstand, seitdem Schwellenländer wie China und Indien sich daran machen, dem Wohlstands- und Wirtschaftsmodell der Industriestaaten nachzueifern, seitdem rutscht die Erde immer tiefer in die roten Zahlen. Für die Befriedigung ihrer Gier benötigen die Menschen fossile Rohstoffe, das grüne Kapital der Erde. Die globalisierte und neoliberal entfesselte Marktwirtschaft fordert nun so viel Kredit von der Erde, dass ihr Kapitalstock, ihre Substanz, schwindet.

Dünnsäure ist eine verniedlichende Bezeichnung für die verdünnte Form der stark ätzenden Schwefelsäure. Diese giftige Flüssigkeit entsteht zum Beispiel als Abfallprodukt bei der Farbstoffherstellung. Fünf Millionen Tonnen Dünnsäure jährlich produzieren Bayer & Co., die Beseitigung kostet Milliarden. Bis Ende der achtziger Jahre zahlten die Unternehmen aber nicht dafür, sondern zapften das grüne Kapital der Nordsee an – sie pumpten die Säure einfach ins Meer. Sehr zur Freude der Aktionäre. Denn die Manager beschafften sich auf diese Weise grünes Geld aus dem Kapitalstock Nordsee, was die Börsenkurse von Bayer & Co. steigen ließ. Zu den Säuren der Chemiewerke kamen die Giftladungen, die von verschmutzten Flüssen ins Meer getragen wurden, das Altöl, das von Tankern ganz legal in der Nordsee abgelassen werden darf, die Abfälle der Erdgasförderung am Meeresgrund. Die Fischer waren die Ersten, die merkten, dass der Produktionsbetrieb Nordsee ins Trudeln geraten war, weil das Meer nicht mehr die gewohnten Erträge abwarf. Das Washingtoner Worldwatch-Institut rechnete irgendwann nach: Zehn Milliarden Euro wären notwendig, um die Schäden wieder gutzumachen.[9] Anders ausgedrückt: Zehn Milliarden Euro grünes Geld hatten die Anrainer der Nordsee entzogen, zehn Milliarden Euro Schulden hatte die Menschheit allein bei dieser Filiale der Bank Erde angehäuft.

Überall auf der Welt und zu allen Zeiten gibt und gab es solche Rechnungen. Die Sanierung der zehntausend schlimmsten Giftmüllkippen der USA würde hundert Milliarden Dollar kosten. 30 Milliarden Euro muss die Bundesrepublik alljährlich für die Bodensanierung ausgeben. Allein die Schäden durch den Uranbergbau in Sachsen und Thüringen schlagen mit 6,2 Milliarden Euro zu Buche. 1889 wurden in Halsbrücke 244 237,47 Mark ausgegeben, um das Problem eines einzigen Flusstales zu lindern – und mit dieser für damalige Verhältnisse schier ungeheuren Summe wurden nicht etwa die angerichteten Umweltschäden repariert, sondern bloß die Voraussetzungen dafür geschaffen, das weiter anfallende Gift auf noch größere Flächen zu verteilen.

Dünnsäureverklappung, Uranbergbau, die Silberhütte von Halsbrücke – überall taten die Unternehmen das, was die Volkswirtschaftslehre »Externalisierung der Kosten« nennt. Kosten für Abfälle oder Emissionen, die bei der Produktion anfallen, werden an die Natur weitergegeben, ohne dafür zu zahlen. Getilgt werden müssen die Schulden natürlich doch irgendwann: von weit entfernt lebenden Menschen oder von künftigen Generationen. Meist vom Steuerzahler, der Altlastensanierungsprogramme finanziert. Die 244 237,47 Mark von Halsbrücke zahlten seinerzeit auch nicht die Silberfabrikanten. Für den Bau der neuen Esse kamen Sachsens Steuerbürger auf, denn die Hüttenbesitzer hatten, als die Gewinne etwa wegen der hohen Schadensersatzansprüche der Bauernschaft nicht mehr stimmten, ihr Kapital den Werken entzogen und die Reste der Produktion an den Freistaat Sachsen verkauft.

Die Externalisierung von Kosten macht es möglich, Produkte unter ihrem tatsächlichen Preis anzubieten. Das freut den Unternehmer, aber auch die Kunden, die viel billiger von Berlin nach Köln fliegen, als sie mit der Eisenbahn fahren könnten. Das Flugzeug richtet zwar einen fünfmal so großen Klimaschaden an. Über die Mineralölsteuer könnte der Staat bei den Fluggesellschaften zumindest einen Teil des Geldes wieder eintreiben, das für ein Wiedergutmachen der Schäden notwendig ist – doch sogar darauf verzichtet die Bundesregierung, weil sie Kerosin von der Steuer befreit hat.

Das Problem beginnt bei den wirtschaftswissenschaftlichen Definitionen: Umweltgüter wie das Wasser der

Flüsse oder die Luft in der Atmosphäre werden als »öffentliche Güter« bezeichnet. Das bedeutet, dass niemand Eigentumsrechte an ihnen hat. Jeder – auch jeder Fabrikbesitzer – darf sie uneingeschränkt und kostenlos nutzen. Weil die Regenerationskräfte der Natur bis in die achtziger Jahre hinein vielerorts ausreichten, störte diese kostenlose Einkaufstour nicht sonderlich. Anders als private Güter sind die öffentlichen Güter schließlich per Definition *uneingeschränkt* vorhanden. Ergo besitzen sie – vom Prinzip her – keinen Preis.

Längst ist der Irrwitz dieser Definition entlarvt. Die vergifteten Flüsse haben schon vor Jahren gezeigt, dass die Belastbarkeit der Natur Grenzen hat. Was die Atmosphäre angeht, haben wir uns – trotz eindringlicher Warnungen – bis vor kurzem blind gestellt.

Nun, da der Glaube auch in Bezug auf die Atmosphäre erschüttert ist: Wie reagiert die Wirtschaft, wenn ein Produktionsfaktor knapp wird? Ökonomisch gesprochen, hat die Knappheit des Platzes auf der Kohlendioxid-Müllhalde Atmosphäre eine Verwendungsrivalität zur Folge. Die verarbeitende Industrie fordert von den Kraftwerksbetreibern, weniger Treibhausgase zu verursachen. Deutschland verlangt von den USA, endlich Klimaschutz zu betreiben. Die US-amerikanische Regierung sagt, die Chinesen müssten zuvor auch im Boot sein.

Nimmt die Wirtschaftswissenschaft ihre eigenen Definitionen ernst, dann muss sie neu definieren: Die Atmosphäre ist eben kein öffentliches Gut mehr – weil dieses Gut bei der gegenwärtigen Größe der Weltwirtschaft ganz offensichtlich nicht mehr *uneingeschränkt* zur Verfügung steht. Und damit muss sie zulassen, dass jemand die Nutzung dieses Gutes reguliert. So wie der Staat irgendwann Grenzwerte für Industrieabwässer festlegte und wasserrechtliche Genehmigungen verteilte, wäre es also heute Aufgabe des Staates, eine Höchstmenge an Kohlendioxid festzulegen, die jedes Jahr ausgestoßen werden darf, ohne das Klima irreversibel zu beschädigen. Oder das Treibhausgas zumindest mit einem Preis versehen, damit es in die betriebs- und volkswirtschaftlichen Kalkulationen eingehen kann, die nur eine Maßeinheit kennen: Geld. »Nur wenn wir dem Klima einen Preis geben, verstehen wir, was das Klima kostet«, sagt die Berliner Umweltökonomin Claudia Kemfert.

Neoliberale Ökonomen werden an diesem Punkt protestieren: Nein, nein, auch hier solle sich der Staat zurückhalten, der Markt werde das Problem lösen. Im Prinzip stimmt das auch. Nur würde vorher das Klima zerstört, denn die Marktkräfte würden erst wirken, wenn die Luft in der Atmosphäre nicht genügend Sauerstoff enthielte zum Anfeuern von Hochöfen und Kraftwerken. Dummerweise wären die Menschen und Wälder und Ozeane dann längst erstickt.

Das ist der Kern des Problems: Der Kapitalismus, wie wir ihn kennen, weiß zwar grünes Kapital exzessiv anzuzapfen. Er verfügt aber über keinen Mechanismus, grünes Geld zurückzuzahlen. Jeder Volkswirtschaftler müsste bei der Analyse der Bank Erde eigentlich entsetzt sein: Die Kapitalisten haben sich ihr System so eingerichtet, dass sie uneingeschränkt kostenlosen Kredit bekommen, den dann die Natur (paradoxerweise also der Kreditgeber selbst) zurückzahlen muss – oder die Allgemeinheit. Also wir. Die Folgekosten für den Steinkohlebergbau tragen im Saarland und im Ruhrgebiet nicht die Konzerne, die damit jahrzehntelang gutes Geld verdienten. Weil das ganze Ruhrgebiet durch den Bergbau abgesackt ist, muss auch künftig ständig Wasser aus den Schächten abgepumpt werden – andernfalls würde sich die Region in eine Seenplatte verwandeln. Und obwohl die Bürger deutlich in der Überzahl sind gegenüber den Aktionären, will es einfach nicht gelingen, die Kosten nach dem Verursacherprinzip zu ver-

teilen. Die Pumpen laufen auf Staatskosten weiter, die sogenannten Ewigkeitskosten trägt der Steuerzahler.

**Beim Emissionshandel wird die Atmosphäre
aufgeteilt – wer Kohlendioxid abladen will,
muss dafür zahlen**

Allerdings dämmert mittlerweile auch der Wirtschaft,
dass der Klimawandel ihr hübsches Geschäftsmodell ge-
fährdet. Auch dort liest man die Berichte der Klimawis-
senschaftler. »In den meisten deutschen Konzernen gibt es
leitende Mitarbeiter, die auf dem Stand der Wissenschaft
sind«, sagt Otto Steinmetz, Vorstand der Dresdner Bank.[10]
Der Risikomanager glaubt auch zu wissen, wie das Problem zu lösen sei: marktwirtschaftlich. Denn seit Adam
Smith gilt der freie Markt als Motor der Gesellschaft.

Apologeten des Kapitalismus feiern deshalb auch das
Emissionshandelssystem, das die EU im Jahr 2005 für
die europäische Industrie einführte, als Lösung des Klimaproblems. Das Modell ist relativ einfach. Wenn ein
Unternehmen Kohlendioxid in der Atmosphäre ablagern
will, musste es ab sofort das Recht dazu besitzen. Diese
»Emissionsrechte« wurden in Form von Zertifikaten verteilt – für jede Tonne erlaubtes Kohlendioxid gab es ein
Zertifikat. In Gedanken wurde also die Erdatmosphäre
in kleine Stückchen aufgeteilt, und man brauchte eine Ur-
kunde, damit man auf jeweils einem Stückchen seinen
Kohlendioxid-Müll abladen durfte. Die EU-Kommission,
so die Idee, legte fortan Jahr für Jahr fest, wie viel Treibhausgas in die Atmosphäre geleitet werden darf. Und Jahr
für Jahr wird die Gesamtmenge der ausgegebenen Zertifikate verringert und damit die Atmosphäre entlastet. Der
marktwirtschaftliche Clou am System: Die Unternehmen
dürfen ihre Zertifikate untereinander tauschen. Wenn ein
Unternehmen mehr Kohlendioxid ausstoßen will, als es

Zertifikate abbekommen hat, kann es anderen Firmen deren Emissionsrechte abkaufen.

Das System geht zurück auf Ideen des Chicagoer Ökonomen Roald Coase: Wenn schon externe Kosten (für die Nutzung der Atmosphäre als Müllkippe für Kohlendioxid) in den Wirtschaftskreislauf internalisiert werden müssen, dann sei das effizienteste Instrument dafür ein eigener Marktplatz. Der Staat solle zwar den Rahmen des Handelssystems vorgeben, den Rest dann aber wieder der Wirtschaft überlassen. In der Praxis heißt das, dass die EU Zertifikate verteilt für das bislang freie Umweltgut. Den Wert dieser Zertifikate aber, den bestimmt der Markt. Nicht der Staat legt somit (wie etwa bei einer Kohlendioxid-Steuer) fest, wie viel Geld ein Unternehmen für das Recht auf Verschmutzung der Atmosphäre letztlich zu zahlen hat. Das erledigt das Spiel von Angebot und Nachfrage an den Börsen, wo die Zertifikate gehandelt werden. Erstmals in der Menschheitsgeschichte bekam Kohlendioxid durch den EU-Emissionshandel einen Preis.

Dem Haken am System kommt man mit Ernst Ulrich von Weizsäcker auf die Spur. Der Ökologieprofessor fordert, dass der Preis eines Produktes die *volle* wirtschaftliche und ökologische Wahrheit aussagen müsse.[11] Ein Zertifikat für den Ausstoß einer Tonne Kohlendioxid kostete im April 2006 27 Euro, zwölf Monate später aber nur noch 70 Cent. Zwei Preise, für dasselbe Kohlendioxid mit denselben erderwärmenden Eigenschaften?

Der Börsenkurs beziffert nicht den Klimaschaden, den eine Tonne Kohlendioxid anrichtet. Er beziffert nicht einmal die Kosten, die für ein Wiedergutmachen des Schadens aufgewandt werden müssten. Er verteuert deshalb die produzierten Güter mitnichten um die ökologische Wahrheit, sondern lediglich um den momentanen Handelswert eines Wertpapiers. Der aber richtet sich allein nach Angebot und Nachfrage. Und beim Start des Emissionshandels 2005 hatte sich der Staat von den Lobbyisten der Wirtschaft überreden lassen, sehr viele Zertifikate zu verteilen – viel zu viele: Die deutsche Wirtschaft zum Beispiel bekam mehr Verschmutzungsrechte, als sie überhaupt Kohlendioxid erzeugt. Deshalb rauschte der Börsenpreis auch in den Keller. Für den Banker Otto Steinmetz ein gutes Zeichen: »Das hat doch gezeigt, dass der Markt als Mechanismus funktioniert.« Wichtig für den Klimaschutz sei ganz einfach, »dass die Politik dem Markt einen vernünftigen Rahmen setzt«. Die EU-Kommission und die Bundesregierung sollten Steinmetz beim Wort nehmen.

Ganz nebenbei geriet der Emissionshandel zur größten Gelddruckmaschine für die Wirtschaft in Europas jüngerer Geschichte. Der Staat nämlich – man mag es kaum glauben – verschenkte die Zertifikate beim Start des Handelssystems an die Industrie. Experten und Umweltschützer hatten davor gewarnt, aber die Wirtschaftslobbyisten, die wie immer vor neuen finanziellen Belastungen der Unternehmen warnten, waren stärker. Umgehend preiste die Industrie die Zertifikate in ihre Produkte ein: Strom, Glas, Rohaluminium – alles wurde um den rechnerischen Preis der für die Herstellung notwendigen Kohlendioxid-Menge teurer. Ohne auch nur eine Kilowattstunde Strom, eine Tonne Glas, ein Kilogramm Aluminium mehr zu produzieren, konnten die Konzerne so stolze Gewinnsprünge verbuchen. Zur Freude der Aktionäre. Das grüne Kapital der Atmosphäre landete über die Zertifikate direkt in ihren Taschen. So gesehen hat es auch sein Gutes, dass die Preise der Emissionsrechte schnell gefallen sind. Doch der Beitrag zum Klimaschutz: nahe null.

Sind die Schwierigkeiten beim Emissionshandel nur Kinderkrankheiten einer großen Idee? Auch der Bau der Hüttenesse von Halsbrücke gestaltete sich anfangs extrem schwierig. Die Menschen im Tal trieb die Angst, der Riesenschlot könne umfallen. Die Pfarrer erinnerten in ihren

Predigten an den Turmbau zu Babel. Selbst unter den Ingenieuren gab es Zweifel, ob Menschen ein so hohes Bauwerk errichten können. Mehr als eine Million hochwertige Spezialziegel waren schließlich notwendig, die aus einer 130 Kilometer entfernten Ziegelei in der Lausitz angefahren wurden. 103 Eisenbahnwaggons mit Sand und 23 Waggons mit Kalk und Zement waren vonnöten, bis die Esse in Dienst gestellt werden konnte.[12]

Selbst wenn der Kapitalismus einen Weg finden sollte, die externen Kosten wirklich an die Bank Erde zurückzuzahlen – das ist ja nur sein erstes Problem und sicherlich sogar sein kleineres. Das andere ist die Wachstumsphilosophie. Wachstum ist das Wesen des Kapitalismus, ohne Wachstum funktioniert das System nicht. Die größten deutschen Konzerne vermelden nun schon seit Jahrzehnten immer wieder fünf, zwölf oder noch mehr Prozent Wachstum. »Entweder Deutschland wächst oder die Unterschicht«, lautet ein Slogan der Initiative Neue Soziale Marktwirtschaft, einer neoliberalen Lobbyorganisation, die vom Arbeitgeberverband Gesamtmetall finanziert wird.

Anfang der siebziger Jahre – die Menschheit war gerade auf dem Mond gelandet – erschien unter dem Titel *Die Grenzen des Wachstums* eine vom Club of Rome in Auftrag gegebene Studie über die Folgen des kapitalistischen Wirtschaftens.[13] Mitten in der Blüte des uneingeschränkten Fortschrittsglaubens wurde damit erstmals die allgemeine Wachstumseuphorie in Frage gestellt. »Es ist sehr einfach, von heutigen Werten aus, die Bruttosozialprodukte pro Kopf in den verschiedenen Nationen für das Jahr 2000 zu berechnen«, schrieb Dennis Meadows, der Hauptautor des Berichtes, damals. Für Brasilien prognostizierten die Wissenschaftler beispielsweise ein Bruttoinlandsprodukt von 440 Dollar pro Kopf. China, so die Vorhersage, werde im Jahr 2000 auf 100 Dollar pro Kopf kommen, die USA auf 11 000 Dollar. Besorgt fragten Meadows und seine

Kollegen damals, ob solche Wachstumsraten von der Erde verkraftet werden können. »Nein«, fürchteten sie und appellierten deshalb eindringlich an Wirtschaft und Politik, sofort zu handeln und ein nachhaltiges Wirtschaftssystem zu entwickeln. Was aus der Prognose wurde? In den USA lag das Bruttoinlandsprodukt 2005 mit 42 000 Dollar je Kopf fast viermal so hoch, wie vom Club of Rome einst prognostiziert. China übertraf die Erwartungen um das 17-Fache, Brasilien immerhin um den Faktor zehn. »Nachhaltige Wirtschaft« – das ist nicht mehr als eine Phrase.

Der ehemalige Weltbankberater Wilfred Beckerman wirft den Umweltschützern vor, »melodramatische Katastrophenszenarien« zu erfinden. Für ihn liegt die Lösung des ökologischen Problems in mehr wirtschaftlichem Wachstum. In seinem Buch *Klein ist dumm: Warnung vor den Grünen* argumentiert Beckerman: Je reicher wir werden, desto mehr Geld können wir für die Wiederherstellung und Entgiftung der Umwelt ausgeben. Und selbst wenn wir heute noch nicht die nötigen Technologien für diesen Gesundungsprozess haben – künftige Generationen werden diese schon entwickeln können. Wenn sie reich genug sind.

Sehr schlicht klingt das und wird doch von sehr vielen Ökonomen und Politikern befürwortet. Lawrence Summers beispielsweise, ehemaliger Chefökonom der Weltbank, ehemaliger Finanzminister von Bill Clinton und bis 2006 Präsident der renommierten Harvard-Universität, sagt: »Die Idee, dass wir Wachstum wegen irgendwelchen natürlichen Grenzen einschränken müssten, ist ein schwerwiegender Irrtum, der verheerende soziale Folgen haben würde.« Kritikern dieser Weltsicht halten Leute wie Summers entgegen, man brauche doch nur das Wirtschaftswachstum vom Energieverbrauch zu entkoppeln. In der Theorie mag das möglich sein, in der Praxis aber ist es bis heute nicht gelungen. In der Vergangenheit hat ein wachsendes Bruttoinlandsprodukt stets einen Zuwachs des Rohstoffverbrauches nach sich gezogen. Und des Energiehungers. Effizienzgewinne in der Industrie wurden durch höhere Stückzahlen in der Warenproduktion oder durch mehr Energieverbrauch in den Privathaushalten zunichte gemacht. Hunderte Prozent Wirtschaftswachstum bedeuteten deshalb auch hunderte Prozent mehr Treibhauseffekt. Dass es künftig einmal anders sein wird, dass technologischer Fortschritt irgendwann eine Entkoppelung von Energieverbrauch und Wirtschaftswachstum ermöglichen wird – daran kann man glauben. Oder eben nicht. Solange Energie aus fossilen Quellen kommt und nicht aus emissionsfreien Quellen wie Wind- oder Solarkraft, so lange bringt jedes Prozent Wirtschaftswachstum das Klima dem Kollaps ein Stück näher.

Heute produziert die Weltwirtschaft in weniger als zwei Wochen so viele Waren, wie sie dies im gesamten Jahr 1900 schaffte.[14] Unterstellt man eine Wachstumsrate der Erdbevölkerung von 1,5 Prozent pro Jahr, dazu Rohstoffverbräuche und Schadstoffeinträge, die jährlich nur noch um ein Prozent zunehmen (und damit weniger als in der Vergangenheit), dann würde sich der Verbrauch von Energie und Rohstoffen alle 27,7 Jahre verdoppeln.[15] Angesichts dieser Zahlen scheint es müßig zu debattieren, ob der Menschheit Erdöl erst in vierzig Jahren ausgehen wird oder doch schon in zwanzig. Oder zu debattieren, ob die Erderwärmung die Meeresspiegel um 58 Zentimeter ansteigen lässt oder um sechs Meter. Ehe wir uns auf eine Antwort einigen, haben wir uns zu Tode gewirtschaftet. Wachstum ist nicht die Lösung. Wachstum ist das Problem. Immer noch aber gilt in der Wirtschaftswissenschaft die ökologische Frage allenfalls als Randthema – in ökonomischen Modellen findet sie nur an der Peripherie Eingang. Dabei ist die Industrie genauso abhängig von Luft und Wasser wie Mensch und Natur. Nicht die Ökonomie ist der Überbau, sondern die Ökologie. Damit ist eigentlich klar, wessen Gesetze wen bestimmen müssen. Und zuständig für die Formulierung und die Überwachung von Gesetzen ist die Politik. Wenn der Kapitalismus den Klimawandel überleben will, sollte er das schleunigst einsehen.

Carl Kurt war am 1. Mai 1933 zur Esse in Halsbrücke geschlichen. Der Arbeiter legte sich Steigeisen an, erkletterte den Schornstein. Es dauerte bis weit in den Morgen, bevor Karl Curt oben ankam. Dort befestigte er die Rote Fahne – als Zeichen für den Kampf gegen das System der Nationalsozialisten.

Gibt es eigentlich eine Fahne als Zeichen für den Kampf um mehr Klimaschutz?

Deutschland ist Weltmeister – im Ankündigen

Auf EU-Ebene präsentiert sich Angela Merkel
als Streiterin fürs Klima, zu Hause tut sie wenig.
Eigentlich müsste der Staat der Wirtschaft
einen klaren Rahmen setzen, im Alltag ist es
oft umgekehrt: Da sind die Lobbyisten
von heute näher als das Klima von morgen.

Der 9. Oktober 2006 war ein gewöhnlicher Montag. Angela Merkel hatte zum Energiegipfel ins Kanzleramt geladen. Das Institut der Deutschen Wirtschaft präsentierte seine Konjunkturprognose. Sozialpolitiker aller Parteien debattierten die Gesundheitsreform. Ein Tag wie jeder andere im politischen Berlin. Und doch war dieser 9. Oktober ein ganz besonderer Tag: der Tag, an dem die Menschheit der Erde den Krieg erklärte. Es war der »World Overshoot Day«.[16] Im zweiten Stock eines Hauses in Oakland, Kalifornien, sitzen elf Wissenschaftler, die das Datum ganz genau errechnen. Jedes Jahr tun sie das aufs Neue. Overshoot Day ist jener Tag, an dem die Menschheit alles verbraucht hat, was ihnen eine sich selbst erhaltende Natur binnen zwölf Monaten liefern kann: Wasser, Brennmaterial, Bauholz, Getreide, Fische und Platz, um Müll zu entsorgen – auch solchen, der aus Schornsteinen und Auspuffen in die Atmosphäre geblasen wird. Jedes Jahr erschrecken die Wissenschaftler aufs Neue. 1987 lebte die Menschheit erstmals auf zu großem Fuß: Overshoot Day war der 19. Dezember. 1995 hatten die Menschen bereits am 21. November jene Ressourcen verbraucht, die eigentlich bis zum Jahresende hätten reichen müssen. 2006 war es der 9. Oktober. Die Nachrichtenagentur Reuters meldete: »Die Welt rutschte am Montag ökologisch in den roten Bereich.« Doch diese Botschaft ging in der täglichen Nachrichtenflut unter.

Will die Menschheit nicht wissen, wie es um ihren Planeten steht? Immer exakter wird der Befund, den die Wissenschaftler zu erstellen in der Lage sind. Immer exakter werden die Klimamodelle, immer leistungsfähiger die Computer, mit denen diese Modelle durchgerechnet werden. Zum Beispiel vom Intergovernmental Panel on Climate Change (IPCC), dem zwischenstaatlichen UN-Klimarat. Zum vierten Mal nach 1990, 1995 und 2001 haben hunderte Wissenschaftler im Auftrag der UN im Frühjahr 2007 eine erschreckende Zustandsbeschreibung des Planeten abgeliefert: Macht die Menschheit so weiter wie derzeit, wird die Oberflächentemperatur 2100 um 3 Grad Celsius, im Extremfall sogar um 6 Grad höher sein als heute. Lange bevor diese Temperatur erreicht ist, wird der Planet eisfrei sein. Wetterextreme werden schreckliche Dürren und Fluten mit sich bringen. Regenwälder werden zu Savannen, der Anstieg des Meeresspiegels wird küstennahe Städte überschwemmen. Krankheiten wie Malaria oder Cholera breiten sich weiter aus. Gletscher, die Millionen von Menschen mit Trinkwasser versorgen, verschwinden. Es droht eine »Superwarmzeit«, die alles Leben auf der Erde verändert – wenn nicht sofort gehandelt wird.

Die Wissenschaftler haben nicht nur ermittelt, was auf die Menschheit zukommt. Sie haben auch Vorschläge unterbreitet, wie der Ausstoß von Treibhausgasen vermindert werden kann. Sogar Kostenanalysen haben die Wissenschaftler vorgelegt, nach denen Klimaschutz heute viel billiger ist als die Schäden von morgen. Auch wenn die Analysen des Jahres 2007 nicht wesentlich dramatischer waren als die vorhergegangenen – sie kamen nach einem Winter, der sich in Deutschland wie Frühling anfühlte.

Eine hektische Debatte über das Klima brach los; die lange Zeit eher klimaskeptische *Bild* titelte: »Wir haben nur noch 13 Jahre Zeit, um die Erde zu retten«.[17] Die Politik müsste eigentlich nur noch die erdachten Handlungsoptionen prüfen, die besten auswählen und sich dann an die Umsetzung machen. Stattdessen zaudert die Bundesregierung, schlimmer noch: Sie scheint gar nicht zuzuhören.

Bundeswirtschaftsminister Michael Glos (CSU) zum Beispiel. Einen Tag, nachdem das Umweltbundesamt im Frühjahr die Kohlendioxid-Bilanz 2006 veröffentlichte – der Ausstoß war demnach gestiegen, wo er doch eigentlich hätte sinken sollen –, einen Tag danach also wetterte der Bundesminister für Wirtschaft und Technologie gegen die Klimapolitik der Europäischen Union. Deutschland müsse sich, so Glos, vehement dafür einsetzen, »dass die berechtigten Interessen der Industrie nicht unter den Tisch fallen.«[18] Er meinte damit nicht etwa die deutsche Umwelttechnik-Branche, die weltweit führend ist und an der hunderttausende Jobs hängen. Nein, Michael Glos stellte sich an die Seite der deutschen Autokonzerne, die vor Jahren ausdrücklich versprochen hatten, den Kohlendioxid-Ausstoß von Neuwagen deutlich zu senken, sich dann aber nicht daran hielten. EU-Umweltkommissar Stavros Dimas schlug deshalb die Einführung verbindlicher Grenzwerte ab 2012 vor. Doch Glos hält zu den wortbrüchigen Managern und sieht die Vorgaben aus Brüssel als Kriegserklärung gegen Deutschland.

Ein paar Wochen zuvor hatte sich der Minister gegen Klimaschutz in der Tourismusbranche ausgesprochen. Es sei »nicht zielführend«, erklärte Glos auf der Internationalen Tourismusbörse ITB, eine Diskussion zu führen, die den hart arbeitenden Deutschen die Lust am Reisen verderbe. Und im Januar 2007 auf dem Höhepunkt des Streits um Emissionsrechte für Kohlendioxid drohte Glos der EU mit einer Klage. Es sei nämlich unfair, »von Deutschland zu viel Klimaschutz zu fordern, während andere Staaten ihren Vorgaben aus dem Kyoto-Klimaschutzabkommen nicht nachkommen«. Was der CSU-Mann nicht sagte: Auch die Bundesrepublik hat ihre Kyoto-Verpflichtungen noch lange nicht erfüllt.

Mal warnt der Bundeswirtschaftsminister vor »Klima-hysterie«, mal vor Klimaschutz als Vernichter von »zehntausenden Arbeitsplätzen«. Kennt Michael Glos denn die Berichte der Wissenschaftler nicht? Die IPCC-Experten fertigen jedes Mal zu ihren tausende Seiten dicken Studien ein kurzes »Summary for Policymakers«, eine Zusammenfassung für Entscheidungsträger. Die kann man in wenigen Minuten durchlesen.

Drei Erklärungen kommen für Glos' Verhalten in Frage, keine lässt den Minister in gutem Licht erscheinen. Erstens: Glos fällt es schwer, den Kern des Klimaproblems intellektuell zu durchdringen. Das würde heißen, dass Deutschland von Menschen mit – nun ja – beschränkten Qualifikationen regiert wird. Zweite Erklärung: Minister Glos ist den Lobbyisten der Konzerne hörig – er weiß es zwar besser, mag es aber nicht sagen. Damit würde er gegen das Gebot verstoßen, das Gemeinwohl über partikulare Interessen zu stellen. Es ist aber – drittens – auch nicht ausgeschlossen, dass Michael Glos wirklich glaubt, was er da sagt. Das hätte dann vermutlich viel mit seinem Geburtsjahr 1944 zu tun. Der Minister gehört der Generation an, die das westdeutsche Wirtschaftswunder in vollen Zügen erlebte. Er hat jene politische Schule durchlaufen, die in Wachstum und technologischem Fortschritt das Seelenheil der Menschheit sieht. Sein politischer Erfahrungshorizont erstreckt sich über eine Zeit, in der man glaubte, jedes Problem und jede Unsicherheit der Fortschrittsidee durch immer neue Innovationen und immer bessere Technologien auffangen zu können.

»In unserem Verhältnis zur Wissenschaft ist eine Grundüberzeugung abhanden gekommen«, urteilt Michael F. Jischa, die Selbstverständlichkeit nämlich, »dass wissenschaftlicher und technischer Fortschritt zugleich humanen und sozialen Fortschritt bedeuten« müssen. Der emeritierte Professor, übrigens sieben Jahre älter als Michael Glos, forschte und lehrte auf dem Gebiet der Thermodynamik, der Mechanik, der Strömungslehre, in den Bereichen Systemtechnik und Technikbewertung. Auch Jischa ist ein Kind der Fortschrittsidee. Aber er sagt klar: »Die wissenschaftlich-technischen Errungenschaften bewirken neben dem angestrebten Nutzen immer auch Schäden, die als Folge und Nebenwirkung die ursprünglichen Absichten konterkarieren.«[19]

»Früher glaubte man, Unsicherheiten des Fortschritts durch neuen Fortschritt auffangen zu können. Dieses Selbstbewusstsein ist spätestens durch die Umweltkrise erschüttert«, sagt der Münchner Soziologe Ulrich Beck.[20] Längst nämlich hat die wirtschaftliche Tätigkeit des Menschen einen Umfang erreicht, hat der technologische Fortschritt Handlungen möglich gemacht, die selbst eine Bedrohung weiteren Fortschritts (und des Überlebens der Erde) sind. Mit dieser Einsicht müssten sich eigentlich auch die Instrumente der Politik ändern. Doch statt des nun notwendigen Vorsorgeprinzips gilt immer noch das alte »laissez faire« – lass die Wirtschaft/den Markt/den Fortschritt mal machen. So kann jede noch so krude Klimathese, die die unumstößliche Erderwärmung in Zweifel zieht, jedesmal Resonanz nach sich ziehen. »Für mich gibt es kaum etwas Irritierenderes im politischen Geschäft als die Routineverweigerung von Entscheidungsträgern mit dem Hinweis, die Sache sei wissenschaftlich noch nicht abschließend geklärt«, sagt der Vater des deutschen Chemikaliengesetzes, Professor Friedrich Schmidt-Bleek.[21]

New Orleans und der Hurrikan *Katrina* sind zum Symbol dafür geworden. Nie in der Menschheitsgeschichte war eine Naturkatastrophe so genau vorhergesagt worden wie der Untergang der Stadt im Sommer 2005. Hydrologen, Ökologen, Bauingenieure warnten jahrelang, dass das Wasser aus dem Mississippi nach Flussbegradigungen schneller ablaufe, dadurch Sedimente aus dem Delta ins Meer gespült werden und New Orleans langsam absacke. Ein Hurrikan über New Orleans, warnte im Frühjahr 2001 die US-Zivilschutzbehörde, gehöre zu den drei größten Bedrohungen des Landes. Die beiden anderen: ein Erdbeben in Kalifornien, ein Terroranschlag in New York.[22] Für New Orleans gab es genügend Vorschläge, wie die Stadt zu schützen sei – stattdessen wurden die Mittel für den Deichbau gekürzt. Eine Studie über den Schutz New Orleans' vor einem Hurrikan der Stärke fünf musste abgebrochen werden, weil Washington die Mittel dafür gestrichen hatte. Die Entscheidungsträger handelten nicht, sondern stürzten sich jahrelang auf alles, was ein Vorbeiziehen der Katastrophe glauben machen durfte. Irrt die Wissenschaft? Halten die Dämme? Verschont dieser Hurrikan die Stadt dieses eine Mal noch? Er tat es nicht.

Die Schwierigkeit für die Politik besteht darin, aus einer potenziellen Gefahr in der Zukunft schon in der Gegenwart die Maßnahmen zur Vorbeugung abzuleiten und diese gegenüber dem Wahlvolk (und Lobbyisten verschiedenster Interessen) zu begründen. Solange die Sonne schien, wurde Arche-Bauer Noah verspottet. »Dann kam die Sintflut vierzig Tage auf Erden«, heißt es in der Bibel, im Buch Mose. »Und die Wasser wuchsen und nahmen überhand so sehr, dass alle hohen Berge unter dem ganzen Himmel bedeckt wurden.« Hätte sich Noah wie Politiker heute zur Wahl stellen müssen – vermutlich wäre die Geschichte der Sintflut nicht mit dem Rettung verheißenden Ölzweig im Taubenschnabel zu Ende gegangen: Es wäre zum Bau der Arche gar nicht erst gekommen.

»Wenn man eine Gefahr nicht ausschließen kann, muss

man Vorsicht walten lassen – also möglichst schnell Maßnahmen gegen diese Gefahr ergreifen«, erklärt der Soziologe Beck das Vorsorgeprinzip. Aber nicht nur Wirtschaftsminister Glos scheint Probleme damit zu haben, die Zukunft zu antizipieren und das Ausmaß der Bedrohung zu begreifen. Wenn im Plenum des Deutschen Bundestages das Thema Klimaschutz doch einmal vormittags und damit zur Kernzeit des Politikbetriebs auf der Tagesordnung steht, sprechen trotzdem nur die Fachpolitiker vor gähnend leeren Bänken.

Und werden doch einmal Beschlüsse zum Klimaschutz gefasst, geraten sie bald wieder in Vergessenheit, werden still und leise umgedeutet oder ganz ignoriert. Am 27. September 1991 beschloss der Deutsche Bundestag einstimmig, dass die Bundesrepublik Deutschland ihren Kohlendioxid-Ausstoß bis zum Jahr 2005 um 25 bis 30 Prozent senken werde, bezogen auf das Emissionsvolumen des Jahres 1987. Praktische Folgen für die Politik der Regierung Kohl waren nicht feststellbar. Statt zu sinken stiegen folglich die Emissionen in den alten Bundesländern bis zum Ende der Legislaturperiode 1994 um zwei Prozent. Weshalb die Opposition Druck machte: »Die Tatenlosigkeit der Bundesregierung ist nicht länger verantwortbar«, hieß es 1995 in einem SPD-Antrag für mehr Klimaschutz. Daraufhin schritt die Bundesregierung zur Tat und beschloss ein neues Klima-Ziel: Deutschland werde den Kohlendioxid-Ausstoß bis 2005 um 25 Prozent verringern, bezogen auf das Jahr 1990. Mit der Verschiebung des Basis-Jahres hatte die Regierung Kohl still und leise ein halbes Dutzend Reduktionsprozente gestrichen. Weitere Taten folgten nicht, aber wegen des Zusammenbruchs der DDR-Wirtschaft sanken die Emissionen in den neuen Bundesländern bis 1995 um 42 Prozent. Auf das gesamte Land bezogen bedeutete dies eine Reduktion um elf Prozent, und mit diesem historischen Einmal-Geschenk schmückt

sich Deutschland bis heute, wenn es dem Rest Europas vor-
rechnet, wie viel Kohlendioxid hierzulande schon gespart
worden sei.

Im Herbst 1998 gewannen SPD und Bündnisgrüne die
Bundestagswahl, auch dank des Versprechens an die Wähler, das Land ökologisch zu erneuern. Atomausstieg, Ökologische Steuerreform, Erneuerbare-Energien-Gesetz – in
der Tat startete die neue Regierung fulminant. Bald aber
erlahmte der Eifer, auch wegen des Widerstandes aus
Wirtschaft und Gesellschaft, und ausgerechnet Rot-Grün
kürzte das deutsche Klimaziel weiter. Minus 21 Prozent
bis zum Jahr 2012 heißt jetzt die Marke, die es zu erreichen gilt. Und die *muss* auch erreicht werden, weil sie
exakt jener Verpflichtung entspricht, die aus dem völkerrechtlich bindenden Klimaschutz-Protokoll von Kyoto re-
sultiert.

Dies ist das Wesen der deutschen Klimapolitik: Welt-
meisterlichen Ankündigungen folgten politische Taten auf
Kreisliga-Niveau. Man sollte meinen, dass die Verantwort-
lichen das selbst irgendwann bemerken. Die heutige Kanzlerin Angela Merkel ist immerhin Diplom-Physikerin, in
ihrem Umfeld heißt es, sie habe das Klimaproblem wirklich verstanden. Doch auch sie handelt alles andere als ent-
schlossen – zumindest auf nationaler Ebene.

Aber vielleicht ist es auch nur besonders raffinierte Tak-
tik, dass sie als EU-Ratspräsidentin die Regierungschefs
der anderen Mitgliedsstaaten auf eine zwanzigprozen-
tige Reduzierung des Treibhausgas-Ausstoßes einschwört.
Brüssel nämlich ist ein kleines Stück weg von Berlin – und
damit auch von den Niederungen der deutschen Klientel-
politik. Auch wenn Industrie-Lobbyisten auf europäischer
Ebene genauso versuchen, den Klimaschutz zu torpedie-
ren, sind die EU-Kommissare seit einigen Jahren regelrechte Antreiber. Für den Bereich der Energiewirtschaft
und den Autoverkehr – die beiden größten Erzeuger von

Kohlendioxid – versuchte Umwelt-Kommissar Stavros Dimas strenge Vorgaben zu erlassen. Er tat nichts anderes, als den politischen Beschluss des EU-Rates umzusetzen. Aber ausgerechnet Angela Merkel warf sich, kaum zurück auf dem Berliner Parkett, für die deutschen Autokonzerne in die Bresche. »Mit aller Härte«, versprach sie nun, werde sie Dimas' Pläne bekämpfen. Seit ihrem Amtsantritt steigen die deutschen Kohlendioxid-Emissionen wieder.

Das übliche Kreislauf-Denken der Umweltpolitik bringt nichts für den Klimaschutz

Die mageren Ergebnisse legen nahe, dass die Umwelt- und Klimapolitik nach den falschen Prinzipien verfährt. Seit Jahrzehnten ist ihr Grundsatz das Kreislaufdenken: Die Umwelt werde optimal geschützt, wenn die Rohstoffe, die der Mensch der Erde entnimmt, einem Kreislauf zugeführt werden. »Sekundärrohstoffe« aus alten Kofferradios, Autotüren oder Computern sollten den Ressourcenverbrauch der Wirtschaft verringern. Solches Kreislaufdenken ist besonders in Deutschland populär. Wir sind Weltmeister im Mülltrennen, sogar ein eigenes »Gesetz zur Förderung der Kreislaufwirtschaft« gibt es. Erlassen übrigens in der Amtszeit einer Umweltministerin namens Angela Merkel.

Gewiss: Recycling entlastet die Umwelt kurzfristig. Doch selbst die Kreislaufwirtschaft vermochte nicht die Wachstumsspirale zu durchbrechen, also wirtschaftliches Wachstum und Rohstoffverbrauch zu entkoppeln. Overshoot Day, der Tag, an dem das Jahresbudget der Natur verbraucht ist: Dieses Datum rückt immer noch jedes Jahr weiter vor Richtung Jahresmitte. Jeder Effizienzfortschritt wurde »in der Vergangenheit stets durch eine gleichzeitige Zunahme der Ansprüche und damit des Verbrauches kompensiert, oft sogar überkompensiert«, sagt Professor Michael F. Jischa. Beispielsweise wurde niemals in der Menschheitsgeschichte so viel Papier verbraucht wie heute – obwohl doch die modernen Informationstechnologien das papierlose Büro bringen sollten. Derzeit verbraucht die Menschheit statistisch gesehen 1,35 Erden pro Jahr, 2050 würden bereits zwei Erden notwendig sein, um den Jahresverbrauch zu decken.

Das liegt an gleich drei Blindstellen der Kreislaufphilosophie. Erstens unterschlägt sie 70 Prozent der Stoffströme – Bodenaushub auf dem Bau zum Beispiel oder Abraum im Braunkohletagebau. Zweitens gewinnt kein noch so guter Recyclingprozess hundert Prozent des eingesetzten Rohstoffes zurück – nicht einmal bei Gold. Legt man eine – technisch bereits anspruchsvolle – Rückführquote von 75 Prozent zugrunde, sind nach 15 Durchläufen von der ursprünglich eingesetzten Menge 99 Prozent verschwunden.[23] Drittens schließlich: Energie ist nicht recycelbar. Im Gegenteil, die Kreislaufwirtschaft selbst ist sehr energieintensiv: Einsammeln der Abfallstoffe, Transport, Trennen, Wiederaufarbeiten, überall wird Energie gebraucht. Zwar sagt der erste Satz der Thermodynamik, dass Energie niemals verloren gehen kann. Geht sie ja auch nicht – sie wird nur an die Umwelt abgegeben und heizt das Klima weiter auf. Eine Umweltpolitik, die auf dem Gedanken der Kreislaufwirtschaft basiert, taugt deshalb nicht zur Bekämpfung des Treibhauseffektes.

Umweltpolitik braucht deshalb einen neuen Ansatz: Statt zu versuchen, Sturzbäche in Kreisläufe zu verwandeln, muss sie den Durchfluss an Ressourcen langsamer gestalten. Klingt philosophisch, geht aber ganz praktisch: Politik muss Energie und Rohstoffe deutlich verteuern, Arbeit dagegen wesentlich billiger machen. Ein Anstieg der Preise um zehn Prozent, so eine Faustregel der Umweltökonomen, verringert die Nachfrage und damit den Verbrauch kurzfristig um drei Prozent – langfristig sogar noch weiter, weil sparsamere Autos, Kühlschränke oder Fernseher angeschafft würden. Dass heutzutage die Reparatur eines CD-Players deutlich teurer als sein Neukauf ist, belegt den Sturzbach-Zustand. Erst wenn es sich wieder lohnt, Schuhe zum Schuster statt zum Müllschlucker zu bringen, ist aus diesem Sturzbach ein gemäßigter Fluss geworden. Instrumente dafür sind vorhanden und erprobt: Mit der Öko-Steuer im Jahr 1999 gelang es, den jahrzehntelangen Aufwärtstrend beim Benzinverbrauch in Deutschland zu stoppen. Andererseits konnten durch die eingenommenen Steuern die Beiträge zur Rentenversicherung ein wenig gesenkt werden. Arbeit wurde so ein bisschen billiger. Nach Berechnungen des Umweltbundesamtes brachte die Öko-Steuer von 1999 bis Anfang 2005 circa 250 000 neue Arbeitsplätze – und senkte den deutschen Ausstoß an Kohlendioxid um jährlich 20 Millionen Tonnen.[24]

Eine beeindruckende Bilanz. Allerdings interessiert sich die Regierung Merkel nicht dafür, die Union hat die Öko-Steuer über Jahre als Teufelszeug bekämpft. Statt durch weitere Runden der Öko-Steuer Energie schrittweise und für alle berechenbar weiter zu verteuern, erhöhte die schwarz-rote Bundesregierung auf einen Schlag die Mehrwertsteuer um drei Prozent. Die Einnahmen flossen zwar auch in die Verbilligung von Arbeit, aber klimapolitisch brachte die Maßnahme nichts. Die Mehrwertsteuer hat keinerlei Lenkungsfunktion. Statt gezielt ein knappes Gut – Energie oder Platz in der Atmosphäre – zu verteuern, steigen alle Preise. Daran hat sich das Wahlvolk längst gewöhnt. Es mault und zahlt. Auf die Öko-Steuer hätten sich die Bürger über Verhaltensänderungen einstellen können.

Es lebe Sigmar Gabriel! Allerdings nicht dreimal hoch, sondern dreimal so lang! Zum Hochleben-Lassen bietet die bald zweijährige Bilanz des SPD-Politikers keinen Anlass, zum Langleben-Lassen schon. Der Bundesumweltminister liefert eine Klimapolitik ab, dass man sich wünscht, er möge möglichst lang auf dem Planeten zubringen, um die Folgen seines Tuns – oder Nichtstuns – betrachten zu können. Natürlich wird sich die Erde trotz des Klimawandels weiterdrehen. Natürlich wird es Leben geben. Natürlich bleibt der Untergang der Welt aus. Die Erde wird aber ungemütlicher werden – mit Fluten, Stürmen, Kriegen um Wasser und Rohstoffe und mit Flüchtlingskarawanen aus Gebieten mit Dürren und Hochwassern. Gabriel könnte das von Amts wegen verhindern, zumindest könnte er die Entwicklung bremsen. Nein: Als Umweltminister muss er es sogar. Aber dazu bräuchte er ein schlüssiges Konzept.

Ein solches aber ist nicht erkennbar. Gabriel und seine SPD wollen alles: Sie wollen Klimaweltmeister sein – und lassen doch neue Braunkohlekraftwerke zu. Sie wollen erneuerbare Energien fördern – hängen aber an der Steinkohle. Sie wollen aus der Atomkraft aussteigen – und trotzdem niedrigere Strompreise. Sie wollen die Energieeffizienz steigern. Aber sich für wirklich strenge Grenzen beim Handel mit Kohlendioxid-Zertifikaten einzusetzen, dadurch wirklich Druck zu machen für neue Strukturen in der Energieversorgung – den Mut dazu bringt Sigmar Gabriel nicht auf.

»Gabriel will als industriefreundlicher Umweltminister in die Geschichte eingehen und damit den Weg für seine weitere Karriere ebnen«, sagt Michaele Hustedt. Für die Bündnisgrünen saß sie zu Regierungszeiten als führende Energie- und Klimapolitikerin im Bundestag, heute betreibt sie ein Politikberatungsinstitut. »Erfolgreich wird Gabriel mit dieser Strategie nur sein, wenn er zwei Dinge austariert: Erstens darf er nicht völlig seine Glaubwürdigkeit als Umweltpolitiker verlieren. Sonst wäre er ein gescheiterter Umweltminister. Zweitens muss die Wirtschaft nach seiner Amtszeit urteilen: Mit dem kann man reden. Ein schwieriger Spagat. Und Gabriel hat noch ein spezielles Problem: die SPD. Also muss er kohlefreundlich sein.«

Um den Spagat durchzuhalten, hat sich Sigmar Gabriel

zwei wichtige Köpfe in sein Ministerium geholt: Matthias Machnig auf der einen Seite, Michael Müller auf der anderen. Machnig war einmal Bundesgeschäftsführer der SPD, ein machtbewusstes Kaltblut, der als beamteter Staatssekretär die Strippen im Ministerium und in die SPD hinein zieht. Von Öffentlichkeitsarbeit versteht er mehr als von Umweltpolitik: Seit 2001 arbeitete er als Werbefachmann bei der Agentur BBDO, zu deren Kunden etwa Daimler-Chrysler oder BMW zählen. *Die Zeit* nannte Machnig einmal den »spin doctor« der SPD – also jemanden, der permanent mit Journalisten redet und der Berichterstattung einen gewünschten Dreh gibt, selbst aber nie zitiert wird. In einer Publikation der Heinrich-Böll-Stiftung hat der spin doctor im Frühling 2007 die Ziele seiner Politik so formuliert: »Nicht der Verzicht kann unsere Welt vor dem ökologischen Kollaps retten, sondern das beherzte Eingreifen durch innovative Umwelttechnik«, so Machnig. Dafür bedürfe es »der Wiederentdeckung der Idee des technischen Fortschrittes anstelle eines Technikskeptizismus, der über eine Risikoanalyse nicht hinaus kommt.«[25]

Michael Müller ist so ziemlich das Gegenteil – seit zwanzig Jahren ein überzeugter Kämpfer für die Klimapolitik. Unter Kanzler Schröder war Müller Vize-Chef der SPD-Bundestagsfraktion, oft genug hat er die Regierung kritisiert. Gabriel hat Müller zu seinem parlamentarischen Staatssekretär ernannt, in diesem Job muss er zwischen der Fraktion und dem Ministerium vermitteln.

Müller hat klare Pläne für den Klimaschutz, von Gabriel kann man das nicht sagen. Mal will er »Mechanismen entwickeln, die Anreize für ökologische Innovationen bieten und gleichzeitig den Unternehmen langfristig Gewinne bescheren«, ein anderes Mal fordert er eine härtere Auseinandersetzung mit der Energie- und Automobilwirtschaft.[26] Aber vielleicht hat Gabriel doch einen Masterplan. Für Ende April, nachdem dieses Buch in Druck gegangen sein wird, ließ er eine »Roadmap« für den Klimaschutz vorlegen. »Roadmap« – das klingt wunderbar nach Friedensplan. Gute PR-Leute hat Gabriel in seinem Haus.

In den Meinungsumfragen honoriert das Wahlvolk seine Sprüche. »Das zeigt, dass Gabriels Plan aufgeht«, sagt Michaele Hustedt. »In der Wahrnehmung verbreitet er so viel Dynamik, dass sogar die Umweltverbände anfangs darauf hereingefallen sind. Aber wer bilanziert, welche wirklich konkreten politischen Taten er vollbracht hat, wird kaum Gesetze oder Verordnungen finden, die den Klima- und Umweltschutz voranbringen.«

Dabei haben deutsche Umweltpolitiker schon oft die Widerstände mächtiger Lobbys gebrochen: Sie haben für saubere Luft und saubere Flüsse gesorgt. Sie haben die Getränkekonzerne gezwungen, Dosen aus den Regalen zu räumen. Sie haben die Autokonzerne besiegt, indem sie das Blei aus dem Benzin verbannten. Hätten damals die Bedenkenträger recht gehabt, wären längst sämtliche Automotoren verreckt. Nichts von solcher Panikmache hat sich je als wahr erwiesen. Stattdessen stieg die Lebensqualität – dank Umweltpolitik. Warum nur tut sie sich mit dem Klimaproblem so schwer?

Die Torheit der Regierenden heißt ein Buch der US-Historikerin Barbara Tuchman. Haufenweise hat sie in der Menschheitsgeschichte Belege dafür gefunden, dass Mächtige gegen ihre eigenen Interessen handelten: Trotz aller Warnungen zogen die Trojaner das hölzerne Pferd in die Mauern ihrer Stadt. Päpstliche Ignoranz beschwor den Protestantismus herauf. Die englische Krone zerstörte die Beziehungen zu den amerikanischen Siedlern und musste schließlich den Verlust der Kolonien in Kauf nehmen. Könnte schlichte Torheit auch ein Grund sein für das Desaster der Klimapolitik? Den früheren US-Außenminister Henry Kissinger zitiert Tuchman mit den Worten, politische Führer lernten im Amt nichts hinzu. Ihre alten Überzeugungen seien »ihr intellektuelles Kapital, das sie während ihrer Amtszeit verbrauchen«.[27]

Gerhard Schröder hat die These kürzlich auf fast tragische Weise bestätigt, als er in einem Interview forderte, »die ökologische Dimension der Politik allgemeinverbindlich« zu machen. Das, so Schröder, dem die Elbeflut 2002 zur Wiederwahl verhalf, lerne er erst jetzt, wo er selbst kleine Kinder habe. Während seiner Amtszeit habe er das »nicht ausreichend gesehen«.[28] Zu den Überzeugungen Schröders wie zu denen der derzeit in Berlin Regierenden gehört noch immer ein ungebrochener Fortschrittsglaube. Aber nichts, schreibt Tuchman, sei »einer Regierung mehr zuwider als Irrtümer einzugestehen, den Kurs zu ändern«. Unbeirrt gehen demnach Politiker falsche Wege zu Ende – einst beim Krieg in Vietnam ebenso wie im Irak oder in der Klimapolitik.

»Eine verständige Regierungsarbeit würde darin bestehen«, schreibt Tuchman, »dass diejenigen, die mit einem hohen Amt betraut sind, ihre Politik so formulieren und ausführen, dass sie ihrem besten Urteil, ihrem besten Wissen und einer wohlüberlegten Abwägung des kleineren Übels entspricht. Aber all diese Leute haben vor allem ihre Wiederwahl im Kopf.« Das Leitprinzip ihrer Arbeit laute deshalb: »Möglichst vielen gefällig zu sein und möglichst wenigen wehzutun.« Sigmar Gabriel weist solche Gedanken natürlich weit von sich. »Ich habe Pläne als Umweltminister«, versichert er. »Über meine Karriere mache ich mir keine Gedanken.«[29]

Normalerweise sollte das Volk als Souverän, sollten die Medien den Politikern bei ihrer »verständigen Regierungsarbeit« auf die Finger schauen. Doch wenige Politikfelder sind so kompliziert wie der Klimaschutz. Die Details internationaler Verträge sind nicht nur für Laien undurchschaubar. Ziffern und Zahlen, die mit statistischen Tricks leicht manipuliert werden können, sind hier so bedeutsam wie fast nirgendwo sonst. Die Details der Verhandlungen zwischen Wirtschafts- und Umweltministerium bei der Ausgestaltung zum Beispiel des Emissionshandels dürfte in ganz Deutschland höchstens eine Handvoll Journalisten überhaupt durchschauen. So finden die üblichen Kuhhandel zwischen Industrie- und Umweltinteressen meistens unter Ausschluss der kritischen Öffentlichkeit statt.

Das macht für Lobbyisten die Einflussnahme umso einfacher. Sie zielten beim Thema Klimaschutz nicht nur auf die Politik selbst, erklärt Ulrich Müller von der Anti-Korruptionsorganisation LobbyControl, sondern gingen oft den Umweg über die Wissenschaft. »Eine zentrale Rolle spielen politisch ausgerichtete Institute und Stiftungen.« So habe zum Beispiel das konservative *American Enterprise Institute* bereits im Juli 2006 Wissenschaftler aufgerufen, kritische Analysen der im Folgejahr anstehenden Berichte des UN-Klimarates IPCC vorzubereiten. Das lukrative Angebot: »10 000 Dollar für 7500 bis 10 000 Worte«, so Müller. Dadurch lagen rechtzeitig honorige Gegenanalysen zum IPCC-Bericht vor. Das kanadische *Fraser Institute* veröffentlichte seine Gegenanalyse schon drei Tage nach Vorlage des IPCC-Berichtes. »Es gibt keine zwingenden Beweise, dass gefährliche oder noch nie da gewesene Klimaänderungen vor sich gehen«, hieß es darin. »Die Wahrnehmung zunehmender Extremwetter-Ereignisse geht möglicherweise auf vermehrte Berichterstattung zurück.«[30] Bezahlt würden solche Aktionen von Unternehmen, die eine aktive Klimapolitik fürchten müssen, so Müller. Beispielsweise habe der Ölkonzern ExxonMobil »von 1995 bis 2005 fast 16 Millionen Dollar in ein Netzwerk wissenschaftlicher Organisationen von zweifelhafter Seriosität investiert«. Auf der Liste der Zahlungsempfänger steht das *Fraser Institute* ebenso wie das *American Enterprise Institute*.[31]

»Lobbyismus ist a priori nichts Schlechtes«, betont die

Bündnisgrüne Michaele Hustedt. »Wenn ein Unternehmer zu einem Politiker sagt: ›Setzt du deine Pläne um, habe ich bestimmte Nachteile‹, dann ist das völlig in Ordnung. Die Frage ist aber: Was macht der Politiker mit solchen Hinweisen?« Das Problem seien weniger die Lobbyisten, sondern die Politiker. »Die deutsche Automobilindustrie hat jahrelang eine falsche Produktstrategie verfolgt, die ihr jetzt Nachteile beschert. Fatal ist, wenn die Politik jetzt durch Zugeständnisse solch falsche Unternehmensstrategie alimentiert«, sagt Hustedt. Angela Merkel und ihr Wirtschaftsminister Glos unterbinden mit dem Widerstand gegen strenge Kohlendioxid-Grenzwerte für Neuwagen nicht nur künftigen Klimaschutz. Sie stützen damit auch Manager, die keinerlei Rücksicht auf die Erderwärmung nehmen – und verschaffen ihnen Vorteile gegenüber Konkurrenten, die mehr Verantwortung zeigen.

Der Markt selbst ist blind. Er verfügt über keine Anreize, Unternehmen zu belohnen, die ihre kurzfristigen Gewinninteressen dem langfristigen Überleben der Erde unterordnen. Der Rahmen, innerhalb dessen die Marktkräfte wirken, wird vom Staat gesetzt. Er ist der Schiedsrichter, der knallharte Regeln aufstellen kann. Und deren Einhaltung überwacht. Doch der Einfluss der Energiewirtschaft, sagt Michaele Hustedt, reiche bis tief ins Wirtschaftsministerium. »Bevor irgendeine Gesetzesvorlage auf den Weg gebracht wird, lange bevor der Referentenentwurf an mitberatende Ministerien geleitet wird, bevor ihn Abgeordnete zu Gesicht bekommen, landet der Entwurf erst einmal auf dem Schreibtisch der Energiekonzerne. Die kommentieren den Entwurf des Bundeswirtschaftsministeriums, und in der Regel werden diese Kommentare dann auch im Gesetz umgesetzt.«

Gut erinnert sich Hustedt an eine Szene aus der rot-grünen Regierungszeit. Das Bundeskartellamt – als Wächter der Marktregeln – hatte 2002 dem Energieriesen Eon verboten, die Ruhrgas AG zu schlucken. Die Mega-Fusion, so die Wettbewerbshüter, sei nachteilig für den freien Markt und die Energiekunden. Woraufhin Eon eine so genannte Ministererlaubnis beantragte: Nur der Wirtschaftsminister kann das Bundeskartellamt überstimmen. Minister war damals der ehemalige Energiemanager Werner Müller. Hustedt beantragte im Wirtschaftsausschuss des Bundestages, man möge die Ministererlaubnis doch bitte wenigstens debattieren. Von Müllers SPD sei sie daraufhin in der Sitzung angefeindet worden. »Nun vermutet man: Wenn sich die rot-grüne Regierung in einem Ausschuss streitet, heizt die Opposition diesen Streit kräftig an«, so Hustedt. »Aber genau das Gegenteil war der Fall: Günther Rexrodt erklärte für die FDP, dass eine Debatte über die Ministererlaubnis keine Aufgabe des Parlamentes sei. Und für die CDU plädierte Matthias Wissmann gegen eine Aussprache. In diesem Zusammenhang ist es interessant zu wissen: Rexrodt unterhielt eine Agentur, die die Firma BP beriet, Wissmann unterhielt eine Anwalts-Kanzlei, die für BP arbeitet.« Die BP sollte im Zuge der Fusion Teile des Aral-Tankstellen-Netzes von Eon bekommen.

Matthias Wissmann ist im Frühjahr 2007 vom Verband der Automobilwirtschaft zum Präsidenten vorgeschlagen worden. Minister Müller übertrug die Erteilung der Erlaubnis damals seinem Staatssekretär. Beide arbeiten heute wieder in der Energiewirtschaft. Müller ist unter anderem Präsident des Gesamtverbandes der deutschen Steinkohlewirtschaft. Dessen Standpunkt zum Klimawandel: »In der öffentlichen Debatte werden oft Extremszenarien in den Vordergrund gestellt, deren Wahrscheinlichkeit von der Wissenschaft als sehr gering eingestuft wird. ... Mit dem weltweiten Anstieg der CO_2-Emissionen hat die deutsche Steinkohle nichts zu tun.«[32]

Statt Schiedsrichter zu sein, sind Politiker oft Mitspieler. Während der Amtszeit bereiten sie den Rasen, auf dem sie später ihr Geld verdienen. Dabei waren Regierende, Volksvertreter und Staatsbeamte selten mit einer vergleichbar komplexen wie großen Aufgabe konfrontiert, wie sie die Erderwärmung darstellt. »Klimaschutz ist ein staatlich beschleunigter Strukturwandel«, sagt Peter Hennicke, Präsident des Wuppertal-Instituts für Klima, Umwelt und Energie.[33] Industrien mit hohem Kohlendioxid-Ausstoß werden gegenüber solchen mit niedrigen Emissionen unterliegen. »Strukturwandel bedeutet immer, dass es Gewinner und Verlierer gibt. Solange die Verlierer keine Alternative sehen, werden sie versuchen zu bremsen, wo es nur geht.« Der Fortgang des Spiels hängt also von einem Schiedsrichter ab, der – unbestechlich – die Einhaltung der Regeln überwacht.

Ein guter Politiker zeigt Unternehmen die Alternativen auf. Ein schlechter lässt sich von ihnen sagen, dass es keine gibt.

3. Gesellschaft

Trüge der Klimawandel einen Bart ...

... würden wir ihn als Bedrohung ernster nehmen.
Jedenfalls scheint die Gesellschaft blind zu
sein für schleichende Gefahren. Und sie hat es
sich bequem gemacht im jetzigen Lebensstil.
Deshalb warten alle, dass jemand anderes anfängt
mit dem Klimaschutz.

Die Titanic *war das größte und schönste Schiff ihrer Zeit. Als sie am 10.* April 1912 *vom englischen Southampton zu ihrer Jungfernfahrt nach New York aufbrach, war die Crème de la Crème der amerikanischen und europäischen Gesellschaft an Bord: Maler und Schriftsteller, Großgrundbesitzer, Ölbarone, Stahlmagnaten, darunter die vier reichsten Männer der Welt. Auf der* Titanic *gab es prunkvolle Speisesäle und Promenadendecks, die größte Attraktion war das goldverzierte Treppenhaus der ersten Klasse. Der Dampfer galt als Wunder der Technik, 60 000 PS konnten die Maschinen leisten. Als die* Titanic *den Hafen verließ, wurden andere Schiffe am Kai durcheinandergewirbelt und losgerissen – sie selbst war wegen ihrer vollautomatischen Wasserschutzschotten von der Reederei und der Presse als »unsinkbar« gepriesen worden.*

Größer, schneller, weiter, mehr – dies sind die Leitmotive dessen, was die Gesellschaft heute unter Fortschritt versteht. So selbstverständlich ist dies und so normal, dass kaum zu glauben ist, dass dieser Wettlauf erst vor gut hundert Jahren begann. Lokomotiven revolutionierten im 19. Jahrhundert das Reisen und den Gütertransport. Die kohlebefeuerte Dampfmaschine auf Schienen war schneller als alle Kutschen, und anders als deren Zugpferde brauchte sie keine Verschnaufpausen. Ungebremste Geschwindigkeit machte den Menschen anfangs Angst, wurde aber bald zum allgemeinen Ideal der Moderne. Bald brachte der – erst von Kohle, später von Erdöl befeuerte – Fortschritt Dampfschiffe hervor und das Automobil, das schließlich jedermann die Raserei ermöglichte.

»Wir erklären, dass sich die Herrlichkeit der Welt um eine neue Schönheit bereichert hat: die Schönheit der Geschwindigkeit«, schrieb der italienische Dichter Filippo Tommaso Marinetti 1909 in seinem *Futuristischen Manifest*. »Ein aufheulendes Auto, das auf Kartätschen zu laufen scheint, ist schöner als die Nike von Samothrake.« Und weiter: »Besingen werden wir die nächtliche, vibrierende Glut der Arsenale und Werften, die von grellen elektrischen Monden erleuchtet werden; ... die abenteuersuchenden Dampfer, die den Horizont wittern; ... den gleitenden Flug der Flugzeuge, deren Propeller wie eine Fahne im Winde knattert und Beifall zu klatschen scheint wie eine begeisterte Menge.« Marinetti schloss sich übrigens später den italienischen Faschisten an.

Bis heute führen zunehmende Geschwindigkeiten nicht dazu, dass die Menschen weniger Zeit mit der Fortbewegung verbringen. Stattdessen legen sie immer weitere Wege zurück. Ferne Länder und ferne Kontinente wurden erreichbar. Im Westen gilt es heute als Menschenrecht, zu einer Party nach Paris oder für eine Woche Urlaub in die Karibik zu fliegen. Die Städte wurden im Laufe des 20. Jahrhunderts »autogerecht« gemacht, bald überzogen Autobahnen das ganze Land, man konnte aufs Land ziehen und weiter in der Stadt arbeiten. All das findet nun ein jähes Ende. Der Klimawandel nimmt vorweg, was in wenigen Jahrzehnten mit dem Versiegen der Ölquellen ohnehin droht: eine Renaissance der Begrenztheit, die Entdeckung der Langsamkeit. Vielleicht ist es heute noch unvorstellbar, aber das Ende der High-Speed-Hetze kommt unausweichlich. Man kann lamentieren darüber, es gibt dazu – früher oder später – keine Alternative.

In der ruhelosen Welt wächst aber eine immer stärker werdende Sehnsucht nach Ruhe und Muße. Der größte Schlag für die Utopie einer umfassenden Mobilität war ihr Erfolg. »So lange es noch wenige Autos gab, war derjenige König, der eines besaß: Er konnte fahren, wohin er wollte, und dort anhalten, wo es ihm gefiel«, schrieb der US-amerikanische Urbanist Lewis Mumford schon 1958. »Die Popularität dieser Fluchtmethode hat das Versprechen ruiniert. Wenn er seinen Bestimmungsort erreicht, dann entdeckt er, daß das ländliche Idyll, das er suchte, verschwunden ist: Dank der Autobahn liegt vor ihm nur ein weiterer Vorort.«[34] Die Werbung der Autoindustrie versucht die Sehnsucht der Flüchtenden zu pflegen, indem sie ihre Produkte inmitten unberührter Natur präsentiert. Ebenso ist die Touristikbranche gezwungen, ein unberührtes Idyll nach dem anderen zu erschließen – und damit zu vernichten. *The party's over* heißt ein Buch, das vor ein paar Jahren in den USA erschien. Die Fete ist vorbei – Nordamerika mit seinem besonders energieintensiven Lebensstil wird das Ende des fossilen Zeitalters härter treffen als Europa oder Asien.

Längst hat sich eine positive Ästhetik der Langsamkeit entwickelt. Unter dem Namen Slowfood zum Beispiel hat sich eine weltweite Bewegung gegen die McDonaldisierung der Ernährung gesammelt. Als Gegentrend zur Globalisierung wird überall die Liebe zur Region wiederentdeckt. Womöglich erscheint schon bald die Geschwindigkeitshuberei so aus der Zeit gefallen wie heute die chauvinistischen Sprüche alternder Herren. Einmal im Monat trifft sich samstags vor dem Stuttgarter Edelkaufhaus Breuninger eine Gruppe von Menschen, sie ziehen dann durch die Innenstadt und klemmen Zettel mit dem Aufruf »Klimaschweine stilllegen« hinter die Scheibenwischer von Sportwagen, Geländeautos und dicken Limousinen. Die Fahrer seien immer sehr empört, erzählt einer der Aktivisten, aber von den Passanten erhielten sie immer mehr Unterstützung.

Die Werte, so scheint es, wandeln sich bereits: Was früher als Statussymbol galt, ruft jetzt Naserümpfen hervor. Kürzlich breitete der *Stern* vorwurfsvoll aus, wie viel Kohlendioxid die Dienstlimousinen Berliner Spitzenpolitiker verursachen. Die *Frankfurter Allgemeine Sonntagszeitung* druckte bereits einen Nachruf auf »den Automann«, auf protzende Alphatiere und allein verdienende Familienväter, die allmorgendlich mit teuren Wagen zur Arbeit fahren. »Wer sich heute ein besonders Benzin fressendes Auto anschafft, macht sich einfach nur lächerlich. Schon das Bildgenre des Mannes, der neben seinem neuen Auto posiert, ist verschwunden.«

In einer Zukunft mit Tempolimit könnte es für Menschen, die immer noch ihren Geschwindigkeitsrausch ausleben wollen, Wochenend-Pauschalurlaube auf dem Nürburgring geben. Jedenfalls werden sich die Männer neue Identifikationsmittel suchen müssen, das große Auto wird es nicht mehr sein. Mercedes machte schon vor Jahren mit dem Smart vor, dass klein auch cool sein kann. Bald zog BMW mit dem Mini nach. Und wieso müssen Statussymbole eigentlich materiell sein? Vielleicht, fragt der Amsterdamer Kommunikationswissenschaftler James Slevin, protzen Menschen ja irgendwann mit einer besonders chicen Internetseite?[35]

Wer heute hip sein will, schmückt sich mit dem Toyota Prius. Hollywood-Stars wie Penelope Cruz fuhren mit diesem Hybridauto zur Oscar-Verleihung 2007 vor. Das

US-Lifestyle-Magazin *Vanity Fair* produziert jedes Jahr
ein Umwelt-Sonderheft, auf dem letzten Titelbild posierte
Leonardo di Caprio vor einem isländischen Gletscher
(aber natürlich war er mit dem Flugzeug dorthin gereist).
Ein Berliner Szeneclub am Hackeschen Markt lud im vergangenen Dezember zum Klimaschutz-Abend unter dem
Motto »Keeping Christmas White«.

Grün wird zum Lifestyle. »Tatsächlich tauchen auf Architekturkongressen, in Designschauen und auf den Automobilmessen immer öfter Leute auf, die aussehen, als
ob sie die Zeitschrift *Hedonism Quarterly* herausgeben«,
hat Gerhard Matzig, der Architekturkritiker der *Süddeutschen Zeitung,* beobachtet. »Aber in Wahrheit interessieren sie sich für energieeffiziente Häuser, stromsparende
Haushaltsgeräte, hybridgetriebene Autos und das Kyoto-Protokoll.«[36] Solche Leute nennt man »Lohas« (kurz für
»Lifestyle of Health and Sustainability«), also Menschen,
denen gesundes und umweltschonendes Leben wichtig
ist. Sogar für jene, die sich ganz dem Konsumismus verweigern und freiwillig einen einfachen Lebensstil pflegen,
hat die Konsumforschung bereits einen Begriff: »Lovos«
(»Lifestyle of Voluntary Simplicity«). Yuppies sind out.
Qualität, Maßhalten und Muße sind in. Klimawandel
und Ressourcenknappheit werden nicht das Ende von Mobilität und Lebensfreude bedeuten, aber von Geschwindigkeitsrausch und Konsumismus. So oder so, bald freiwillig
oder irgendwann erzwungenermaßen.

*Am 14. April 1912, 23:40 Uhr, entdeckte der Ausguck
Frederick Fleet direkt vor der* Titanic *einen Eisberg
und schlug Alarm. Schon bei der Abfahrt hatte der Kapitän gewusst, dass das Eisfeld auf der Route größer
war als in den Jahren zuvor. Später gingen per Funk
weitere Warnungen ein, aber die Funker waren mit der
Übermittlung privater Telegramme beschäftigt. Und*

der Reeder drängte zur Höchstgeschwindigkeit, um die Leistungsfähigkeit seines Schiffes zu beweisen. Der wachhabende Offizier versuchte noch auszuweichen, aber es war zu spät – mit der vorderen Steuerbordseite lief die Titanic *auf den Eisberg. Die meisten Passagiere merkten nichts davon, laut einem von ihnen durchfuhr das Schiff bloß ein Zittern. Der Kapitän und ein Ingenieur stiegen unter Deck, und als sie den Schaden sahen, wussten sie: Es bleiben noch anderthalb Stunden. Die* Titanic *funkte SOS. Doch in der ersten Klasse lehnte man das Anlegen der unbequemen Schwimmwesten ab. Bankiers ließen sich nicht bei ihren Unterredungen stören. Und das Bordorchester spielte heiteren Ragtime.*

Das National Center for Policy Analysis (NCPA) ist ein Institut mit Sitz in Dallas, Texas. Im Englischen werden Einrichtungen wie diese »think tanks« genannt, was man als »Denkkessel« ins Deutsche übersetzen kann – aber auch als »Denkpanzer«. Institute mit seriös klingenden Namen sind eines der wirksamsten Mittel von Industrielobbyisten, die öffentliche Meinung in ihrem Sinne zu beeinflussen. »Während die Ursachen und Folgen des gegenwärtigen Erwärmungstrends der Erde immer noch unbekannt sind«, heißt es auf der Internetseite des NCPA, »wären die Kosten einer nennenswerten Reduzierung von Kohlendioxid-Emissionen ziemlich hoch und würden zu wirtschaftlichem Niedergang und beschleunigter Umweltzerstörung führen – und wenig oder gar nichts bringen gegen die Erderwärmung, egal welche Ursache sie hat.« Eine solche Aussage ist wissenschaftlich mehr als zweifelhaft, aber verständlich bei einem Blick auf die Spenderliste des Instituts: Der weltgrößte Ölkonzern ExxonMobil – das lässt sich in dessen Jahresberichten nachlesen – hat das Institut seit 1998 mit fast 400 000 Dollar unterstützt.

»Die Strategie ähnelt der der Tabakindustrie, die über Jahre immer wieder Wissenschaftler und Studien präsentierte, die die Unschädlichkeit des Rauchens behaupteten«, sagt Stefan Rahmstorf vom Potsdamer Institut für Klimafolgenforschung. Er kritisiert vor allem die Bundesanstalt für Geowissenschaften und Rohstoffe, eine Einrichtung des Wirtschaftsministeriums, sie spiele »seit Jahren in aufwändiger Öffentlichkeitsarbeit den Einfluss des Menschen auf das Klima herunter«. Daneben ist hierzulande vor allem die Kohlelobby aktiv. So sponserte der Bundesverband Braunkohle im Jahr 2003 eine Beilage des Fachmagazins *journalist* – Titel: »Klimadiskussion im Spannungsfeld« –, in der die Erderwärmung mit der schwankenden Größe von Sonnenflecken in Verbindung gebracht wurde.[37]

Wie süchtige Raucher nur zu gern den Studien der Zigarettenindustrie glauben, so traf die Energielobby mit ihren Scheinargumenten lange Zeit in der Öffentlichkeit auf offene Ohren. Leugnen, Verdrängen – »das ist nur allzu menschlich«, sagt Joachim Schahn, Umweltpsychologe an der Universität Heidelberg. »Wenn es eine Erkenntnis gibt, die einem einschneidende Änderungen im Verhalten abverlangt, dann ergreift man begierig jede Chance, diese Erkenntnis abzulehnen.« Die Bewohner der reichen Länder sind süchtig nach Erdöl, und nun sollen sie auf Bequemlichkeiten verzichten – und das auch noch für die Armen der Welt.

Geschickt änderten die »Klimaskeptiker« mit jedem neuen Beweis der Wissenschaft ihre Argumentation: Anfangs leugneten sie die Erderwärmung rundheraus. Als das nicht mehr ging, zweifelten sie den Menschen als Verursacher an. Heute verweisen sie gern auf noch größere Sünder, China etwa. Andere sagen, die Folgen des Klimawandels seien harmlos oder letztlich sogar günstig: Im Klima-Rundbrief des NCPA aus Dallas hieß es im Dezember 2006, dass mehr Kohlendioxid in der Atmosphäre einen Düngeeffekt für Pflanzen habe und das Wachstum der globalen Vegetation fördere.[38] Immer beliebter wird neuerdings das Argument, man könne die Erderwärmung ohnehin nicht mehr verhindern und solle lieber alle Kraft auf die Anpassung richten. Und im kühlen Nordeuropa fragt so mancher augenzwinkernd, was denn schlimm daran sei, wenn die Winter milder würden und die Frühlinge eher begännen.

Hartnäckig weigert sich die Menschheit, die Konsequenz aus dem Wissen um den Klimawandel zu begreifen – und zu handeln. Schuld daran sei auch die Struktur des menschlichen Gehirns, meint der Harvard-Psychologe Daniel Gilbert. Über Millionen von Jahren habe es sich im Laufe der Evolution auf Bedrohungen spezialisiert, die ganz anders aussehen als der Klimawandel. »Der Erderwärmung fehlt ein Schnurrbart«, führt Gilbert als ersten von vier Gründen auf, »wirklich!«[39] Der Mensch sei ein soziales Wesen und deshalb spezialisiert darauf, über andere Personen und deren Absichten nachzudenken. Wäre der Klimawandel das Werk eines brutalen Diktators, von Hitler, Stalin oder Saddam Hussein, er stünde ganz oben auf der politischen Agenda. Zweitens berühre die Erderwärmung nicht unser moralisches Empfinden. Menschen würden schnell aktiv, so Gilbert, wenn sie sich beleidigt fühlen oder angewidert. »Würde der Klimawandel durch das Verspeisen von kleinen Kätzchen verursacht, Millionen von Demonstranten gingen auf die Straße.« Die Bestätigung dieser These ist der Eisbär: Ihm gelang in den USA, was alle Zeitungsberichte über den Klimawandel oder mögliche Opfer in Afrika nicht geschafft hatten. Als im Januar 2007 das Innenministerium den Polarbären auf die Rote Liste setzen wollte, weil ihm in der Arktis das Eis unter den Tatzen wegschmilzt, war das Entsetzen groß. Niedliche Bärenkinder, die ertrinken oder keine Nahrung mehr finden – das erregte plötzlich Mitleid.

Drittens, so Gilbert, bedrohen Treibhausgase zwar unsere Zukunft – aber die ist weit weg. »Wie alle Tiere reagiert der Mensch auf klare und gegenwärtige Gefahren«, instinktiv ducke sich jeder vor einem fliegenden Ball. Zwar habe der Mensch gelernt, auch künftigen Risiken vorzubeugen (weshalb er sich beispielsweise die Zähne putze). Diese Fähigkeit aber sei evolutionsgeschichtlich noch jung und nicht ausgereift. Schließlich – viertens – sei der Klimawandel zu gemächlich für unsere Sinne. Würden Temperaturen oder Meeresspiegel schlagartig steigen, wäre längst etwas unternommen worden. Gilbert: »Die Erderwärmung ist eine tödliche Bedrohung, gerade weil sie im menschlichen Gehirn keinen Alarm auslöst. Sie lässt uns ruhig weiterschlafen, obwohl unser Bett längst in Flammen steht.«

Für die gut 2200 Menschen an Bord der Titanic *standen lediglich 1178 Plätze in Rettungsbooten zur Verfügung – aber nur 705 Menschen überlebten die Katastrophe. Als eine Stunde nach dem Befehl zur Evakuierung endlich das erste Boot ins eiskalte Wasser gelassen wurde, blieb darin mehr als die Hälfte der Plätze frei. Auf der riesigen* Titanic *war die zunehmende Schlagseite anfangs kaum zu bemerken, weshalb viele Passagiere glaubten, auf dem »unsinkbaren« Schiff sicherer zu sein als in winzigen Rettungsbooten. Reisende der dritten Klasse hatten keinen Zugang zum Promenadendeck, von wo aus die Boote ablegten. Als irgendwann der Untergang nicht mehr zu bestreiten war, brach Panik aus. Passagiere prügelten sich um die letzten Plätze, Männer versuchten sich in Frauenkleidern an Bord zu schleichen.*

Ein Mensch ist klug, viele Menschen sind dumm. In großen Gruppen, das weiß die Volkswirtschaftslehre ebenso wie die Psychologie, ist es für den Einzelnen oft von Vorteil, egoistisch zu handeln: Warum soll ein Reeder sich an der Finanzierung eines Leuchtturms beteiligen, wenn andere ihn ohnehin aufstellen? Wozu soll der einzelne Bürger brav Steuern zahlen, wenn seine paar Euro im Milliardenhaushalt des Staates gar nicht auffallen? Wieso soll ich auf mein Auto verzichten, wenn ich damit bloß Platz mache für das des Nachbarn? Aber selbst der Egoist sieht ein, dass es ein Problem wäre, wenn alle so handelten.

Die Spieltheorie, ein Teilgebiet der Mathematik, befasst sich mit der Simulation von Gruppenverhalten. Eines ihrer klassischen Experimente ist das so genannte Gefangenendilemma. Zwei Menschen werden eines Verbrechens beschuldigt, getrennt voneinander verhört und bekommen dieses Angebot: Wenn einer gesteht und den anderen belastet, kommt er selbst ohne Strafe davon, der Komplize aber muss für fünf Jahre hinter Gitter. Wenn beide gestehen, wird das Urteil wegen mildernder Umstände für beide vier Jahre betragen. Wenn beide die Tat bestreiten, reichen die Indizienbeweise nur für zwei Jahre Gefängnis. Das Problem ist, dass die beiden keine Möglichkeit haben, sich abzusprechen. Ohne zu wissen, was der andere tut, müssen sie sich entscheiden zwischen dem höchsten Kollektivnutzen (Abstreiten) und dem größten individuellen Vorteil (Gestehen) – der sich aber nur einstellt, wenn der andere auch schweigt.

Unser ganzes Leben ist ein Gefangenendilemma. Jeden Tag steht der Mensch unzählige Male vor der Entscheidung, ob er kooperiert oder nicht, ob er auf kurzfristigen Nutzen verzichtet zugunsten langfristiger Gewinne. Soll ein Autofahrer beim Einfädeln zweier Fahrspuren anderen den Vortritt lassen – in der Hoffnung, irgendwann auch einmal zu profitieren? Soll ein Bäcker hochwertiges Mehl kaufen – in der Erwartung, dass bei guter Qualität die Kunden wiederkommen? Seit das Gefangenendilemma in den fünfziger Jahren erstmals formuliert wurde, haben

Heerscharen von Wissenschaftlern nach einer allgemein verbindlichen Handlungsempfehlung gesucht. Sie haben keine gefunden. Denn alles hängt ab vom Vertrauen zwischen den beiden Inhaftierten. Und im Alltag sind es meist nicht nur zwei Beteiligte, die sich aufeinander verlassen müssten, sondern große Gruppen, ganze Gesellschaften – beim Klimaschutz sogar die milliardenköpfige Weltbevölkerung.

Robert Axelrod, Politologe an der University of Michigan, ließ 1979 mit Hilfe von Computern verschiedene Handlungsstrategien testen. Er lud zu einem Wettstreit ein, vierzehn Informatiker beteiligten sich. Sie schickten zum Teil hochkomplizierte Konstrukte ins Rennen, die versuchten, die anderen Spieler geschickt auszunutzen. Doch gewonnen hat ausgerechnet das kürzeste Programm mit der simpelsten Strategie: Es verhielt sich in der ersten Spielrunde kooperativ und tat in jeder folgenden genau das, was das Gegenüber in der vorherigen Runde gemacht hatte. »Tit for tat«, nannte der Programmierer dies Prinzip: »Wie Du mir, so ich Dir« – aber mit positivem Beginn, nämlich dem gutmütigen Anfangsangebot zur Zusammenarbeit. »Nicht nett zu sein, mag auf den ersten Blick erfolgversprechend sein«, fasste Axelrod seine Arbeiten zusammen, »auf Dauer aber kann es genau die Umgebung zerstören, die für den eigenen Erfolg unentbehrlich ist.«[40]

Leider ist der Klimaschutz noch komplizierter als das Gefangenendilemma: Die drohenden Folgen der Erderwärmung sind nicht genau zu beziffern. Es gibt eine unüberschaubare Vielzahl von Beteiligten. Es fehlt der Richter, der unkooperative Mitspieler auch wirklich bestraft.

Und es gibt den inneren Schweinehund – der Mensch handelt leider nicht immer klug. Selbst wenn ihm klar ist, was das Richtige ist, tut er häufig doch etwas anderes. Die Umweltpsychologie fordert deshalb seit langem, es nicht nur beim Vermitteln von Einsichten zu belassen, sondern auch die vielen anderen Faktoren zu berücksichtigen, die Menschen zu ihren Handlungen motivieren. Zum Beispiel weiß mittlerweile wirklich jeder, dass es dem Klima schadet, täglich mit dem Auto zur Arbeit zu fahren – erst recht mit einem großen. Viele Menschen tun es trotzdem. Warum? Weil es mit Bus, Bahn oder Fahrrad schlicht unmöglich wäre oder viel länger dauern würde. Sie tun es, obwohl Autofahren teurer ist, sie aber einen – wie die Wissenschaft es nennt – »emotionalen Nebennutzen« daraus ziehen: Es macht ihnen vielleicht Spaß, oder sie erhoffen sich dadurch Prestige im Kollegenkreis. Aber meist sind es simple Anreize, die die Menschen dazu verleiten, zum Beispiel dass der Fußweg zum Parkplatz kürzer ist als der zur Bushaltestelle. An jeder Ecke gibt es heutzutage Anreize für klimaschädliches Verhalten. Zum Beispiel sind Inlandsflüge in Deutschland auch deshalb so billig, weil Kerosin von der Mineralölsteuer befreit ist. »Wenn Strukturen bestimmte Lebensweisen nahelegen«, sagt der bündnisgrüne Umweltexperte Reinhard Loske, »dann braucht man fast einen Heiligenschein, um anders zu handeln.«

In wenigen Bereichen ist die Kluft zwischen Denken und Tun so groß wie beim Klimaschutz. 87 Prozent der Deutschen bekunden in Umfragen, sie seien »für einen konsequenten« Umstieg auf erneuerbare Energien« – aber nur fünf Prozent geben an, Öko-Strom zu beziehen.[41] Dagegen trennen 65 Prozent der Deutschen ihren Müll, und auf den ersten Blick ist das verwunderlich. Denn dabei muss man jeden Tag aufs Neue nachdenken, welcher Abfall in welchen Eimer gehört, man braucht zusätzlichen Platz in der Küche, und beim Öffnen der Bio-Tonne schlägt einem häufig ekliger Geruch entgegen. Das Wechseln zu Öko-Strom hingegen erfordert höchstens fünf Minuten zum Ausfüllen eines Formulars – einmalig. Der wichtige Unterschied: Abfallberge fallen ins Auge, Kohlendioxid dagegen ist unsichtbar. Müll kann man anfassen, das Klima nicht.

In der eigenen kleinen Tonne kann jeder seine Sparsamkeit messen, in der unendlich scheinenden Erdatmosphäre fällt der individuelle Beitrag zum Klimaschutz nicht auf. Schließlich kann man mit dem Gang zum Glascontainer seinen Nachbarn (und sich selbst) zeigen, was für ein umweltfreundlicher Mensch man doch ist – Öko-Strom dagegen sieht niemand, ebenso wenig wie den behutsamen Umgang mit dem Gaspedal.

Beim Klimaschutz ist besonders unsicher, was die anderen tun – aber besonders wichtig, dass sie mitmachen. Eine Lösung des Problems wären allgemeine Vorschriften, ein Tempolimit auf Autobahnen zum Beispiel. Eine Mehrheit der Bevölkerung wäre übrigens dafür – aber solange es nicht gilt, fährt die Mehrheit ebenso selbstverständlich schneller als 120 Stundenkilometer. Der Heidelberger Psychologe Schahn sagt: »Leute nehmen Verbote hin, wenn sie sehen, dass sie sinnvoll und wirkungsvoll sind und kontrolliert werden.« In Experimenten zum Beispiel sind Probanden bereit, andere Teilnehmer für unmoralisches Verhalten zu bestrafen – sogar dann, wenn sie selbst für diese Möglichkeit zur Bestrafung etwas bezahlen müssten.

Nicht nur Gesetze und finanzielle Anreize sind wichtig für das Verhalten von Menschen, sondern auch soziale Normen: Wenn man annimmt, dass eine Handlung allgemein als gut betrachtet wird, dann richtet man sich eher danach. Berichten beispielsweise Medien öfter, dass eine Mehrheit der Bevölkerung Energie sparen will, dann dürfte die Wahrscheinlichkeit steigen, dass mehr Leute mitmachen. Der US-Psychologe Robert Cialdini hat kürzlich untersucht, wie man Menschen am besten zu umweltschonendem Verhalten motiviert: In einem Mittelklassehotel im amerikanischen Südwesten variierte er die übliche Bitte an die Gäste, die Handtücher mehrfach zu benutzen. Mal wurde allgemein zum Schutz der Umwelt aufgerufen, mal an den Patriotismus appelliert (»Hilf mit beim Schutz der natürlichen Ressourcen unseres Landes!«), mal an die Zusammenarbeit mit der Hotelleitung. Doch die mit Abstand erfolgreichste Formulierung war eine, in der nebenbei mitgeteilt wurde, dass 75 Prozent der Gäste, die zuvor in genau diesem Zimmer wohnten, sich an der Aktion beteiligt hatten.[42] Wenn ein Appell also konkret ist und den Eindruck vermittelt, dass viele ihm folgen und der eigene Beitrag gezählt wird – dann ist er offenbar besonders überzeugend.

02:05 Uhr am frühen Morgen des 15. April 1912 verließ das letzte Rettungsboot die Titanic. *Mit 70 Menschen war es völlig übersetzt, aber einen der Plätze hatte Bruce Ismay ergattert, der Chef der Reederei. Kurze Zeit später stellte sich das Heck des Schiffes senkrecht auf, der erste Schornstein stürzte um und erschlug etliche Passagiere. Zweieinhalb Stunden nach der Kollision mit dem Eisberg sank die* Titanic. *Etwa 1500 Menschen verloren ihr Leben. Von den Passagieren aus der ersten Klasse wurden fast zwei Drittel gerettet, von denen der dritten Klasse weniger als ein Viertel. Der Schock, den der Untergang der* Titanic *auslöste, führte zur Einberufung der ersten internationalen Konferenz zur Sicherheit auf hoher See. Seitdem gab es regelmäßige Eispatrouillen, eine neue Vorschrift verordnete eine Drosselung der Geschwindigkeit bei Eisgefahr, und fortan musste für jeden Passagier Platz in einem Rettungsboot vorhanden sein.*

Als im Februar 2007 der UN-Klimarat IPCC seinen neuesten Bericht vorlegte, schreckten die Deutschen auf. Für ein paar Wochen überboten sich Politiker aller Parteien mit Forderungen zum Klimaschutz. Die Erderwärmung schaffte es aufs Titelblatt der *ADAC Motorwelt,* und sogar *Bild* druckte Klimaschutztipps. Doch mit seinem feinen Gespür für Volkes Stimme ruderte das Millionenblatt schon Anfang März zurück. »Sollen wir Deutsche die Erde alleine retten?«, empörte es sich in fünf Zentimeter großen Lettern.[43]

Gerhard Scherhorn glaubt trotzdem, dass sich das gesellschaftliche Klima in Deutschland dauerhaft wandelt. Seit 1998 hat er den Forschungsbereich »Neue Wohlstandsmodelle« am Wuppertal-Institut für Klima, Umwelt und Energie geleitet. »Wohlstand«, sagt Scherhorn, »war in der deutschen Sprache ursprünglich ein Wort für Wohlergehen, Abwesenheit von Not und friedliches Zusammenleben in einem Gemeinwesen.«[44] Selbst für Ludwig Ehrhardt, den Vater des Wirtschaftswunders, war »Wohlstand für alle« in erster Linie ein Mittel, um ihnen »mehr Freizeit, mehr Besinnung, mehr Muße und mehr Erholung zu bringen«.[45] Doch nach und nach rückten der materielle Konsum und der zunehmende Besitz an Gütern immer weiter in den Vordergrund.

Seit langem ist belegt, dass ab einem bestimmten Einkommensniveau die Zufriedenheit von Menschen nicht mehr steigt. So verfügten US-Amerikaner im Jahr 1993 über mehr als doppelt so viel Geld wie 1957, doch das hat sie nicht doppelt so zufrieden gemacht. Der Anteil der Leute, die in Umfragen sagten, sie seien sehr glücklich, blieb stabil bei etwa einem Drittel.[46] »Der empfundene Wohlstand«, löst Gerhard Scherhorn das Rätsel auf, »setzt sich aus Güterwohlstand, Zeitwohlstand und Raumwohlstand zusammen.« Und für die Anhäufung von immer mehr materiellen Gütern müssten die Menschen mehr arbeiten, das beschere ihnen Stress und Hetze sowie eine zerstörte Umwelt. Im Prinzip beklagen die Leute dies auch regelmäßig. In Umfragen sagen beispielsweise 63 Prozent der Deutschen, sie verstünden unter Wohlstand »viel Zeit haben, nicht unter Zeitdruck leiden« (dagegen wollen nur 46 Prozent »viel Geld haben, reich sein«).[47] Im Alltag regiert dann doch allzu oft die Hetze.

Fragt man Scherhorn, was er für die wichtigste Änderung hält, fallen ihm sofort die Arbeitszeiten ein. »Noch ist es ein sozial missbilligtes Verhalten, seine Arbeitszeit zu reduzieren – der Chef will es nicht, die Kollegen gucken schief, da setzen sich nur einige starke Persönlichkeiten durch.« Wären zum Beispiel Teilzeitjobs stärker verbreitet, sagt Scherhorn, würde sich wohl sehr viel ändern. Auch für das Klima: Wer problemlos mehrere Monate Urlaub bekommt oder gar ein Sabbatjahr, verzichtet vielleicht eher auf den jährlichen Flug in die Südsee – und verreist lieber einmal für längere Zeit.

Den Gewinn (an Zeit) sollte man also betonen, um die Gesellschaft zu einem nachhaltigen und klimaschonenden Lebensstil zu bringen, weniger den Verzicht (auf Konsum). Sparsam zu sein nämlich klingt erst mal nicht sehr sexy, sondern kleinlich und knauserig. Die Forderung nach einer Entschleunigung des Lebens aber könnte nicht nur von den Grünen oder den Umweltschützern erhoben werden, sondern mit etwas Formulierungsgeschick sogar von der CDU – Maßhalten ist schließlich eine urkonservative Tugend.

In der deutschen Klimadebatte war die Umweltbewegung zuletzt überraschend still. »Wir staunen noch«, sagt Wolfgang Sachs, Chef des Greenpeace-Aufsichtsrats und einer der Vordenker der Öko-Szene. »Wir haben noch nicht verarbeitet, wie unsere Themen plötzlich im Zentrum der Aufmerksamkeit stehen.« Er erinnert sich, dass er mit Gleichgesinnten noch vor einem Jahr darüber grübelte, wie sich das Leugnen des Klimawandels knacken ließe. »Unser Denken war darauf gerichtet, die andere Seite zu überzeugen. Jetzt ist sie überzeugt, und wir sind erst mal verlegen.«

Vielleicht ist das auch der Grund, warum hierzulande eine wirklich große Klimaschutzkampagne nicht recht in Gang kommen will, wie es sie in den Niederlanden oder in Großbritannien längst gibt.[48] Dort wirbt man mit coolen Homepages im Internet, im November 2006 gingen in London etwa 20 000 Menschen für mehr Klimaschutz auf die Straße. In Deutschland hingegen hat es monatelange Verhandlungen gebraucht, bis sich Umwelt- und Entwicklungshilfeverbände zu einer Klima-Allianz zusammenschlossen. In den Organisationen gebe es Angst, an eigenem Profil und an Spendeneinnahmen zu verlieren, berichten Beteiligte. Immerhin sind die Kirchen mit ihren Millionen von Mitgliedern mit von der Partie – sie allein könnten zum Beispiel als Großeinkäufer von Öko-Strom enormen Druck auf die Industrie ausüben. Für ein wirklich breites gesellschaftliches Bündnis bräuchte es zudem die Gewerkschaften – doch die kämpfen in Deutschland eher für alte Arbeitsplätze als für neue. Als etwa die EU im Februar 2007 strengere Grenzen für den Kohlendioxid-Ausstoß von Kraftwerken durchsetzen wollte, mobilisierte Verdi zu einer Demonstration nach Berlin. Dort wetterte dann Gewerkschaftschef (und Grünen-Mitglied) Frank Bsirske lautstark gegen eine »Diskriminierung« der besonders klimaschädlichen Braunkohlekraftwerke.

Ein Blick in die USA zeigt, wie ein wirklich breites Klimaschutzbündnis aussehen könnte: Umweltverbände, Unternehmen und mehr als 30 Gewerkschaften haben sich dort in einer »Apollo Alliance« zusammengeschlossen. Motto: »Drei Millionen neue Jobs, Unabhängigkeit von ausländischem Öl«. In typisch amerikanischem Pathos betonen sie die Chancen einer Umstellung auf erneuerbare Energien als »Botschaft von Optimismus und Hoffnung«. Der Name der Kampagne geht zurück auf John F. Kennedy, der 1961 auf die Erfolge der sowjetischen Raumfahrt mit dem kühnen Projekt einer Reise zum Mond reagierte. Nach einem Kraftakt von Staat, Wissenschaft und Industrie war Apollo 11 acht Jahre später am Ziel, Neil Armstrong setzte seinen Fuß auf den Mond. »Heute steht noch viel, viel mehr auf dem Spiel«, heißt es im Manifest der Kampagne. »Weltweit stehen wir vor nie gesehenen ökologischen Zerrüttungen und zunehmender sozialer Ungleichheit.« Deshalb brauche man »Führer mit neuen Visionen und einen neuen, alle vereinenden Aufruf zum Handeln«.

Das Worldwatch Institute in Washington führte der Welt schon vor fünfzehn Jahren in seinem damals aufsehenerregenden Buch Zur Rettung des Planeten Erde *das symbolhafte Schicksal der* Titanic *vor Augen. »Kurz vor Ende des 20. Jahrhunderts«, schrieben die Wissenschaftler 1991, »kommt die Geschichte der* Titanic *einer Beschreibung der Erkenntnislücke, der wir jetzt gegenüberstehen, unbequem nahe.«*[49]

Seitdem ist wenig passiert in Sachen Klimaschutz. Nur dem Eisberg sind wir ein ganzes Stück näher gekommen.

II

Wir Klimaretter
Lösungen

4. Kohlenstoff einen Preis geben

Kohlendioxid auf dem Kontoauszug

Der Klimaschutz braucht neue Ideen. Hier ist eine:
Jeder Mensch bekommt dasselbe Recht zum
Ausstoß einer bestimmten Menge Kohlendioxid –
kostenlos. Wer mehr will, muss dafür zahlen.
Das könnte endlich die nötigen Anreize zum
Energiesparen schaffen.

Im Emsland hat die Zukunft schon begonnen. An den Türen von 150 Häusern klingelt in diesen Wochen ein Kohlendioxid-Berater. Er setzt sich mit den Eigentümern an den Küchentisch, klappt seinen Laptop auf, erfasst Grundrisse, Kellergrößen und Wandstärken der Häuser, Energieverbrauch, Heizverhalten und Dutzende weitere Daten. Daraus errechnet der Computer eine Kohlendioxid-Bilanz – wie viel des Treibhausgases jährlich durch das Haus ausgestoßen wird. »Ich fürchte, mein Wert ist viel zu hoch«, bangt Maria Erdmann. Dabei lebt die 63-jährige Innenarchitektin durchaus umweltbewusst. Seit 1981 wohnt sie in ihrem alten Bauernhaus, mitten im Dörfchen Lorup, hat es liebevoll mit ökologischen Baustoffen saniert. Aber die Dämmung, sagt sie, die könnte mit Sicherheit besser sein. Und der Gaskessel, tja, der sei auch schon 25 Jahre alt.

Etwa elf Tonnen verursacht ein durchschnittliches Einfamilienhaus in Deutschland pro Jahr. Experten schätzen, dass dieser Wert leicht halbiert werden könnte. Die Kohlendioxid-Berater im Emsland machen Vorschläge dazu, und die Hausbesitzer entscheiden, welche davon sie umsetzen. »Ich möchte sehr weit gehen«, sagt Maria Erdmann.

In einem Jahr jedenfalls kommt der Klimaschutz-Berater wieder. Dann wird abgerechnet. Und für jede Tonne eingespartes Kohlendioxid gibt es ein Klimazertifikat, das sich zu Geld machen lässt.

Hinter dem Projekt stehen der Landkreis Emsland und die EWE, der fünftgrößte Energiekonzern Deutschlands. »Wir sind sicher, dass das Thema Kohlendioxid uns in den nächsten Jahrzehnten immer mehr beschäftigen wird«, sagt EWE-Projektleiter Michael Klüser, »und da stellen wir uns dem Problem lieber schon heute.« Mit 150 000 Euro fördert das Oldenburger Unternehmen das Modellvorhaben, dieselbe Summe gibt der Landkreis Emsland. Landrat Hermann Bröring, ein CDU-Mann, sagt: »Wir müssen alle möglichen Bausteine für den Klimaschutz erproben.« Träger des Pilotprojekts ist das niedersächsische Kompetenzzentrum Nachwachsende Rohstoffe, das seit einigen Jahren in einer ehemaligen Bundeswehrkaserne im Emsland sitzt.

Ob das Ganze überhaupt funktioniert, ob die ausgewählten Haushalte mitmachen und nennenswerte Mengen an Kohlendioxid einsparen werden, ob die gesparte Menge exakt beziffert werden kann und was man später mit den Zertifikaten wird anfangen können – all das ist noch unklar. Trotzdem ist die Bedeutung des Projekts kaum zu unterschätzen, denn sein Ansatz ist revolutionär: Es gibt Kohlendioxid erstmals einen Preis, auch für Privatleute. Stets sind die Teilnehmer verblüfft, wenn sie das erste Mal hören, dass eine bessere Dämmung oder effizientere Heizkessel für sie sich nicht nur über sinkende Energiekosten auszahlen, sondern dass sie obenauf sogar noch eine Prämie erhalten. Die Zertifikate, die es im Emsland für das eingesparte Kohlendioxid gibt, können zwar noch nicht an der Börse gehandelt werden. Aber die EWE garantiert für die ersten drei Jahre einen Festpreis von 20 Euro pro Tonne des eingesparten Treibhausgases Kohlendioxid.

Vielleicht stellt sich in einigen Jahren heraus, dass das Pilotprojekt im Emsland ein Mosaikstein war für eine Mega-Reform: ein Emissionshandelssystem für alle Bürger. Etwa 20 Prozent des deutschen Kohlendioxids werden nämlich direkt von Privathaushalten verursacht, zum Beispiel durch Heizen, Warmwasser und Stromverbrauch. Rechnet man noch den privaten Autoverkehr und Flugreisen hinzu und das Kohlendioxid, das in der Industrie und im Handel für den privaten Konsum ausgestoßen wird, für Herstellung und Transport von Autos, Einwegwindeln oder Brot, rechnet man also all das zusammen, sind die Haushalte hierzulande für bestimmt ein Drittel des Kohlendioxid-Ausstoßes verantwortlich. Seit Jahrzehnten erlässt der Staat Wärmeschutz- und Energieeinsparverordnungen, schafft Gebote, Verbote, Förderprogramme – trotzdem gehen die Emissionen des Haushaltssektors nicht zurück.

Nicholas Stern, Ex-Chefökonom der Weltbank und Autor eines Aufsehen erregenden Berichts für die britische Regierung, lässt keinen Zweifel daran, was er für die wichtigste Maßnahme zur Senkung des Kohlendioxid-Ausstoßes hält: ein generelles *carbon pricing* – Kohlenstoff bzw. Kohlendioxid muss künftig einen Preis bekommen. »Das wird Personen und Unternehmen dazu bringen«, so Stern, »kohlenstoffintensive Güter und Dienstleistungen zu meiden und in Alternativen mit niedrigerem Kohlenstoff-Verbrauch zu investieren.«[50]

Die einfachste Möglichkeit, Kohlendioxid einen Preis zu geben, wäre eine Kohlendioxid-Steuer, doch Steuern sind bei Bürgern wie Politikern höchst unpopulär. Und die Wirkung einer Steuer auf den Treibhausgas-Ausstoß wäre schwer vorhersehbar, vermutlich würden viele Leute murrend die Steuer zahlen, statt sparsamer zu leben. In der Fachwelt macht deshalb eine neue Idee die Runde: Jeder Bürger erhält ein Kohlendioxid-Konto mit einem freien Zertifikate-Budget, zum Beispiel für 4000 Kilogramm pro Jahr. Wer mehr ausstoßen will, muss sich die nötigen Zertifikate kaufen – bei seinem energiesparenden Nachbarn (oder, dehnt man das System auf die Welt aus, zum Beispiel bei einem Bauern in Afrika, der ebenfalls ein Budget von vier Tonnen hat, aber weniger als eine Tonne emittiert)[51]. Wer wenig verbraucht, kann überschüssige Zertifikate verkaufen und so Geld verdienen. Er kann sie aber auch ansparen, zum Beispiel für eine geplante Flugreise, oder ganz »stilllegen«, also auf den Ausstoß verzichten und dadurch freiwillig das Klima entlasten.

In einem solchen System könnte künftig jeder Bürger selbst entscheiden, wofür er »sein« Kohlendioxid ausgeben will: Wenn Sie jeden Monat tausend Kilometer mit dem Auto fahren wollen (oder müssen), bitte schön! Wenn Sie das mit einem VW Touareg tun, kostet Sie das aber 3948 Kilogramm Kohlendioxid im Jahr. So viel stößt der bullige Geländewagen nämlich rechnerisch auf dieser Strecke aus. Ihr Budget wäre damit fast aufgebraucht. Fahren Sie dagegen den sparsamsten VW Polo, verbrauchen Sie nur 1530 Kilogramm.[52] Dann hätten Sie noch genug übrig für Ihre Stromrechnung – in einem Durchschnittshaushalt schlagen dafür 1586 Kilogramm Kohlendioxid pro Jahr zu Buche.[53] Die Zertifikate dafür könnten Sie sparen, wenn Sie auf Öko-Strom umsteigen. Bei der Erzeugung von Elektrizität aus Wind, Wasser oder Sonne wird nämlich nur sehr wenig Kohlendioxid in die Atmosphäre geblasen, Ihr Budget würde – bei derselben Menge verbrauchten Stroms – im ganzen Jahr nur mit 163 Zertifikaten belastet.[54] Dann hätten Sie auf Ihrem Kohlendioxid-Konto noch Guthaben fürs Heizen. Oder einen Urlaubsflug. Das ist der Charme von persönlichen Kohlenstoff-Konten und der große Vorteil gegenüber einer Kohlendioxid-Steuer: Wer klimabewusst ist, kann komfortabel leben – ohne zusätzliche Kosten.

Die Idee geht zurück auf David Fleming, einen Mitgründer der britischen Grünen. Heute ist er ein leicht verschroben wirkender, älterer Gentleman mit grauem Seitenscheitel über hoher Stirn, zum karierten Jackett trägt er eine Fliege. Fleming hat in Oxford Geschichte studiert und Ökonomie in London, arbeitete jahrelang in der Finanzbranche. 1996 beschrieb er in einem Aufsatz angesichts der sich ankündigenden Ölknappheit erstmals ein System von »Domestic Tradable Quotas« – handelbaren Haushaltsquoten für Kohlendioxid. Fleming kann sich nicht mehr genau erinnern, wie er damals auf die Idee kam. Bei der Suche nach Alternativen zu einer Kohlendioxid-Steuer sei ihm halt irgendwie das System der Lebensmittelrationierung im Zweiten Weltkrieg eingefallen. »Ich hab nie meine Ration Süßigkeiten gegessen«, erinnert er sich und kichert. »Ich hab immer alles verkauft.« So würde er es – soll das wohl heißen – in Zukunft mit seinen Kohlendioxid-Rechten auch tun. Andere Autoren griffen die Idee auf, bauten sie aus, viele lehnten sie aber auch vehement ab. »Die häufigste Reaktion«, sagt Fleming, »ist pures Unverständnis.« Zwei Wochen lang hat er sein Modell mit Collegestudenten diskutiert, so lange brauchten sie, um alles zu durchschauen – am Ende, sagt Fleming, seien selbst die Skeptiker zu begeisterten Unterstützern geworden.[55]

Der britische Umweltminister David Miliband schlug ernsthaft die Einführung eines solchen Modells vor: »Stellt euch ein Land vor mit einer Währung namens Kohlenstoff«, warb er in einer vielbeachteten Rede im Juli 2006.[56] »Unsere Kreditkarten enthalten sowohl Pfund als auch Kohlenstoff-Punkte. Und wenn wir Strom, Gas oder Benzin kaufen, zahlen wir sowohl mit Geld als auch mit Kohlenstoff-Punkten.« David Miliband, 42, eines der Nachwuchstalente der britischen Labour Party, ist auf dem Sprung in die Fußstapfen von Tony Blair und Gordon Brown. Er wird es sich deshalb gut überlegt haben, bevor er mit einem solchen Vorschlag an die Öffentlichkeit ging. »Stellt euch euer Wohnviertel vor. Jeder Nachbar hat das Anrecht auf dieselbe Menge Kohlenstoff-Punkte. Die Familie nebenan hat einen Geländewagen und merkt, dass sie Punkte wird dazukaufen müssen. Da tauscht sie den Wagen lieber gegen ein Hybridauto. Die Oma gegenüber hat kein Auto und fliegt auch nicht um die Welt – sie hat am Ende des Jahres sogar noch Geld übrig.« Von den Experten seines Ministeriums hat Miliband die Machbarkeit des Systems prüfen lassen. Ergebnis: Mit fünf Jahren Vorlaufzeit könnte es eingeführt werden. Wissenschaftler vom Tyndall-Center für Klimawandel an der Universität Manchester haben sogar schon detailliert untersucht, wie Kohlenstoff-Konten geführt und Betrügereien verhindert werden können.[57]

Dem Modell zufolge würden 40 Prozent aller Kohlendioxid-Rechte eines Landes kostenlos an die Bürger verteilt. Den Rest versteigert eine »Klima-Zentralbank« an die Industrie. Den Erlös wird sie zu gleichen Teilen an die einzelnen Bürger ausschütten, einen Rest könnte die Bank auch einbehalten und in Klimaschutzmaßnahmen investieren. Um das System so einfach wie möglich zu halten, müssen die Bürger nur beim Kauf von Energie wie Strom, Heizöl oder Benzin mit Kohlendioxid-Punkten bezahlen. Und natürlich bei Flug- oder Bahnreisen, denn diese sind sehr energieintensiv. Bei allen anderen Gütern enthält der Preis schon die Verschmutzungsrechte, denn die Hersteller werden die Kosten dafür einfach umlegen. Natürlich steigen dadurch die Preise für alle Güter, für Margarine, Bücher oder Unterwäsche, aber zum Ausgleich haben die Bürger ja das Geld aus der Versteigerung der Zertifikate an die Industrie ausbezahlt bekommen. Unterm Strich hätten sie also genauso viel Kaufkraft.

Eine Senkung des Treibhausgas-Ausstoßes lässt sich mit einem solchen Modell trefflich organisieren: Die Gesamtzahl der als Kohlenstoff-Punkte bezeichneten Verschmutzungsrechte wird von der »Klima-Zentralbank« von Jahr

zu Jahr verringert. Gibt es anfangs 4000 Kilogramm jährlich pro Kopf und Jahr, könnte das Budget bis 2020 auf
etwa 3000 Kilogramm sinken, im Jahr 2050 wären – um
die weltweiten Klimaschutzziele zu erreichen – vielleicht
noch 2000 Kilogramm erlaubt.[58] Mit der Zeit werden so
die Kohlenstoff-Punkte knapper, ihr Preis steigt. Dadurch
wird es immer rentabler, Energie zu sparen. Bürger und Industrie werden ihre Zertifikate vermutlich auf getrennten
Märkten handeln, aber um allen die Planung zu erleich-
tern, gibt die »Klima-Zentralbank« für zwanzig Jahre im
Voraus bekannt, wie viel Kohlenstoff-Punkte jährlich zur
Verfügung stehen – verbindlich und damit für jeden kalkulierbar. Ein solches System hat nach Meinung des britischen Umweltministeriums »das Potenzial, in ökonomisch
effizienter, fiskalisch progressiver und moralisch egalitärer
Weise« den Kohlendioxid-Ausstoß zu begrenzen.[59]

Kritiker fürchten eine neue Kohlenstoff-Bürokratie.
Daran stimmt, dass eine Steuer auf das Treibhausgas einfacher wäre – doch ließe sich mit ihr die Gesamtmenge des
ausgestoßenen Kohlendioxides nicht so genau steuern wie
im Konten-System. Außerdem wäre eine Kohlendioxid-
Steuer weniger gerecht, denn sie würde Arme genauso treffen wie Reiche. Natürlich, auch bei dem Budget-Modell
könnte der Porsche-Fahrer oder Malediven-Urlauber sich
zusätzliche Verschmutzungsrechte einfach kaufen – zahlen
würde er dafür aber nicht an den Staat, sondern beispielsweise an den Hartz-IV-Empfänger, der kein Auto hat und
seinen Urlaub auf Balkonien verbringt. Kohlenstoff-Konten sind deshalb auch eine Art Grundeinkommen für jeden Bürger. Und je mehr Klimasünder es gibt, desto höher
steigt der Marktpreis für die Kohlenstoff-Punkte.

Genau dies, der Anstieg der Kosten, ist ein beliebtes
Argument gegen alle Modelle von *carbon pricing*. Es
übersieht aber, dass die Energiepreise langfristig ohnehin
steigen werden. Ein »Cap-and-Trade«-System (deutsch:

»begrenzen und handeln«), wie das der Kohlendioxid-Konten, macht die Entwicklung nur kalkulierbar und nutzt den Markt als Steuerungsinstrument. Dadurch, so die Ökonomen, werden Energieeinsparungen stets an der billigsten Stelle stattfinden. Und die Bürger behalten ein Höchstmaß an Freiheit und Eigenverantwortung. Selbst ein scharfer Kritiker des Modells, Simon Dresner vom Policy Studies Institut in London, muss einräumen, man bekomme »damit die Öffentlichkeit dazu, über die Umweltauswirkungen von Heizen, Stromverbrauch und Reisen nachzudenken«. Die Studie des britischen Umweltministeriums resümiert: »In einer Bevölkerung, die bisher nicht fähig und/oder nicht willens erscheint, den kollektiven Drang zum Fahren, Fliegen und Energieverbrauch zu begrenzen, kann privater Kohlendioxid-Handel die persönliche individuelle Verantwortlichkeit sowohl durchsetzen als auch belohnen.«

An der Tankstelle fragt künftig der Kassierer: »Ihre Kohlenstoff-Karte bitte!?«

Auch in Deutschland wäre ein solches System möglich. Ein Kohlenstoff-Budget ist nicht komplizierter zu verwalten als ein Girokonto. Auch den Umgang mit Bonus-Karten sind die Deutschen längst gewöhnt. Beim Miles&More-Programm der Lufthansa haben Millionen Menschen gelernt, in Punkten zu rechnen und zu bezahlen und Punkte hinzuzukaufen, wenn das Guthaben für die gewünschte Prämie nicht ausreicht. Bereits jeder dritte Haushalt in Deutschland besitzt heute eine Payback-Karte. An tausenden Tankstellenkassen wird heute täglich gefragt: »Sammeln Sie Payback-Punkte?« Künftig könnte es heißen: »Ihre Kohlenstoff-Karte bitte!?« Und wenn nicht mehr genug Guthaben drauf ist, würde dem Benzin automatisch ein Aufpreis pro Liter aufgeschlagen, der sich nach dem jeweils aktuellen Preis von Kohlenstoff-Punkten auf dem freien Markt richtet.

Berlin-Wilmersdorf, Bismarckplatz 1. In einem kolossalen Altbau, der einst für den Reichsarbeitsdienst gebaut wurde, sitzt die Deutsche Emissionshandelsstelle (DEHSt). Hier werden schon heute Kohlendioxid-Konten verwaltet, zwar nicht für 82 Millionen Bürger, aber für die fast 2000 Industrieanlagen, die in Deutschland am Emissionshandel der EU teilnehmen. Seit dem Jahr 2005 darf jedes Kraftwerk, jeder Hochofen, jede Papiermühle ab einer bestimmten Größe nur noch so viel Kohlendioxid ausstoßen, wie es Zertifikate besitzt. Die EU weist jedes Jahr jedem Mitgliedsstaat eine bestimmte Zahl davon zu – für Deutschland im Moment 499 Millionen Stück über je eine Tonne –, und um die Reduzierungspflichten aus dem Kyoto-Protokoll zu erfüllen, werden diese Budgets von Brüssel jährlich reduziert. Der Emissionshandel für Privatleute würde im Prinzip genauso funktionieren.

Die DEHSt ist eine Außenstelle des Umweltbundesamtes, 120 Menschen arbeiten hier, aber für den Kern des Systems, das Emissionshandelsregister, genügt eine Handvoll von ihnen. In Zimmer 2018 sitzt zum Beispiel Oliver Schwalb, ein sportlicher Mittvierziger in Jeans und Karohemd. Er überwacht den Zentralserver. Die eigentlichen Buchungen zwischen den Konten nehmen die Teilnehmer direkt vor. Da gibt zum Beispiel eine Firma, die im vergangenen Jahr Kohlendioxid gespart hat, ihre überschüssigen Zertifikate an ein Unternehmen ab, dessen Maschinen länger laufen werden und mehr Kohlendioxid ausstoßen als geplant, weil gerade ein neuer Auftrag hereingekommen ist. Unkompliziert wie beim Online-Banking gibt ein Mitarbeiter des Keramikwerkes A die Meldung ein, dass Zertifikate für 5000 Tonnen an die Glashütte B übertragen wurden. Das Register ist nichts anderes als eine

Art Grundbuch für die Atmosphäre – dort ist verzeichnet, wem gerade welches Stückchen daran »gehört«, wer sie also derzeit zum Ablagern seines Kohlendioxids nutzen darf.

Etwa 300 Millionen Zertifikate wurden in den vergangenen zwei Jahren auf den Konten der DEHSt hin- und hergeschoben. Im Prinzip könnte das Register auch mit 82 Millionen Teilnehmern funktionieren, obwohl den Leuten bei der DEHSt bei der Vorstellung etwas mulmig wird. Oliver Schwalb und seine Kollegen müssen nämlich den Nutzern immer und immer wieder am Telefon erklären, welche Klicks am Computer nötig sind – wie bei einer normalen Service-Hotline. Der allergrößte Teil der Beamten ist ohnehin nicht mit den eigentlichen Buchungen beschäftigt, sondern mit der Prüfung von Emissionsbilanzen, Stoffströmen und Betriebsgenehmigungen der Industrieanlagen. Vor dem Start des Emissionshandels hatten Politik und Lobbyisten monatelang darum gefeilscht, wer überhaupt unter das System fällt, wer wie viele Emissionsrechte bekommt, wie genau alles berechnet wird. Und am Ende stand – typisch deutsch – ein Wust von Regeln und Ausnahmeregeln und Regelkombinationen, gegen den ein großer Teil der Anlagenbetreiber jetzt auch noch vor Verwaltungsgerichten prozessiert.

Ein Besuch bei der Deutschen Emissionshandelsstelle lehrt vor allem, dass der Handel einfacher würde, wenn wirklich alle Unternehmen und alle Bürger daran teilnehmen müssten. Abgerechnet würde bei jedem Energiekauf, und es ist ziemlich simpel, Kohlenstoff-Punktwerte für Benzin und Diesel, für Erdgas, Erdöl und Strom zu ermitteln. An der Tankstelle zum Beispiel wären künftig neben dem Preis für jeden Liter Benzin 2,3 Kohlenstoff-Punkte (Kop) zu zahlen. Einmal volltanken? »Macht 63,50 Euro und 115 Kops«, sagt der Kassierer. Bei Strom wäre die Sache nicht komplizierter. Schon heute sind die Energieversorger verpflichtet, jedem Kunden mit der Jahresrechnung eine Kohlendioxid-Bilanz zu schicken. Künftig würde sie auf der Rechnung als Extra-Posten neben dem Preis stehen und genauso einfach per Einzugsermächtigung vom Kop-Konto abgebucht. Gut möglich, dass irgendwann ein Schwarzmarkt für Benzin entstehen könnte oder Diesel geschmuggelt wird. Doch dasselbe Phänomen gibt es für Zigaretten auch, ohne dass irgendjemand die Abschaffung der Tabaksteuer fordert. Und der Aufwand fürs Schmuggeln lohnt sich erst, wenn die Kohlenstoff-Punkte sehr knapp und teuer werden. Im Moment ist das Gegenteil der Fall. Leider. Verschmutzungsrechte für die Industrie sind spottbillig, ein Zertifikat zum Ausstoß von einer Tonne Kohlendioxid – was 1000 Kohlenstoff-Punkten entspricht – kostet derzeit nur etwa einen Euro. Was läuft falsch am derzeitigen EU-Emissionshandel für die Industrie?

Ruhig geht es zu im Handelssaal der Leipziger Strombörse EEX. Ein halbes Dutzend Mitarbeiter sitzt an langen Tischen, Computer surren, gelegentlich klingelt ein Telefon. In Leipzig verkaufen Kraftwerksbetreiber ihren Strom, etwa an Stadtwerke, außerdem gibt es »Futures«, mit denen sich Käufer oder Verkäufer einen Strompreis für die Zukunft sichern können. Der Kohlendioxid-Handel ist bislang ein Nebengeschäft, aber er funktioniert nach demselben Prinzip. Anlagenbetreiber können hier Zertifikate kaufen und verkaufen – nur zum Jahresende müssen sie auf ihrem Konto bei der Emissionshandelsstelle in Berlin so viele Papiere vorweisen, wie sie tatsächlich an Kohlendioxid ausgestoßen haben.

Toralf Michaelsen, 35, ist »Head Market Supervisor« der Leipziger EEX, er überwacht den gesamten Handel. Auf seinen Monitoren für den Strommarkt blinken etliche Ziffern. Bei den Klimazertifikaten dagegen gab es an diesem Montag ganze drei Transaktionen, knapp zehntausend Zertifikate wechselten dabei den Besitzer. Problemlos könnten täglich auch Millionen gehandelt werden, versichert Michaelsen. »Da gibt es kein Limit.« Die Börsenkapazitäten, so viel ist klar, wären bei einem System privater Kop-Konten das geringste Problem.

An den äußerst niedrigen Kursen in Leipzig lässt sich ziemlich genau ablesen, was falsch läuft am derzeitigen EU-Emissionshandel. Wie gewünscht war nach Beginn des Handels Anfang 2005 der Preis für die Tonne Kohlendioxid von gut zehn auf knapp 30 Euro gestiegen. Das ist gut für das Klima, denn je teurer die Verschmutzungsrechte, desto rentabler werden Investitionen in die Vermeidung von Kohlendioxid. Am 12. Mai 2006 aber stürzte der Preis plötzlich ab, in wenigen Minuten um ein Drittel. »Schwarzer Freitag« nennen sie in Leipzig den Börsencrash. Durch einen Fehler der EU-Kommission kam an jenem Tag vorzeitig heraus, dass viel zu viele Zertifikate auf dem Markt sind, allein in Deutschland 25,5 Millionen. Die Industrie hatte die Politik nämlich beim Feilschen um Zertifikate über den Tisch gezogen und viel mehr kostenlose Verschmutzungsrechte ergattert, als sie zum Betrieb der Anlagen benötigt. Davon haben sich die Preise bis heute nicht erholt. Erst ab 2008, wenn die zweite Handelsperiode des EU-Emissionshandels startet, können die Zuteilungen korrigiert werden – für den Klimaschutz waren es jedenfalls zwei verlorene Jahre.

Die Preise in Leipzig zeigen aber auch, wie es richtig laufen kann mit dem Emissionshandel, am so genannten Terminmarkt nämlich werden heute schon Zertifikate für die Zeit nach 2008 gehandelt. Und als im November 2006 durchsickerte, dass die EU der deutschen Industrie dann *weniger* Kohlendioxid-Rechte zuteilen will, legte der Kurs sofort um rund zehn Prozent zu. Die Futures für Dezember 2010 zum Beispiel werden in Leipzig derzeit für 17,69 Euro gehandelt, der Markt rechnet also mit einer Knappheit der Zertifikate. Man sieht, dass die 20 Euro, die im Emsland die EWE an die Haushalte zahlen will, ganz gut kalkuliert sind.

Oma schenkt ihrem Enkel nicht Geld, sondern Kohlenstoff-Punkte zum Geburtstag

Längst hat ein Teil der Wirtschaft den Emissionshandel als Zukunftsgeschäft entdeckt. Die großen Banken richteten Kohlendioxid-Handels-Abteilungen ein. In deren Umfeld gibt es eine Schar von Brokern und Tradern und Consultants. Die Nachrichtenagentur Dow Jones gibt einen eigenen Info-Dienst heraus. Und wer partout möchte, kann schon heute als Privatperson gegen eine Gebühr von 200 Euro bei der DEHSt in Berlin-Wilmersdorf ein Depot eröffnen und mit Klimazertifikaten handeln und spekulieren.

Für die Finanzwirtschaft würden sich durch einen privaten Emissionshandel ganz neue Märkte öffnen: Die Hausbank könnte das Kohlendioxid-Konto gleich mit führen. Buchungen würden dann über dieselbe Kreditkarte laufen wie Geldzahlungen. Auf dem gewohnten Kontoauszug erscheint in der Spalte »Kohlendioxid-Punkte«, wie viel vom persönlichen Jahresbudget noch übrig ist. Das Grundeinkommen fürs Kohlenstoff-Zeitalter geht jährlich oder monatlich als Überweisung von der »Klima-Zentralbank« ein. Und vielleicht werden Großmütter ihren Enkeln zu Weihnachten, zum Geburtstag oder für gute Schulnoten dann nicht mehr ein paar Euro-Scheine schenken, sondern tausend Kop-Zertifikate, weil die Kinder Emissionsrechte ansparen für eine geplante Weltreise mit dem Flugzeug.

Wirtschaftslobbyisten zetern regelmäßig, wenn Berlin oder Brüssel die Kohlendioxid-Zertifikate verknappen wollen. Aber das ist nur das übliche Spiel zur Einschüchterung der Politik. Tatsächlich kann die Großindustrie mit »klug gestalteten Emissionshandels-Programmen« leben, ausdrücklich haben das die Chefs von 24 Multis – von der Deutschen Bank über Eon und Siemens bis zu Volkswagen – 2005 auf einer Tagung des Weltwirtschaftsforums erklärt. In einem Papier forderten sie von den Regierungen sogar die »Etablierung eines langfristigen und marktbasierten politischen Rahmens bis 2030, der Klimaschutzinvestoren Sicherheit gibt für den langfristigen Wert ihrer Investitionen«. Und weiter: »Deutliche Signale für die Zeit bis 2050 wären nützlich.«

»Bis heute hat die Öffentlichkeit den sensationellen Kern des Papiers nicht verstanden«, sagt Lutz Wicke.[60] Er ist Professor für Umweltmanagement an der privaten Wirtschaftsuniversität EAP in Berlin. In seinem jüngsten Buch *Kyoto Plus* hat Wicke eine Vision für die Zeit nach dem Auslaufen des Kyoto-Protokolls entworfen: ein globales Cap-and-Trade-System. »Dieses Modell geht von der Idee einer indischen Ex-Kommunistin aus und erfüllt doch die Forderungen der kapitalistischen Wirtschaft«, sagt Wicke. Auf den CDU-Mann, der in den achtziger Jahren Wissenschaftlicher Direktor des Umweltbundesamtes war und in den Neunzigern Staatssekretär im Berliner Senat, sind die Umweltverbände nicht gut zu sprechen. Wicke warnt davor, dass Kyoto scheitern wird, jener Klimaschutz-Vertrag, für den die Umweltbewegung einst engagiert stritt. Wicke ist ein undiplomatischer Querkopf, aber er hat recht: 2010 wird der weltweite Kohlendioxid-Ausstoß 40 Prozent höher sein als 1990 – obwohl doch durch das Kyoto-Protokoll eigentlich 5,2 Prozent eingespart werden sollten.

Wicke wohnt in einem kleinen Häuschen am Westrand Berlins. Sein Arbeitszimmer im Keller ist bis unter die niedrige Decke vollgestapelt mit Akten, für Besucher gibt es einen kleinen Korbhocker, an der Wand hängt eine »Gewässergütekarte« der alten BRD von 1976. Er sagt, es sei immer sein »Hobby gewesen, über wirksame Maßnahmen für den Umweltschutz nachzudenken«. Im Kampf gegen das Ozonloch schlug er einst ein Zertifikate-System für die ozonschädigenden FCKW vor. Als Direktor des Bundesumweltamtes erdachte er eine Kohlendioxid-Steuer. »Aber die verschwand in den Aktenschränken.« Heute fordert Wicke einen Emissionshandel auf Basis gleicher Pro-Kopf-Rechte – weltweit, als Modell globaler Gerechtigkeit. Jeder Erdenbürger bekäme das gleiche Recht zur Nutzung der Atmosphäre, also die gleiche Menge Zertifikate. Für Entwicklungsländer wäre das sehr lukrativ, denn ein Inder verantwortet – statistisch gesehen – 0,9 Tonnen Kohlendioxid pro Jahr. Er oder seine Regierung könnte also die überschüssigen Emissionsrechte verkaufen – ähnlich wie die oben zitierte Großmutter in David Milibands nationalem Handelssystem.

Das ist der größte Vorteil von Wickes Vorschlag: Entwicklungs- und Schwellenländer könnten von einer Einbindung in internationale Klimaschutzverträge profitieren, würden sogar Geld verdienen. Denn in Deutschland liegt der Pro-Kopf-Ausstoß im Moment bei über zehn Tonnen, in den USA bei fast 20 Tonnen. Ähnlich wie beim nationalen Emissionshandel würde in dem globalen System eine »Welt-Klimabank« jedes Jahr eine Gesamtmenge Kohlendioxid festlegen und den einzelnen Ländern nationale Budgets zuweisen. Langfristig würden die Emissionen der reichen Staaten sinken, die der armen Länder erst mal noch steigen – irgendwann treffen sie sich beim klimaverträglichen Pro-Kopf-Wert von zwei Tonnen. Die Staaten könnten selbst entscheiden, wie sie ihre Mengen im Inland verteilen: Sie könnten auf nationaler Ebene eigene Cap-and-Trade-Systeme starten oder eine Kohlendioxid-Steuer erlassen. Es wäre sogar denkbar, dass ein Land seinen Bürgern jede Anpassung erspart und einfach die notwendigen Verschmutzungsrechte auf dem »Weltmarkt« einkauft und aus der Staatskasse dafür zahlt.

Um einen Crash der globalen Wirtschaft zu verhindern,

hat Wicke in sein Modell Übergangszeiten und Preisober-
grenzen eingebaut. Und natürlich weiß er, dass der Korruption in Entwicklungsländern vorgebeugt werden muss:
Ein Kollege aus Kenia habe ihm mal gesagt, dass dort
nicht ein einziger eingenommener Dollar in Klimaschutz
investiert würde. Für solche Länder müsste deshalb ein Internationaler Klimafonds oder die UNO das Geld verwalten. Und wie die Weltbank schon heute einzelnen Staaten
Vorschriften für die Wirtschafts- und Sozialpolitik macht,
könnte in Zukunft eine »Welt-Klimabank« den nationalen Regierungen »Strukturanpassungsprogramme« vorschlagen und sie bei der Umsetzung unterstützen. So uto-
pisch Wickes Modell scheint, der Wissenschaftliche Beirat
der Bundesregierung zu Globalen Umweltveränderungen
(WBGU) unterstützt das Prinzip eines Klimaschutzab-
kommens auf Basis gleicher Pro-Kopf-Rechte. Im November 2006 floss die Idee in einen Bundestagsbeschluss von
CDU/CSU und SPD ein.[61]

Im Emsland bereitet man sich bereits auf die Utopie
vor. Michael Klüser, der Leiter des Pilotprojekts, sagt:
»Wir wollen für mögliche Märkte der Zukunft intelli-
gente Lösungen haben.« Soll heißen: Der Konzern rechnet
langfristig mit einer Ausdehnung des Emissionshandels –
EWE könnte dann nicht nur mit Strom Geld verdienen,
sondern auch mit Zertifikaten. Und falls die irgendwann
knapp werden, kann der Konzern bei den sparsamen Ems-
ländern welche ankaufen. Doch auch heute schon hat
die lokale Wirtschaft etwas von dem Pilotprojekt, sagt
Landrat Hermann Bröring (CDU). Die zusätzlichen Anreize zum Energiesparen werden dazu führen, dass mehr
Leute als bisher ihre Häuser sanieren lassen – und das
dürfte dem örtlichen Bauhandwerk lukrative Aufträge ein-
bringen.

Bernhard Lübken, einer der 150 Teilnehmer, erhofft
sich erst mal nur Geld. Über den Klimawandel mache er

sich »eigentlich wenig Gedanken«, gibt er offen zu, aber er habe etwas von Zuschüssen gehört, die es geben solle. Lübken, 51, ist vermutlich ein ziemlich typischer Deutscher: rot verklinkertes Eigenheim, Haustür aus weißem Kunststoff, in der Wohnstube Schrankwand und Ledercouch, zwei Autos, ein Dackel, der den Besuch ankläfft. Klar, sagt Lübken, er sei schon sparsam mit Energie, wegen der hohen Preise. Trotzdem ist es mollig warm in der Stube, »frieren möchte man ja auch nicht«. Um den Klimaschutz will er sich nicht groß kümmern müssen, sagt er, da solle die Politik Gesetze erlassen.

Und was hält Herr Lübken von einem Kohlendioxid-Handel mit kostenlosem Grundbudget?

Aufmerksam hört er sich den Vorschlag an, nennt das Modell dann eine »Quotenregelung«, die, also nein, er sich »gar nicht vorstellen« könne.

Aber er wisse doch, dass die Energiepreise weiter steigen und die Umweltschäden wachsen werden. Ob ihm eine ungesteuerte Entwicklung lieber sei.

Lübken überlegt kurz: »Dann doch lieber eine Quote.«

Dies muss in den nächsten zwölf Monaten passieren:

1. Ermitteln Sie Ihren persönlichen Kohlendioxid-Ausstoß. Sie werden überrascht sein, wie hoch er liegt. Bei der Kalkulation helfen Ihnen Klimarechner im Internet, Links dorthin finden Sie auf der Internet-Seite zum Buch unter: *www.wir-klimaretter.de/co2-bilanz*

2. Bundesumweltminister Sigmar Gabriel gibt noch in diesem Jahr – nach dem Vorbild seines britischen Amtskollegen – eine Machbarkeitsstudie zu privaten Kohlenstoff-Konten in Auftrag. Die Experten in London kamen zum Ergebnis, dass mit einem Vorlauf von fünf Jahren eine Einführung möglich sei; der erste und wichtigste Schritt ist eine breite Werbekampagne für die Idee.

3. Die Europäische Union erlässt eine Richtlinie, nach der bei energieintensiven Produkten und Dienstleistungen die damit verbundenen Kohlendioxid-Emissionen ausgewiesen werden müssen (ähnlich der Regelung bei Neuwagen, wo die Angabe des Treibhausgas-Ausstoßes pro Kilometer längst vorgeschrieben ist). Problemlos ist eine Ausweisung der Kohlendioxid-Werte auf der Tankquittung möglich, aber auch bei Transport-Dienstleistungen, zum Beispiel bei Bahnfahrkarten oder Flugtickets. Auf der jährlichen Stromrechnung wäre eine Mitteilung über die persönlich verursachte Menge Kohlendioxid ebenfalls einfach. »Wichtig ist, diese Menge in einen verständlichen Kontext zu stellen, zum Beispiel durch einen Vergleich mit Tagesmengen ›nachhaltiger‹ Emissionen bei weltweiter Pro-Kopf-Verteilung«, schlägt der Wissenschaftliche Beirat der Bundesregierung zu Umweltfragen vor.[62] Diese Maßnahme würde den alltäglichen Kohlendioxid-Ausstoß ins Bewusstsein der Verbraucher heben.

5. Auf erneuerbare Energien umsteigen
Afrikanische Sonne für deutsche Steckdosen

Erneuerbare Energien boomen – aber für einen hundertprozentigen Umstieg schwanken Wind und Sonne zu stark. Die Lösung: heimischen Öko-Strom durch ein europaweites Hochleistungsnetz ergänzen – und Energieimporte aus der Sahara

Kahl liegt das Land und flach in der südspanischen Hochebene von La Calahorra. Die Erde ist rot, aber am Horizont schimmert es weiß. Aus der Ferne sieht es aus, als entstünden dort jene Gewächshäuser, die ringsum die Landschaft bedecken – um Tomaten oder Paprika für Europas Supermärkte zu produzieren. Kommt man aber näher, funkelt nicht Glas von Treibhäusern in der Sonne, sondern Spiegel. Hunderttausende von Spiegeln. Leicht gewölbt auf haushohe Gestelle geschraubt, recken sie sich hunderte Meter in den Horizont. Nicht Gemüse soll hier geerntet werden, sondern Sonne. Direkt an der Autobahn von Almería nach Granada entsteht derzeit das leistungsfähigste Solarkraftwerk Europas. Wenn es im Sommer 2008 ans Netz geht, wird es Strom für 200 000 Menschen liefern.

»Andasol 1« heißt die Anlage. Das Besondere an ihr ist neben der schieren Größe die verwendete Technologie. Nicht mit den weithin bekannten Solarzellen aus Silizium wird hier Elektrizität erzeugt, sondern in einem Parabolrinnenkraftwerk: Gekrümmte Spiegel bündeln die Strahlen der Sonne und werfen sie auf ein Absorberrohr. Darin zirkuliert Öl, das sich in der brütenden Hitze auf bis zu 400 Grad aufheizt. Mit dieser Energie wird dann – wie in konventionellen Kraftwerken – Wasser zum Sieden gebracht, das über eine Turbine Generatoren antreibt, um Strom zu erzeugen. »Damit erreichen wir Wirkungsgrade von bis zu 25 Prozent«, sagt Oliver Vorbrugg von der Erlanger Solar Millennium AG, die hinter »Andasol 1« steht. Das mag wenig klingen, ist aber fast das Doppelte dessen, was heute übliche Photovoltaik-Solarzellen schaffen – bei etwa halb so hohen Kosten.

Solche Parabolrinnenkraftwerke könnten in den nächsten Jahren die europäische Energieversorgung revolutionieren – und in Deutschland einen hundertprozentigen Umstieg auf erneuerbare Energien ermöglichen. Solarzellen haben bekanntlich das Problem, dass sie direktes Licht brauchen und nur tagsüber Strom produzieren. Auch andere alternative Energiequellen wie die Windkraft sind schwankungsanfällig: Wenn Flaute herrscht und die Rotoren stillstehen, müssen konventionelle Kraftwerke einspringen. Wegen dieser mangelnden Versorgungssicherheit, so das häufig gehörte Argument, würden erneuerbare Energien immer nur einen kleinen Anteil am Strommix ausmachen. Doch Parabolrinnenkraftwerke arbeiten anders, sie liefern rund um die Uhr Elektrizität. Bei »Andasol 1« wird nämlich ein Teil der Wärme aus dem Ölkreislauf in riesigen Tanks für die Nacht gespeichert, die Generatoren brauchen deshalb niemals stillzustehen. Solarstrom wird damit das, was Energiepolitiker und Kraftwerksplaner »grundlastfähig« nennen: Sonnenenergie wird verlässlich und planbar, kann künftig Atom- und Kohlekraftwerke wirklich ersetzen.

Zwar gibt es auf dem europäischen Festland nur wenige Standorte, die für Parabolrinnenkraftwerke geeignet sind, neben Spanien noch in Portugal, Italien und Griechenland. Aber in Nordafrika und im Nahen Osten ließe sich ein Vielfaches des Strombedarfes der EU erzeugen. In Algerien, in der Türkei, in Jordanien oder Syrien könnte »Andasol 1« hundertfach kopiert werden und der so erzeugte Strom dann durch ein Netz neuer Hochspannungsleitungen ohne große Verluste nach Europa fließen. Was sich anhört wie eine Utopie von Jules Verne, ist laut Berechnungen des Deutschen Zentrum für Luft- und Raumfahrt (DLR) innerhalb weniger Jahre problemlos zu verwirklichen – und nicht einmal teuer. Mit einem Preis von nur fünf Cent pro Kilowattstunde wäre der Strom sofort konkurrenzfähig. Solare Importenergie, so das Fazit einer großangelegten DLR-Studie aus dem Jahr 2006, könne »in idealer Weise das Spektrum heimischer erneuerbarer Energien ergänzen« und so die Basis für »eine nachhaltige Energieversorgung in Europa« werden.[63]

In Deutschland kommen bereits heute zwölf Prozent des Stroms aus regenerativen Quellen. Das Erneuerbare-Energien-Gesetz der rot-grünen Bundesregierung, das den Betreibern von Photovoltaik-, Wind-, Wasser- und Geothermie-Anlagen seit dem Jahr 2000 die Abnahme ihres Stroms zu festen Preisen garantiert, hat in den vergangenen Jahren einen beispiellosen Aufschwung ausgelöst. Der Klimaschutzeffekt ist enorm: Ohne die Nutzung erneuerbarer Energiequellen wären hierzulande im Jahr 2006 fast hundert Millionen Tonnen Kohlendioxid mehr ausgestoßen worden.[64] Der deutsche Beitrag zum menschengemachten Treibhauseffekt verminderte sich dadurch um mehr als ein Zehntel. Das einstige Ziel, bis 2020 zwanzig Prozent der Elektrizität in Deutschland klimaschonend zu erzeugen, wird beim bisherigen Wachstumstempo bereits 2013 erreicht sein. Bei einigen CDU-Politikern weckt das Hunger auf mehr. »Ziel ist, dass die erneuerbaren Energien bis zum Jahr 2050 den Hauptteil an der Energiebereitstellung tragen«, heißt es im Entwurf zum neuen Umweltprogramm der Union im Frühjahr 2007.

Die wichtigsten Lieferanten grünen Stroms sind in Deutschland Wind- und Wasserkraft. Zwar ist es allseits beliebt, sich Solarzellen aufs Dach zu schrauben, doch der Beitrag zur Stromversorgung ist trotz jahrelangen

Booms nahezu bedeutungslos. Im Jahr 2006 erzeugten alle Photovoltaik-Zellen Deutschlands etwa zwei Milliarden Kilowattstunden Strom, bei einem Gesamtverbrauch des Landes von mehr als 600 Milliarden Kilowattstunden war das weniger als ein halbes Prozent. Der schlichte Grund: Deutschland liegt in der gemäßigten Klimazone mit starken jahreszeitlichen Wetterschwankungen. Selbst die deutsche »Solarhauptstadt« Freiburg im Breisgau hat gerade 1815 Sonnenstunden pro Jahr. Im spanischen La Calahorra sind es 3000 Stunden.

Hinzu kommen die relativ hohen Kosten der Photovoltaik und ihr bescheidener Wirkungsgrad. Zwar ist der Preis von Solarzellen durch die Massenproduktion in den vergangenen Jahrzehnten stark gefallen – von 200 Dollar pro Kilowattstunde Kapazität in den fünfziger Jahren auf nur noch gut zwei Dollar. In drei bis acht Jahren, verspricht die Solarindustrie, könnten die Erzeugungskosten von Sonnenstrom endgültig konkurrenzfähig sein. Schwieriger ist es, den Wirkungsgrad zu erhöhen. Die handelsüblichen polykristallinen Solarzellen – sie bestehen aus unterschiedlich großen Siliziumkristallen – können nur maximal 15 Prozent der aufgefangenen Sonnenenergie in Elektrizität umwandeln. Bei monokristallinen Zellen ist zwar die Stromausbeute höher, aber auch der zur Herstellung dieser Zellen notwendige Energieeinsatz.

Am Fraunhofer Institut für Solare Energiesysteme in Freiburg tüfteln mehr als 400 Wissenschaftler an neuen Methoden, das Licht der Sonne einzufangen. Für den Direktorenposten in Freiburg hat Eicke Weber eine Professorenstelle an der US-Elite-Universität Berkeley aufgegeben. Es gehe, sagt er, »um eine der größten Herausforderungen der Menschheit«. Den Freiburger Forschern gelang es 2006, Solarzellen mit einem Wirkungsgrad von 21,7 Prozent zu entwickeln. Aber bis zur Marktreife ist der Weg noch weit. In den USA ist ausgerechnet das Militär ein Antreiber der Forschung.

Hocheffiziente Solarzellen seien »ein Durchbruch für die Energieversorgung im Feld«, sagt Douglas Kirkpatrick von der Forschungsagentur des Pentagon, Darpa.[65] »Wir wollen es den Soldaten leichter machen und die schweren Batterien loswerden«, erklärte Kirkpatrick auf der Photovoltaik-Weltkonferenz im Mai 2006 auf Hawaii. Typisch amerikanisch: Wenn etwas logisch und zukunftsweisend erscheint, wird nicht gekleckert, sondern geklotzt. Mehr als 50 Millionen Dollar steckt das Militär in den kommenden drei Jahren in die Solarforschung, 15 Universitäten und neun Unternehmen – unter ihnen BP und Dupont – sind beteiligt. Bis Oktober 2009 sollen die ersten tausend Zellen mit fünfzigprozentigem Wirkungsgrad fertig sein. Doch selbst mit solchen Superzellen wird das Potenzial von Sonnenstrom in Deutschland begrenzt bleiben.

Im andalusischen La Calahorra scheint die Sonne 3000 Stunden im Jahr, so lange wie fast nirgendwo sonst in Europa. Und weil der Ort auf 1100 Metern Höhe liegt, ist die Strahlung besonders stark. Hier wurde einst der Film *Spiel mir das Lied vom Tod* gedreht, den alten Bahnhof von La Calahorra wählte Regisseur Sergio Leone, um seinen Helden Charles Bronson unter sengender Hitze aus dem Zug steigen zu lassen. Nur ein paar hundert Meter entfernt entsteht heute »Andasol 1«. Über staubige Feldwege holpert das Auto von Oliver Vorbrugg zur Baustelle, aber die zwei Quadratkilometer große Fläche für das Kraftwerk haben Bagger und Planierraupen absolut eben gemacht. Präzise ist die Ausrichtung der Parabolspiegel-Reihen berechnet, genau von Nord nach Süd verlaufen sie. Dank ausgeklügelter Sensoren und computergesteuerter Hydraulik werden die Spiegel jeden Tag im Jahr exakt dem Lauf der Sonne folgen.

»Der Sonnenschein ist kostenlos, die Umwandlung in Elektrizität aber nicht«, bringt das britische Magazin *The Economist* das Grundgesetz der solaren Stromerzeugung auf den Punkt. An Orten wie La Calahorra ist das Geld für Solarkraftwerke deshalb am besten investiert. In den Werbebroschüren von Solar Millennium gibt es eine Weltkarte, auf der tiefgelb der Sonnengürtel der Erde markiert ist: Er verläuft von Kalifornien, Nevada und Texas über Nordafrika, die arabische Halbinsel und Iran bis nach Afghanistan und Nordindien. Auch Teile Chiles und Argentiniens, das südliche Afrika und Australien sind ideale Standorte für Parabolrinnenkraftwerke. Die dort möglichen Kapazitäten sind unvorstellbar. Am Beispiel der algerischen Sahara hat das Deutsche Zentrum für Luft- und Raumfahrt (DLR) sie einmal durchgerechnet: Würde man dort auf einer Fläche von 254 mal 254 Kilometern – das ist weniger als die Ausdehnung Bayerns – Parabolrinnenkraftwerke aufstellen, ließe sich damit der Energiebedarf der ganzen Welt decken. Für Deutschland genügen 45 mal 45 Kilometer – nicht einmal die Fläche des Saarlands. Zum besseren Verständnis hat das DLR ein solches Quadrat auf einer Landkarte Nordafrikas eingezeichnet – es ist verschwindend klein.

»Wir erwarten, dass die ganze Gegend von dem Kraftwerk profitiert«, sagt Moises Guigarro Rueda, der Bürgermeister von La Calahorra. Seit vor ein paar Jahren eine nahe gelegene Eisenerzmine schloss, ist die Arbeitslosigkeit in der Gegend hoch. Das neue Kraftwerk bietet während der Bauphase 500 Jobs, später werden es etwa hundert sein – Steuer- und Wartungspersonal, vor allem aber Leute, die nachts mit großen Waschanlagen durch die Reihen fahren und den Staub von den Spiegeln bürsten. Oliver Vorbrugg ist vor zwei Jahren aus Erlangen nach Andalusien gezogen. Er koordiniert das Projekt und sucht nach Standorten für neue Anlagen. »Die Grundstücksfragen zu klären war das Schwierigste«, sagt Vorbrugg, denn wegen des wirtschaftlichen Niedergangs der Gegend sind viele Einwohner abgewandert. Viele Landeigentümer waren nur äußerst mühsam aufzufinden.

Technisch dagegen sind Parabolrinnenkraftwerke kein Problem, seit den achtziger Jahren laufen einige in der kalifornischen Mojave-Wüste im Dauerbetrieb. In Spanien boomen erneuerbare Energien, seit 2004 ein Stromeinspeisegesetz nach deutschem Vorbild erlassen wurde. Parabolrinnenkraftwerke sind seitdem ein sicheres Geschäft, mehr als ein Dutzend sind von verschiedenen Investoren im ganzen Land geplant. Bei »Andasol 1« – Investitionskosten: 300 Millionen Euro – ist der größte spanische Baukonzern ACS mit drei Vierteln eingestiegen, aber das Know-how kommt aus Erlangen. Auch Spezialglas und Absorberrohre liefern deutsche Firmen. Solar Millennium blickt bereits nach Ägypten und Marokko, für vier Kraftwerke in China sind Verträge unterzeichnet. Der Aktienkurs des Unternehmens hat sich in den letzten Monaten verdreifacht.

So oder ähnlich geht es in Deutschland fast der ganzen Branche. Die erneuerbaren Energien bieten hierzulande bereits hunderttausende Jobs, Tendenz stark steigend. Gerade in Ostdeutschland sind auf Industriebrachen neue Arbeitsplätze entstanden: Q-Cells in Bitterfeld zum Beispiel startete im Jahr 2001 mit gut einem Dutzend Leuten, heute hat das Unternehmen fast tausend Mitarbeiter und ist der zweitgrößte Solarzellenhersteller der Welt. In Frankfurt/Oder hat die Conergy AG, ein Anbieter von Sonnen-, Wind- und Erdwärmeanlagen, die Hallen einer gescheiterten Chip-Fabrik übernommen und schafft jetzt tausend neue Jobs. »Nirgendwo sonst auf der Welt existiert eine so hohe Dichte an Solarfabriken und solartechnischen Forschungseinrichtungen«, sagt Carsten Körnig vom Bundesverband Solarwirtschaft. Deutschland ist auch auf diesem Gebiet Exportweltmeister: Ein Drittel der weltweit installierten Wasserkraftkapazitäten stammt von der Firma Voith aus Baden-Württemberg, fast jede dritte Solarzelle und jede zweite Windkraftanlage weltweit werden hierzulande gefertigt.[66]

Eigentlich müsste fast die gesamte deutsche Wirtschaft für einen Umstieg auf alternative Energien sein, meint Hermann Scheer. »Eine breite Palette von Unternehmen«, sagt er, habe ein »objektives Interesse« daran – »nur haben dies die meisten subjektiv noch nicht erkannt.« Für Maschinen- und Anlagenbauer zum Beispiel eröffneten sich neue Märkte, ebenso für die Elektronik-, Chemie und Baustoffindustrie, sogar Landmaschinenhersteller seien Profiteure, denn durch den Anbau von Energiepflanzen steige die Nachfrage nach Erntegeräten. »Die Industrie muss sich geistig und praktisch von der Energiewirtschaft emanzipieren, andernfalls versäumt sie ihre große Zukunftschance.«[67]

Hermann Scheer sitzt bereits ein Vierteljahrhundert lang für die SPD im Bundestag. Anfangs war er Vorsitzender der Rüstungskontrollgruppe, später leitete er das SPD-Umweltforum. Wirklich bekannt aber wurde er durch sein Engagement für erneuerbare Energien, für das er 1999 den alternativen Nobelpreis erhielt. Doch sogar Scheer, der Präsident von Eurosolar und glühender Visionär der Sonnenenergie, hält deren Potenzial in Deutschland für eher bescheiden. In einer Denkschrift[68] hat er skizziert, wie die Energieversorgung des Jahres 2020 aussehen könnte – die Photovoltaik kommt selbst bei ihm auf dann gerade drei Prozent. Das Doppelte, etwa sechs Prozent, könne 2020 durch Biogas-Anlagen gedeckt werden. Aber auch das ist ja, streng genommen, solare Energie, denn Bio-Masse entsteht mittels Photosynthese aus Sonnenstrahlung. Geothermie kann laut Scheer bis 2020 etwa fünf Prozent des deutschen Stroms liefern (für Heizungsanlagen auf Basis von Erdwärme übrigens ist das Potenzial erheblich größer). Der Anteil der Wasserkraft – derzeit knapp fünf Prozent – lasse sich binnen 15 Jahren verdoppeln. »Es gibt genügend zusätzliche Kleinwasserkraftpotenziale«, so Scheer. Überall in Deutschland werden derzeit alte Wassermühlen mit Turbinen zur Stromerzeugung nachgerüstet. Und die Energie des offenen Meeres ist in Scheers Rechnung noch nicht einmal berücksichtigt: Vor den schottischen Orkney-Inseln zum Beispiel wird schon heute aus der Energie der Wellen Strom erzeugt, in der Bretagne arbeitet ein Gezeitenkraftwerk, das die Wasserdifferenz von Ebbe und Flut in Strom verwandelt, in New York gewinnen Unterwasserpropeller Strom aus der Strömung des East River. Die Möglichkeiten der regenerativen Energiegewinnung sind praktisch unendlich.

Politik und Behörden müssen aufhören, den Bau von Windrädern zu behindern

Bis 2020 kann mehr als die Hälfte des deutschen Stroms aus erneuerbaren Quellen kommen, 2050 sogar hundert Prozent. Am Beispiel der Windkraft erklärt Scheer, woran der mögliche Ausbau oft scheitert: »Es gibt zu viele Genehmigungsblockaden«, sagt er und holt Zahlen aus Sachsen-Anhalt hervor. Dort stünden heute bereits 1800 Windräder, das seien 0,12 Megawatt installierte Leistung pro Quadratkilometer Landesfläche. »Vergleichen wir das mit Hessen: Dort gibt es nur 538 Windräder oder 0,02 Megawatt je Quadratkilometer. Ich frage Sie: Warum ist das so?« Natürlich schiebt Scheer die Antwort gleich hinterher: »Willkürliche Planungshemmnisse sind das! In Nordhessen ist gerade einmal 0,1 Prozent der Fläche für die Windkraft ausgewiesen. Dabei gibt es zum Beispiel entlang der Autobahnen jede Menge phantastischer Plätze zum Wind ernten.«

Für Scheer ist die Sache klar: Die Politik in Hessen will die Windkraft nicht, so wenig wie in Bayern oder Baden-Württemberg. Neuerdings beobachtet er eine »Blockadetendenz« auch in Nordrhein-Westfalen. An einem plötzlichen Wechsel der Windverhältnisse kann das nicht liegen, eher am Ergebnis der Landtagswahl 2005, als die CDU gewann. »Die Landesregierungen wollen ihre Atomkraftwerke behalten«, urteilt Scheer. Wäre in Hessen, Bayern und Baden-Württemberg die Windenergie im selben Maße ausgebaut worden wie in Sachsen, Sachsen-Anhalt oder Brandenburg, gäbe es bundesweit bereits 18 Prozent Windstrom im Netz – und weniger Bedarf für Atomstrom. In einer stürmischen Winternacht, am 14. Januar 2007, zeigten die deutschen Windkraftanlagen, was sie heute schon können: Mehr als 17 000 Megawatt speisten sie in das Netz ein, fast so viel wie alle Atomkraftwerke Deutschlands zur gleichen Zeit. Es gab Energie im Überfluss, der Strompreis an der Leipziger Börse sank kurzzeitig auf 0,00 Cent.[69] »Fünfzig Prozent Stromversorgungsanteil allein aus Windkraft bis Anfang der zwanziger Jahre sind real erreichbar«, sagt Hermann Scheer, erst recht wenn alte Windradstandorte mit neuen, größeren Turbinen ausgestattet werden und 2008 der geplante Bau von Off-shore-Parks in der Nord- und Ostsee beginnt.

Arkona Becken Südost, 35 Kilometer vor der Insel Rügen. Seit Anfang 2007 ragt hier ein Stahlmast hundert Meter in die Höhe – ein Tochterunternehmen des größten deutschen Energieversorgers Eon misst damit die Kraft des Windes. Acht Milliarden Euro will das Unternehmen in den kommenden vier Jahren in erneuerbare Energien investieren, unter anderem in fünf Windparks auf hoher See. Nachdem sie an Land jahrelang den Fortschritt behinderten, haben nun auch die mächtigen Energiekonzerne die Chancen der Windenergie erkannt. Neben Eon stecken auch RWE und Vattenfall dreistellige Millionenbeträge in Off-shore-Parks. Neunzehn Standorte mit hunderten von Windrädern haben die deutschen Behörden in Nord- und Ostsee bereits genehmigt, sie liegen weit vor den Küsten, um das Wattenmeer zu schützen und Touristen nicht zu belästigen. Dort wehen stabile Winde, aber das Bauen un-

ter Wasser ist kompliziert. Wahre Giganten werden entstehen, mit bis zu 180 Metern höher als der Kölner Dom.
Allein die Rotoren wiegen 80 Tonnen, etwa so viel wie ein
Airbus A320. Sie überstreichen eine Fläche so groß wie
zwei Fußballfelder, 270 Stundenkilometer schnell schnei-
den die Flügelspitzen durch die Luft.

In 25 Jahren sollen nach dem Willen des Bundesumweltministeriums allein die Off-shore-Parks 15 Prozent des deutschen Strombedarfs decken. Auch europaweit sind die Potenziale groß: Theoretisch könnte die EU »ein Vielfaches
ihres Strombedarfs aus Windenergie« decken, sagt Gregor
Czisch von der Universität Kassel. Grenzen gesetzt würden
der Technologie einzig durch die hohe Einwohnerdichte Europas. Czisch schlägt deshalb vor, dünnbesiedelte Regionen
in Nordafrika mit Hochspannungskabeln ans europäische
Stromnetz anzuschließen. Marokko zum Beispiel hat die
windreichste Küste Afrikas, der Passat weht dort fast ununterbrochen und etwa doppelt so heftig wie der Wind in
Norddeutschland. Ein weiterer Vorteil der großräumigen
Verknüpfung: Besonders stark weht der marokkanische
Passat im Sommer, in Nordeuropa ist dagegen im Winter
der Wind am stärksten – zusammengeschaltet könnten sich
beide Regionen also ideal ergänzen. »Die Schwankungen der
Windstromeinspeisung«, erklärt Czisch, nähmen dadurch
»deutlich ab«.[70] Und der Preis des marokkanischen Öko-
Stroms würde – inklusive Leitungskosten – mit 4,4 Cent
pro Kilowattstunde unter dem liegen, was er derzeit an der
Strombörse in Leipzig kostet.

Czischs Idee ist nicht neu: Schon vor mehr als 75 Jahren hatte der Direktor der Berliner Gesellschaft für elektrische Unternehmungen, Oskar Oliven, eine ähnlich kühne
Vision.[71] Auf der Weltkraftkonferenz im Juni 1930 schlug
Oliven vor, die Wasserressourcen Skandinaviens, die Stein-
kohlevorkommen in Westdeutschland, Frankreich, Ober-
schlesien und in der Ukraine, die mitteldeutschen Braun-

kohlereviere sowie die Ölquellen im Kaukasus und in Rumänien miteinander zu verknüpfen.

Ein pan-europäisches Stromnetz dürfte aber nicht auf der weithin üblichen Wechselspannungstechnik basieren, denn in diesen Leitungen sind die Übertragungsverluste zu hoch. Die Alternative ist die Hochspannungs-Gleichstrom-Übertragung (HGÜ), seit den fünfziger Jahren ist sie weltweit im Einsatz. Die Weiten Russlands und Chinas, Kanadas und der USA werden mit solchen Leitungen überbrückt, auch zwischen Lübeck und Trelleborg verbindet ein unterseeisches HGÜ-Kabel das deutsche Netz mit dem schwedischen. Auf einer Länge von 3000 Kilometern – so weit ist es von Nordafrika bis in die Mitte Deutschlands – würden mit dieser Technologie nur etwa zehn Prozent der Energie verloren gehen.[72] Weltmarktführer ist der Schweizer Anlagenbauer ABB. »Eine kühne Vision«, heißt es dort über die Idee, aber »überhaupt nicht unrealistisch«.

Ein europäisches Supernetz für sauberen Strom von der Nordsee bis zur Sahara

So also sieht die klimaschonende Energieversorgung der Zukunft für Deutschland, Europa und Nordafrika aus: Statt in wenigen, großen Atom- oder Kohlekraftwerken wird künftig Strom in kleinen Anlagen und wo immer möglich erzeugt – aus Wind- und Wasserkraft, aus Biogas und Sonnenenergie, aus Erdwärme- oder Wellenkraftwerken. Ergänzt werden diese dezentralen Strukturen durch die Off-shore-Parks der Nordsee, aus Windfarmen und Parabolrinnenkraftwerken rund ums Mittelmeer, die über ein Netz neuer Hochspannungskabel mit den Verbrauchszentren Europas verbunden werden. Eine Vision übrigens, die sogar Utz Claassen, Vorstandschef des Atomstromkonzerns EnBW, teilt. »Perspektivisch muss es unser Ziel sein«, sagt Claassen, »Solarenergie in der Sahara oder in der Kalahari zu gewinnen und in Stuttgart, Berlin, Tokio oder New York zu verbrauchen.«[73] Claassen war kürzlich in Andalusien, um sich die Baustelle von »Andasol 1« anzusehen.

Das neue Fernstromnetz würde den ganzen Kontinent wie das Geflecht der Autobahnen überspannen und bisherige Leitungen ergänzen (nebenbei würde es das sensible Wechselspannungsnetz stabilisieren und großflächige Stromausfälle künftig vermeiden). Der Umstieg auf regenerative Energien und deren dezentrale Erzeugung bedeutet nämlich nicht – wie häufig angenommen – regionale Autarkie, sondern erfordert im Gegenteil einen viel stärkeren Austausch. Salopp gesagt: Man weiß nie, wann wo wie viel Wind weht – aber sicher ist, dass er irgendwo immer weht.

Regelmäßig wird es vorkommen, dass mehr Strom erzeugt als gerade gebraucht wird. Deshalb muss das pan-europäische Netz der Zukunft auch die Pumpspeicherwerke Skandinaviens, Österreichs und der Schweiz einbinden. Zwar gibt es solche Anlagen auch in Deutschland – sie pumpen bei Stromüberschuss Wasser in hochgelegene Becken und lassen es, wenn schnell Energie gebraucht wird, über Turbinen wieder herunter. Aber hierzulande ist die Pumpspeicherkapazität mit insgesamt 1,4 Gigawatt viel zu klein, um die künftig zu erwartenden Schwankungen auszugleichen.

Dieser Punkt, die Speicherung momentan überschüssiger Energie, ist das einzige Problem, das sich bei einem vollständigen Wechsel zu Solar- und Windkraft wirklich stellt. »Natürlich gibt es Technologien für jede Leistungs- und Energieklasse«, sagt Dirk Uwe Sauer, Professor für Speichersystemtechnik an der Rheinisch-Westfälischen Technischen Hochschule in Aachen. Fraglich sind nur – wie so oft – Effizienz und Kosten. Erstere kann durch weitere Forschung sicher gesteigert werden, Letztere werden langfristig sinken, aber garantiert nicht auf null. An diesem Punkt lohnt ein Blick zurück nach Westberlin: Als 1986 die Mauer noch stand und die Stadt keinen Anschluss hatte ans bundesdeutsche Stromnetz, scheute man weder Kosten noch Mühen und baute die damals größte Batterieanlage der Welt. Drei Stockwerke hoch stapelten sich Blei-Säure-Akkus in langen Reihen. Bis zur Wiedervereinigung sorgte die millionenteure Anlage am Kraftwerk Steglitz dafür, dass die »Frontstadt« sicher mit Strom versorgt wurde. Genauso ist das heute mit dem drohenden Klimakollaps: Ist man bereit, in Stromspeicher zu investieren, um den Umbau der Stromwirtschaft zu ermöglichen?

Zum Beispiel in der nordirischen Grafschaft Donegal. Bis vor kurzem musste ein Windpark-Betreiber seine 16 Windräder häufig drosseln, weil das Netz des örtlichen Versorgers den vielen Strom nicht aufnehmen konnte. Seit kurzem ist der Park mit einer Superbatterie (der neuen, sogenannten Redox-Flow-Technologie) ausgerüstet. Jetzt können sich die Windräder endlos drehen; der erzeugte Strom wird einfach so lange gespeichert, bis wieder Platz im Netz ist. Dagegen ist die Energiespeicherung in Form von Wasserstoff, von der Forscher seit Jahrzehnten träumen, bis heute nicht über das Versuchsstadium hinausgekommen – im Prinzip ist sie spielend einfach, bloß gehen dabei 75 bis 80 Prozent der Energie verloren. Eine weitere Möglichkeit sind Druckluftspeicher: Nach dem Luftballonprinzip verdichten Kompressoren Luft in unterirdischen Kavernen, zum Beispiel alten Salzminen. Bei Bedarf wird die Luft über Turbinen wieder abgelassen. Doch der bauliche Aufwand ist enorm, weshalb es bisher nur zwei solche Speicher auf der ganzen Welt gibt. Aber der Energiekonzern EnBW investiert gerade kräftig in die Forschung auf diesem Gebiet. In ferner Zukunft könnte eine Kombination von Windrädern und Elektroautos die Lösung sein: Immer wenn sie in der Garage oder auf einem Parkplatz stehen, wären die Batterien der Wagen ans allgemeine Stromnetz angeschlossen – zum Aufladen, aber auch als Puffer. »Die Kapazität wäre enorm«, sagt der Aachener Speicherexperte Sauer. »Schon heute wird in den Starterbatterien der Privatautos so viel Energie gespeichert, wie im gesamten deutschen Netz bei mittlerer Last in einer halben Stunde verbraucht wird.«

Auch für die nahe Zukunft hat Sauer eine einleuchtende Idee: Man solle nicht nur auf die Stromspeicherung starren. Denn viel einfacher als elektrische kann thermische Energie gelagert werden. Wenn man nun Block-Heizkraftwerke, die zugleich Strom und Heizenergie erzeugen, mit großen Wärmetanks ausrüsten würde, könnte man diese Anlagen immer dann anwerfen, wenn Elektrizität gebraucht wird. Bisher ist es umgekehrt, bisher richten sich die Laufzeiten von Block-Heizkraftwerken meist nach dem Bedarf an Heizwärme. Deshalb speisen sie Strom oft zu Zeitpunkten ins Netz, wenn er gar nicht gebraucht wird, und vergrößern dadurch das Speicherproblem.

Dass sich Wärme viel einfacher aufbewahren lässt, beweist auch das Parabolrinnenkraftwerk »Andasol 1«. In riesigen Tanks wird in La Calahorra die Hitze des Tages für die Nacht gespeichert. Das zirkulierende Öl aus den Parabolspiegeln treibt dort nicht nur den Stromgenerator an, sondern heizt zudem flüssiges Salz, das mehr Energie speichern kann als Wasser, bis 380 Grad Celsius auf. Zwei riesige Tanks mit je 40 Metern Durchmesser entstehen dafür in der Mitte des Spiegelfeldes. Nach Sonnenuntergang wird der Wasserdampf für den Antrieb der Turbinen mit der Wärme aus diesen Salztanks erzeugt – die 25 000 Tonnen Inhalt ermöglichen einen knapp achtstündigen Weiterbetrieb bei voller Kraftwerksleistung. »Aber weil nachts weniger Elektrizität gebraucht wird«, erklärt Oliver Vorbrugg, der Mann von Solar Millennium, »reicht das locker bis zum nächsten Morgen.«

Hans-Joachim Fell, der energiepolitische Sprecher der Bündnisgrünen im Bundestag, erinnert sich genau an die Anfänge der Parabolrinnentechnologie. Vor über zwanzig Jahren, als die ersten Anlagen in Kalifornien ans Netz gingen, startete die Regierung Kohl ein entsprechendes Forschungsprogramm. In jener Zeit entstand im andalusischen Hochland – gar nicht weit von La Calahorra – die »Plataforma Solar«, wo bis heute Wissenschaftler aus ganz Europa nach neuen Sonnentechnologien suchen. Doch Mitte der neunziger Jahre ließ die Kohl-Regierung die Forschungsgelder auslaufen. »Nach fünfzehn Jahren sagten die, es habe nichts gebracht«, ärgert sich Fell. »Dabei bekommt die Autoindustrie auch nach über hundert Jahren noch Forschungsgelder!« Nach dem Wechsel zu Rot-Grün startete das Programm neu, »aber der Durchbruch kam erst 2002«. Da wechselte im Zuge der Koalitionsverhandlungen die Zuständigkeit für die Energiepolitik vom Wirtschafts- (SPD) ins Umweltministerium (Grüne). »Bis dahin war es gruselig«, sagt Fell, denn im Wirtschaftsressort habe noch das Personal aus Kohls Zeiten gesessen. »Und der zuständige Beamte hatte es sich zum Lebensziel gemacht, die solarthermische Stromerzeugung zu beerdigen.«

Heute ist Fell Mitglied einer Initiative namens TREC (Trans-Mediterranean Renewable Energy Cooperation), die für einen Verbund regenerativer Energien rings ums Mittelmeer wirbt. Unterstützt wird TREC vom Club of Rome und mittlerweile von mehr als fünfzig internationalen Politikern und Wissenschaftlern. Die Idee dazu hatte im Jahr 2003 Gerhard Knies, ein Physiker aus Hamburg, der bis zur Pensionierung am dortigen Desy-Forschungszentrum arbeitete. Heute zieht Knies wie ein Handlungsreisender durch die Welt und versucht, Behörden, Ministerien und arabische Königspaläste von den Vorzügen von Parabolrinnenkraftwerken und des pan-europäischen Öko-Stromnetzes zu überzeugen. Was sind die üblichen

Reaktionen? »Die einen sagen, sie seien ein armes Land und könnten sich die Investitionen nicht leisten«, berichtet Gerhard Knies. »Die anderen sagen, sie hätten genug Öl und bräuchten keine Alternative.«

Knies rechnet dann immer die Unerschöpflichkeit der Sonne vor und dass sich mit der Abwärme aus Parabolrinnenkraftwerken praktisch kostenlos riesige Mengen von Meerwasser entsalzen lassen. Langsam, aber sicher kommen Knies und seine Idee voran: In Algerien werde bereits ein Parabolrinnenkraftwerk gebaut, Ägypten und Jordanien seien kurz davor. Inzwischen ist auch der jordanische Prinz El Hassan Bin Talal Mitglied bei TREC: »Die Länder des Sonnengürtels und des Technologiegürtels der Erde können sehr mächtig werden, wenn sie sich als eine Gemeinschaft erkennen«, sagte der Monarch bei einem Besuch auf der Hannover Messe 2006, »eine Gemeinschaft für den Schutz des Erdklimas.«

»Andasol 1« sei »extrem wichtig«, sagt Knies, denn im Ausland sei die bohrendste Frage bisher stets gewesen: Wenn die Technologie so toll ist, warum baut ihr sie dann nicht selbst? In Deutschland wird ihm oft entgegengehalten, dass man sich mit dem Stromverbund in die Abhängigkeit von Diktatoren begäbe. »Mit diesem Argument müsste man sofort alle Tankstellen schließen«, sagt Knies lachend, denn das Öl für Deutschland kommt zu großen Teilen aus Saudi-Arabien, Libyen und Russland. Dann wird Knies wieder ernst und erklärt, dass sich Strom viel weniger als politisches Druckmittel eigne als Erdöl. Denn Elektrizität falle, wenn die Kraftwerke einmal laufen, ununterbrochen an. Strom könne man nicht zurückhalten wie Öl und einfach später verkaufen. Zudem seien Kraftwerke viel teurer als Bohrtürme. Hat ein Staat sie erst einmal gebaut, ist er auch dringend auf die Einnahmen angewiesen. Viel lieber aber wirbt Knies mit dem Argument, dass der Export von Solarstrom Nordafrika Wohlstand bringen und so die Flüchtlingsströme nach Europa bremsen werde. Knies: »Die Ausgaben von zwei bis drei Milliarden Euro jährlich für den Aufbau des neuen Fernleitungsnetzes nach Afrika könnte man durchaus zu einem Projekt für die Sicherheit Europas erklären.«

Im Auftrag des Bundes hat das Deutsche Zentrum für Luft- und Raumfahrt ein konkretes Szenario für die Idee entwickelt. Wenn sofort mit dem Bau von Kraftwerken und Kabeln begonnen würde, könnten sich die Länder südlich des Mittelmeers innerhalb weniger Jahrzehnte vollständig mit Solarkraft versorgen – und Europa quasi nebenbei mit. Schon 2020 könnten dann 15 Milliarden Kilowattstunden sauberer Strom auch nach Deutschland fließen und die Grundlastversorgung von ungefähr drei klimaschädlichen Braunkohlekraftwerken übernehmen. Bis 2050 könnten sich die Importe verfünffachen.

Zwanzig Prozent des deutschen Strombedarfs, so die Wissenschaftler, kämen dann aus Nordafrika – der Rest aus sauberen Quellen im Inland. Für die kurzen Zeiten des höchsten Verbrauchs stünden noch einige Gaskraftwerke bereit, aber fossile Brennstoffe sind in dieser Zukunft nur noch »äußerst wertvolle Energiespeicher« für den Notfall. Der Kohlendioxid-Ausstoß sänke in diesem Szenario auf weniger als ein Viertel des heutigen. Und wegen der künftig zu erwartenden Preissteigerungen bei Öl und Kohle, so rechnen die Forscher vor, werde dieser Weg trotz anfänglicher Milliardeninvestitionen binnen »15 Jahren zu einer kostengünstigeren Stromversorgung führen als die Beibehaltung derzeitiger Trends«.[74] Das Resümee des Zentrums für Luft- und Raumfahrt: »Angesichts dieser Fakten fällt es schwer, einen Grund für die Weiterführung des fossilnuklearen Konzepts der letzten Jahrzehnte zu finden.«

Dies muss in den nächsten zwölf Monaten passieren:

1. Die Europäische Union fördert den Aufbau eines pan-europäischen Stromübertragungsnetzes mit einer An-schubfinanzierung. Das Geld ließe sich umschichten aus dem EU-Haushalt für Atomforschung (für die Jahre 2007 bis 2011 insgesamt 2,7 Milliarden Euro[75]). Das Pro-jekt wäre ein »technischer Leuchtturm für Europa«, meint auch der Wissenschaftliche Beirat der Bundesregierung für Globale Umweltveränderungen.[76] Zusätzlich bieten die EU und Deutschland den potenziellen Standort-ländern von solarthermischen Kraftwerken langfristige Stromabnahmeverträge an, um den Bau der Anlagen zu fördern.

2. Die schwarz-rote Regierung überträgt das Prinzip des erfolgreichen Erneuerbare-Energien-Gesetzes aus dem Strom- auf den Heizwärmebereich. Die Idee: Wer sein Haus mittels Solarkollektoren oder durch Erdwärme-Pum-pen beheizt, bekommt dafür Zuschüsse aus einem Fonds, der aus einer Umlage auf Heizöl oder -gas gespeist wird. Deren Preis würde sich dadurch nur minimal erhöhen, aber für die Förderung langfristiger Alternativen stünden jedes Jahr viele Millionen Euro bereit. Nach Angaben der SPD könnte ein solches Gesetz 50 000 Arbeitsplätze schaffen und gemeinsam mit anderen Maßnahmen ein Drittel bis die Hälfte des Erdöls und Erdgases einsparen, das derzeit in Deutschland fürs Heizen eingesetzt wird. Bisher blockt die Union den Vorschlag ab.

3. Und Sie wechseln – falls Sie das nicht längst getan ha-ben – zu einem klimaschonenden Stromversorger. Noch heute! Es gibt wenige Dinge, mit denen Sie als Verbraucher so viel Druck auf die Energiekonzerne machen können und so deutlich Ihren persönlichen Kohlendioxid-Ausstoß senken wie mit dem Wechsel zu einem Öko-Strom-An-bieter. Und Sie brauchen nur wenige Minuten Zeit dafür. Wie das geht, erklären wir unter *www.wir-klimaretter.de/energiewende*.

6. Kohlekraftwerke verbieten
Die Weißwasch-Technologie

Kohle ist der größte Klimakiller, kein Energieträger
verursacht so viel Treibhausgas pro Kilowattstunde
Strom. Neue Kohlekraftwerke werden deshalb
verboten, bis die Konzerne die versprochene Technologie zur Kohlendioxid-Abscheidung fertig haben

Das Braunkohlekraftwerk in Schwarze Pumpe ist eine
Kathedrale des fossilen Zeitalters. Mehr als 20 Kilometer
weit sind seine beiden Kühltürme übers Land zu sehen,
sie leiten den Reisenden wie einst die Kirchturmspitze einer Stadt. Das Kesselhaus ist hoch wie ein Wolkenkrat-
zer, matt schimmert die metallgraue Außenhaut. Auf
dem Dach, in 161 Meter Höhe, gibt es eine verglaste
Aussichtsplattform. Gern führt Vattenfall, Deutschlands
drittgrößter Energiekonzern, Besucher nach hier oben.
Weit reicht der Blick über die Lausitz, über Kiefernwäl-
der, Felder, auf denen sich vereinzelt Windräder drehen,
aber auch in die graubraune Wüste des Braunkohle-Tage-
baus Welzow-Süd. Zum Greifen nah sind hier oben die
beiden Kühltürme, aus denen heißer Wasserdampf quillt.
Immer neue Wolken bauen sich auf, blähen sich, werden
von nachdrängenden Schwaden in den tiefblauen Himmel
geschoben. Rund zehn Millionen Tonnen Kohlendioxid
bläst das Kraftwerk Schwarze Pumpe jedes Jahr in den
Himmel – das ist mehr als ein Prozent des gesamten Ausstoßes der Bundesrepublik.

Die Erzeugung von Strom aus Braunkohle ist ein Um-
weltfrevel par excellence. Das beginnt im Kohle-Tage-
bau: Ganze Landstriche werden von riesigen Förderbrü-
cken weggegraben. Der größte Teil der so gewonnenen

Kohle wird sinnlos verheizt. Das Kraftwerk Schwarze Pumpe – Baujahr 1997 – gehört mit einem Wirkungsgrad von 41 Prozent zu den modernsten Großkraftwerken Europas. Doch auch hier verpuffen fast 60 Prozent der Primärenergie in den Kühltürmen. In Überlandleitungen und Umspannwerken geht dann weitere Elektrizität verloren. In der Steckdose des Stromkunden kommt letztlich nur gut ein Viertel der in der Kohle enthaltenen Energie an. Zum Vergleich: Gaskraftwerke, die zugleich Strom und Wärme erzeugen und nah beim Abnehmer stehen, erreichen Brennstoffnutzungsgrade von bis zu 90 Prozent. Dazu kommt, dass Braunkohle wesentlich stärker zum Treibhauseffekt beiträgt als andere Energieträger: 950 Gramm Kohlendioxid fallen hier pro Kilowattstunde Strom an, bei Steinkohle sind es etwas weniger – aber moderne Erdgaskraftwerke verursachen nur circa 360 Gramm.

Das Kraftwerk Schwarze Pumpe ist bloß eines von dreien, die im Lausitzer Revier mit Braunkohle betrieben werden. Im mitteldeutschen Revier zwischen Leipzig und Halle raucht das Kraftwerk Lippendorf, RWE verfeuert am Niederrhein gleich in fünf Kraftwerken Braunkohle. In ganz Europa gibt es keine Gegend, wo so viel Kohlendioxid freigesetzt wird wie hier. Kein Land der Welt fördert und verbrennt mehr Braunkohle als Deutschland. 2005 waren es knapp 178 Millionen Tonnen. Die USA folgen auf Platz zwei mit gerade einem Drittel dieser Menge.

Entstanden ist die deutsche Braunkohlen-Kultur zu Beginn des 20. Jahrhunderts. Um 1910 wurden die ersten Tagebaue eröffnet, der heimische Rohstoff stillte fortan einen großen Teil des enormen Energiehungers der Industrialisierung. Die Nazis nutzten die »brennbare Erde« im großen Maßstab für ihre Kriegswirtschaft. Nach dem Krieg entstanden in Ost- wie Westdeutschland gigantische Kohlekraftwerke. Wirtschaftlich arbeiten konnten sie nur, weil die Endlagerung des Abfalls Kohlendioxid in der Erdatmosphäre bislang kostenlos möglich war – und sich niemand daran störte (siehe »Grünes Kapital«, Kapitel 1).

Beides ändert sich gerade, und deshalb versuchen die Kohle- und Stromkonzerne, ihr Geschäft durch eine Technologie namens »Carbon Capture and Storage« (CCS) zu retten. Dabei soll das Kohlendioxid in den Kraftwerken aufgefangen (capture) und dann unterirdisch gelagert werden (storage). Was in der Theorie schön klingt, ist in der großtechnischen Praxis längst noch nicht einsatzfähig. Bevor auch nur eine einzige Tonne Kohlendioxid in die Erde gepresst werden kann, sind noch viele Fragen zu klären, technologische, geologische, finanzielle. Im Jahr 2020, verspricht die Kohlelobby, sei CCS fertig. Aber schon vorher sollen in Deutschland 23 neue Kohle-Kraftwerke gebaut werden, davon fünf mit dem besonders klimaschädlichen Brennstoff Braunkohle.

Kanzlerin Angela Merkel höchstpersönlich legte im August 2006 in Grevenbroich-Neurath den Grundstein für ein neues Braunkohlekraftwerk, das 2010 ans Netz gehen soll. »Eines der größten Investitionsprojekte Deutschlands«, wie der damalige RWE-Chef Harry Roels den 2,2 Milliarden Euro teuren Bau lobte. Und einer der größten Klimakiller. Insgesamt werden die derzeit in Deutschland geplanten neuen Kohlekraftwerke pro Jahr 77 Millionen Tonnen Kohlendioxid verursachen. Das Bundesumweltamt warnt ausdrücklich, dass die – ohnehin bescheidenen – Klimaschutzziele der Bundesregierung nicht zu erreichen sind, wenn diese Pläne Wirklichkeit werden.[77] Denn Investitionen in solche Großkraftwerke sind oft über Jahrzehnte kalkuliert, eine heute gebaute Anlage läuft also mindestens bis Mitte des 21. Jahrhunderts.

Im südbrandenburgischen Schwarze Pumpe errichtet Vattenfall gerade das weltweit erste »CCS-Pilotkraftwerk«. Vom Dach des Kesselhauses ist der Bauplatz bereits zu erkennen, wie Lego-Steine sehen die Baucontainer von oben aus, winzig klein die Kipper, die die ausgehobene Erde abtransportieren. Neben dem bereits laufenden 1600-Megawatt-Kraftwerk wirkt die neue Anlage wie ein Spielzeug. Seine Kapazität gibt Vattenfall in glänzenden Werbebroschüren mit 30 Megawatt *thermische* Leistung an. Dies entspricht einer Stromerzeugungskraft von etwa fünf Megawatt – so viel, wie heute bereits eine einzige, große Windkraftanlage liefern kann.

Weltweit, von den USA bis Australien, arbeiten Kohlekonzerne, Regierungen und Universitäten fieberhaft. Es ist ein wahres Wettrennen zwischen den Befürwortern von CCS und der öffentlichen Meinung, die immer stärker nach Klimaschutz fragt. Vattenfall nutzt für seine Pilotanlage das sogenannte »OxyFuel«-Verfahren: Neben dem Ofen steht eine handelsübliche Luftzerlegungsanlage, die reinen Sauerstoff erzeugt. Hinter dem Ofen wird kohlendioxidreiches Abgas abgezweigt und – nachdem ihm so viel Sauerstoff zugefügt wurde, wie für die Kohleverbrennung nötig ist – vorn wieder in den Ofen geblasen. So entsteht allmählich ein Abgasstrom mit einer sehr hohen Konzentration an Kohlendioxid, das dann nur noch getrocknet, gereinigt und verdichtet werden muss. Alle für eine solche Anlage notwendigen Komponenten sind technisch ausgereift, in der Glasindustrie zum Beispiel sind ähnliche Prozesse seit langem Standard.

Neben »OxyFuel« werden derzeit zwei weitere Technologien erforscht. RWE, die Nummer zwei der deutschen Stromkonzerne, testet ein Verfahren, bei dem eine Kohlevergasungsanlage vor den Ofen geschaltet wird. Die Kohle wird darin in einem mehrstufigen Prozess in Kohlendioxid und Wasserstoff (und einige Abfallstoffe) zerlegt, das Kohlendioxid wird dann ausgefiltert, mit dem Wasserstoff das Kraftwerk befeuert. RWE hat angekündigt, bis zum Jahr 2014 ein kleines Modellkraftwerk mit 360 Megawatt Leistung zu errichten. Ein drittes Verfahren versucht, Kohlendioxid nach der Verbrennung (englisch: »Post-Combustion«) aus den Abgasen zu filtern – wobei von allen drei Technologien diese aber die energieaufwendigste ist.

Hans-Joachim Krautz, Professor für Kraftwerkstechnik an der Universität Cottbus, ist einer der Väter des Vattenfall-Projekts. Vor seinem Institut stehen haushohe Isolatoren auf dem Rasen, wie sie in Umspannwerken zum Einsatz kommen. »Ich komme aus der Gegend«, sagt Krautz, und er klingt stolz dabei. Seine Großeltern wohnen direkt neben einem Kohlekraftwerk. Schon in der DDR forschte er für das Braunkohlekombinat Schwarze Pumpe. Neuerdings beschäftigt sich der Professor auch mit klimafreundlichen Holzpellet-Kraftwerken. Aber, sagt Krautz, eine Energieversorgung ohne Kohle und ohne Atomkraft sei zumindest für die nächsten fünfzig Jahre undenkbar. »Das ist ein Faktum!«

Wenn man Krautz einen Retter der Braunkohle nennt, lacht er. Aber nur kurz. Dann hält er eine kleine Vorlesung. Er holt ein Blatt Papier aus der Schreibtischschublade und kritzelt Formeln darauf. Begriffe wie »thermischer Wirkungsgrad« und »Energiedichte«, »Flächenverbrauch« und »Stromgestehungskosten« schwirren durch den Raum. Im Vergleich mit anderen Energieträgern schneidet die Braunkohle in den Berechnungen stets ziemlich gut ab. Aber nur, weil Argumente, die für regenerative Energien sprechen, in Krautz' Vorlesung einfach nicht auftauchen, in die Lehrbücher der Kraftwerkstechnik haben sie offenbar noch keinen Eingang gefunden.

In einem Labor an der Cottbuser Universität läuft bereits eine OxyFuel-Anlage im Mini-Format. Rein technisch, versichert der Professor, sei das Einfangen von Kohlendioxid überhaupt kein Problem – es ist nur teuer, und es kostet wertvolle Energie. Der ohnehin niedrige Wirkungsgrad von Kohlegroßkraftwerken sinkt durch den zusätzlichen

Aufwand für Abscheidung, Reinigung und Verdichtung des Kohlendioxids weiter. Von acht bis zwölf Prozentpunkten minus ist in der Fachliteratur die Rede. Um dieselbe Menge Strom zu erzeugen, müssen CCS-Kraftwerke also mehr Kohle verfeuern. Das bedeutet mehr Landschaftszerstörung durch Tagebaue, mehr Schadstoffe wie Feinstaub oder Stickoxide und erst einmal auch mehr Kohlendioxid, das den Kraftwerksofen verlässt.

Deshalb wies das UN-Klimagremium IPCC schon vor zwei Jahren explizit darauf hin, dass man bei der Bewertung von CCS einen großen Unterschied beachten müsse – zwischen *aufgefangenem* und *vermiedenem* Kohlendioxid.[78] Selbst die beste CCS-Anlage werde nur neunzig Prozent des Treibhausgases auffangen – von einer zuvor um bis zu zwanzig Prozent gestiegenen Menge. Unterm Strich wird die Klimaschädlichkeit von Kohlekraftwerken durch CCS nur um etwa drei Viertel reduziert. »Vor diesem Hintergrund ist die Bezeichnung ›CO_2-freies‹ Kraftwerk irreführend«, heißt es in einer umfangreichen Studie von vier deutschen Forschungsinstituten, die im Auftrag des Bundesumweltministeriums erarbeitet wurde. »Treffender« sei die Bezeichnung »CO_2-arm«.[79] Je nach Kraftwerkstyp bleibt es am Ende bei einem Kohlendioxid-Ausstoß von 60 bis 150 Gramm pro Kilowattstunde – zwar weniger als bei Gaskraftwerken, aber viel mehr als bei erneuerbaren Energien.

Billig ist CCS trotzdem nicht. Nicht nur Bau und Betrieb von Abscheideanlagen schlagen zu Buche, sondern auch der Transport des aufgefangenen Kohlendioxids. Mögliche unterirdische Lagerstätten sind praktisch nie dort, wo auch die Kohle gefördert wird. Vor der Verpressung muss das Gas deshalb meist hunderte von Kilometern transportiert werden, wofür nur Pipelines in Frage kommen, weil Tankwagen die großen Mengen nicht bewältigen können. Über die gesamte Prozesskette dürften sich die Kosten pro Tonne abgeschiedenem Kohlendioxid auf 35 bis 50 Euro summieren. Jede Kilowattstunde Kohlestrom würde sich dadurch auf 6,5 bis 7 Cent verteuern, das wäre mehr als das Doppelte des heutigen Preises. »Aus heutiger Sicht kann davon ausgegangen werden, dass sich mit der Einführung von CCS bereits viel früher eine Konkurrenzfähigkeit zwischen erneuerbaren Energien und der fossilen Stromerzeugung einstellen wird«, bilanzieren die Wissenschaftler des Bundesumweltministeriums. Zu gut Deutsch: Strom aus Windkraft- oder Bio-Masse-Anlagen wird nicht teurer als CCS-Kohlestrom. Sogar Alfred Tacke, früher ein Berater von Bundeskanzler Gerhard Schröder und heute Manager beim Steinkohlekonzern Steag, sagt: »Es gibt keinen einzigen Fall, wo sich die CO_2-Abscheidung wirtschaftlich rechnet.« Tacke nennt CCS deshalb ganz offen eine »Alibi-Technik«.[80]

Der Umweltminister muss endlich für eine Knappheit von Kohlendioxid-Zertifikaten sorgen

Rentabel kann die Kohlendioxid-Abspaltung in den Kraftwerken überhaupt nur werden, wenn das Treibhausgas künftig einen Preis bekommt. Im Rahmen des Europäischen Emissionshandels wurde 2005 ein erster Schritt dazu getan – aber leider nicht mehr. Seitdem müssen Industrieanlagen Zertifikate erwerben, bevor sie Kohlendioxid emittieren dürfen. Jeder Verbrennungsofen, jede Schmelzanlage, jedes Kraftwerk ist ab einer bestimmten Größe in dieses Zertifikate-System eingebunden – in Deutschland gut 1800 Anlagen. Die EU weist jedem Staat ein Kohlendioxid-Budget zu, das dieser frei verwalten kann. Um die Reduzierung zu schaffen, zu der sich Europa im Kyoto-Protokoll verpflichtet hat, werden die Budgets über die Jahre Schritt für Schritt gesenkt. »Cap-and-trade« nennt man ein solches System, »Begrenzen und Handeln«. Für die erste

Handelsperiode 2005 bis 2007 wollte sich der damalige Umweltminister Jürgen Trittin von Brüssel 482 Millionen Tonnen genehmigen lassen. Dagegen lief die Kohlelobby Sturm, mit Erfolg. Kanzler Gerhard Schröder »vermittelte« zwischen Trittin und Wirtschaftsminister Werner Müller, der deutlich über 500 Millionen wollte. Der Kompromiss hieß 499 Millionen Tonnen pro Jahr. Viel zu viel, wie sich bald herausstellte. Die deutsche Industrie hatte gar nicht so viele Emissionen wie Zertifikate. Die Verschmutzungsrechte, die eigentlich knapp sein sollten, sind deshalb an der Leipziger Strombörse heute schon für unter ein Euro zu haben.

»Die Politik ist schuld«, sagt Ottmar Edenhofer, Chefökonom am Potsdamer Institut für Klimafolgenforschung. »Der Emissionshandel könnte ein fantastisches Marktinstrument für den Klimaschutz sein. Dafür müsste er aber auch marktwirtschaftlich angelegt werden.« Ist er das nicht? »Nein«, sagt Edenhofer. »Würde das Instrument marktkonform sein, würden angesichts der zunehmenden Erkenntnisse über den Klimawandel die Preise ja beständig steigen.«

Rainer Baake war Staatssekretär unter Jürgen Trittin. Er sagt: »Die erste Handelsphase war eine Phase des Übens.« Immerhin beginnt im Januar 2008 die zweite Handelsperiode. Doch Trittins Nachfolger, Sigmar Gabriel, hat offenbar so wenig aus den Fehlern gelernt wie sein beamteter Staatssekretär Matthias Machnig. Zuerst wollten sich die beiden 482 Millionen Tonnen Zertifikate genehmigen lassen – obwohl die Industrie schon 2005 nur noch 473,5 Millionen Tonnen Kohlendioxid ausstieß. Monatelang feilschte Berlin mit Brüssel, die Kommission billigte schließlich 456 Millionen zu. »Immer noch zu viel«, sagt Ökonom Edenhofer. Nur ehrgeizige Ziele gäben den Investoren Signale für Investitionen in Klimaschutz. »Wer Kohlendioxid nicht gezielt teurer macht, der will keine Marktwirtschaft.«

Ketzin, östlich von Berlin. Am Rand des Havelstädt-
chens sind an einem regnerischen Tag im Februar zwei
Festzelte aufgebaut. Herren mit langen schwarzen Män-
teln stolpern über schlammige Feldwege, die freiwillige
Feuerwehr heizt eine Gulaschkanone. In der DDR gab es
hier einen unterirdischen Speicher für Erdgas. Jetzt soll
hier bis 2009 die wichtigste Frage der CCS-Technologie
geklärt werden: Lässt sich Kohlendioxid überhaupt dauerhaft unter der Erde speichern?

Mit einer feierlichen Zeremonie startet in Ketzin die
erste Probebohrung. Aus Bundes- und Landesministerien
sind Beamte angereist, dazu Wissenschaftler vom feder-
führenden Geoforschungszentrum in Potsdam und aus
ganz Europa, auch etliche Großkonzerne – von Shell bis
Vattenfall – haben Vertreter entsandt. In langatmigen Reden wird der »Meilenstein Ketzin« gewürdigt, ein Staatssekretär des Brandenburger Wirtschaftsministeriums
verleiht seiner Hoffnung Ausdruck, dass mit CCS »die
langfristige Akzeptanz der Braunkohlenutzung erreicht
werden kann«. Am Ende mahnt der örtliche Pastor zur
Bewahrung der Schöpfung. Schließlich stellen sich drei
Herren um einen groben Holzschemel, auf dem ein großer roter Schalter klebt. Der Knopfdruck. Eine rote Rund-
umleuchte beginnt sich zu drehen, Blitzlichter zucken. Im
Hintergrund bewegt sich symbolisch ein Kran. Dann wird
Sekt gereicht.

800 Meter tief wird in Ketzin gebohrt. Das Ziel ist eine
Formation, die Geologen einen »salinen Aquifer« nennen – poröses Gestein, in dem extrem salziges Wasser lagert. In diesen riesigen Schwamm soll das Kohlendioxid
unter hohem Druck hineingepresst werden. In Ketzin ist
die Geologie besonders günstig, weil hier die übereinander-
liegenden Gesteinsschichten eine Beule bilden. Das abgela-
gerte Kohlendioxid kann sich wie unter einer Käseglocke
sammeln. Was aber passiert mit dem Gestein? Das vorhan-

dene Wasser wird sich nicht nur mit dem Kohlendioxid zu Kohlensäure vereinen, sondern auch mit Schwefeldioxid und Stickoxiden, die aus den Abgasen der Braunkohlekraftwerke als Rückstände enthalten sind, zu Schwefel- und Salpetersäure – in der Tiefe wird sich ein aggressives Gemisch bilden. Offen ist außerdem, ob das Kohlendioxid nicht vielleicht doch einen Weg nach oben findet. Bis 2009 sollen in Ketzin pro Jahr 60 000 Tonnen verpresst werden – etwa so viel, wie das Kraftwerk Schwarze Pumpe binnen zweier Tage in den Himmel bläst. Extra für das Projekt haben die Forscher deshalb einen Spezialzement entwickelt, mit dem das Bohrloch sicher verschlossen werden soll.

Die Leckage-Frage ist die größte Unbekannte bei CCS. Eher unwahrscheinlich, aber bei Erdbeben nicht unmöglich, ist ein plötzliches Hochschießen des Kohlendioxids. Ein Gutachten für den Wissenschaftlichen Beirat der Bundesregierung errechnete, dass bei einem Unfall die Füllmenge ausreicht, »bei Windstille einen ganzen Landkreis mit einer zehn Meter mächtigen Schicht aus CO_2« zu bedecken.[81] Was das bedeutet, zeigte eine Naturkatastrophe 1986 am Nyos-See in Kamerun. Dort erstickten in einer Nacht 1700 Menschen, als hunderttausende Tonnen Kohlendioxid vulkanischen Ursprungs ausströmten. Wie nah Kamerun liegt, wissen die Ketziner seit den sechziger Jahren. Aus dem damaligen Gasspeicher sickerte giftiges Kohlenmonoxid an die Oberfläche, Bohrlöcher waren undicht geworden. Ein ganzes Dorf musste damals evakuiert werden.

Anwohner fürchten sich vor solchen Unfällen, für das Klima wäre schon das schleichende Entweichen des Kohlendioxids eine Gefahr. Experten schätzen, dass bereits aus den Pipelines auf tausend Kilometern Strecke ein bis zwei Prozent des Treibhausgases frei werden. Würde später aus den Untergrundspeichern pro Jahr auch nur ein

Prozent des Kohlendioxids an die Oberfläche wandern, wäre das wegen der riesigen Mengen des vergrabenen Gases unvorstellbar viel. Das Bundesumweltamt hat hochgerechnet, dass bei einem weltweiten Einsatz von CCS zum Ende des Jahrhunderts dann gigantische 2200 Millionen Tonnen Kohlendioxid pro Jahr durch Sickerverluste frei werden könnten – etwa so viel, wie die gesamte Menschheit heute jährlich ausstößt.[82] Entsprechend kritisch sieht die Behörde die ganze Technologie: »Im ungünstigsten Falle könnte die großmaßstäbliche Anwendung von CCS dazu führen, dass die Belastung des globalen Klimas in einem CCS-Szenario höher ist als ohne CCS.« Aus »klimapolitischer Sicht«, so das Umweltbundesamt, dürften deshalb nur Speicher in Frage kommen, »deren Leckageraten bei 0 Prozent bis 0,01 Prozent pro Jahr liegen«. Dass eine solche Dichtheit wirklich möglich ist, müssen Geologen und Kohlekonzerne erst noch beweisen.

Saline Aquifere wie in Ketzin sind in Norddeutschland weit verbreitet. Daneben werden leere Erdgasfelder als mögliche Kohlendioxid-Speicher diskutiert. Zusammengenommen ergibt sich eine Speicherkapazität, die die Kohlendioxid-Produktion der deutschen Kohlekraftwerke von 30 bis 60 Jahren aufnehmen könnte. Auch weltweit würden die Lagerstätten für etwa ein halbes Jahrhundert reichen. Aber eine langfristige Option für die künftige Energieversorgung werden Kohlekraftwerke damit immer noch nicht. Zudem würde eine wirklich nachhaltige Energiequelle, die Nutzung von Geothermie, durch CCS behindert – wo Kohlendioxid in die Erde gepresst wurde, kann man sie nicht mehr anbohren, um die natürliche Wärme aus der Tiefe zu nutzen.

Der größte derzeit diskutierte Kohlendioxid-Speicher Deutschlands ist ein fast erschöpftes Erdgasfeld nahe Salzwedel in Sachsen-Anhalt. Allein dort könnten 410 Millionen Tonnen Kohlendioxid versenkt werden, ungefähr der

Ausstoß des jetzigen Großkraftwerks in Schwarze Pumpe über 40 Jahre. Zwischen dem südöstlichen Brandenburg und dem nördlichen Sachsen-Anhalt müsste zuvor aber eine 300 Kilometer lange Rohrleitung gebaut werden. Und in Salzwedel gibt es ein Problem, das für praktisch alle Kohlendioxid-Lager in alten Gasfeldern gilt: Zur besseren Ausbeutung sind sie an vielen Stellen angebohrt worden, und jedes alte Bohrloch muss vor einer Nutzung des Gasfeldes als CCS-Speicher mit Spezialzement verschlossen und dann überwacht werden – über Jahrhunderte. Nach Ansicht des Umweltbundesamtes könnten diese Folgekosten die gesamte CCS-Idee »letztlich unrentabel« werden lassen.[83]

Eine billige Option, die von einigen Experten und Unternehmen vorgeschlagen wird, ist die Einleitung von Kohlendioxid in die Tiefsee. Doch wären die Folgen für die maritime Flora und Fauna verheerend. In direkter Umgebung des Einleitungspunktes würde alles Leben ersticken, weiträumig würde das Meerwasser übersäuert, was die Schalen von Meerestieren und Korallen aufweichen würde. Das Umweltbundesamt fordert deshalb, diese Möglichkeit völkerrechtlich zu verbieten.

Der Bundestag in Berlin, Sitzungssaal E.700. Der Umweltausschuss hat zur CCS-Anhörung geladen. In großem Kreis sitzen die Abgeordneten, in ihrer Mitte acht Gäste, von Greenpeace bis Vattenfall. Das Interesse der Öffentlichkeit ist groß, die Zuschauertribüne bis auf den letzten Platz gefüllt. Argumente für und gegen CCS werden abgehandelt, und irgendwann, kurz vor Schluss, meldet sich der bündnisgrüne Abgeordnete Hans-Josef Fell: »Können Sie garantieren«, fragt er den Vertreter von Vattenfall, »dass diese Technologie bis 2020 funktionieren wird?«

Der Konzernvertreter ist ein älterer, breiter Herr mit grauen Haaren und oranger Krawatte. Er sei »sehr hoffnungsfroh«, antwortet er. Und verspricht explizit: »Bis

2020 *werden* wir diese Technologie bereitstellen! Wir haben keine andere Wahl«, und dann unterläuft ihm ein Freudscher Versprecher, »weil wir eine große Energienachfrage brauchen, äh, haben und sie gar nicht anders befriedigen können.« Der grüne Abgeordnete Fell, energiepolitischer Sprecher seiner Fraktion, sagt hinterher wütend: »In dreißig Jahren werden wir Tribunale gegen Klimafrevler haben, und zumindest die jungen Manager werden dem nicht entgehen.« Bislang jedenfalls ist ungeklärt, ob die Technologie je funktionieren wird. Klar hingegen ist, was nicht geht: bestehende oder neu zu bauende Kraftwerke später mit CCS nachzurüsten. Das musste der Vattenfall-Vertreter auch vor dem Umweltausschuss einräumen.

»CCS führt uns in eine Sackgasse«, sagt Gabriela von Goerne, Energieexpertin bei Greenpeace. »Man braucht CCS nicht, denn wenn der politische Wille da wäre, könnte man schnell auf erneuerbare Energien umsteigen.« Auch die meisten anderen Umweltverbände lehnen die Technologie grundsätzlich ab. Aber so weit braucht man nicht zu gehen. Wenn die Industrie CCS will, dann soll sie die Technologie ruhig entwickeln. Und wenn sie wirklich ihren eigenen Versprechen glaubt, dann kann sie auch einem Gesetz zustimmen, das schon heute festschreibt: Kohlekraftwerke werden in Deutschland nur noch genehmigt, wenn sie CCS haben.

Für Deutschland kommt die Technologie schlicht zu spät, denn bis 2020 muss die Wende im Kohlendioxid-Ausstoß hierzulande bereits geschafft sein. Aber weltweit ist die Situation eine andere. Der Potsdamer Klimaökonom Wolfgang Edenhofer erklärte auf der Anhörung des Umweltausschusses: »Die USA, China und Indien haben so viele Kohlevorkommen, dass man damit den CO_2-Gehalt der Atmosphäre verdreifachen kann.« In China geht derzeit alle zwei Wochen ein neues Kohlekraftwerk ans Netz.

Im globalen Maßstab wird die Bedeutung von Kohlestrom in den kommenden Jahren sicherlich steigen. Die Internationale Energieagentur in Paris hat errechnet, dass die fossilen Kraftwerke, die weltweit für die nächsten 25 Jahre geplant sind, während ihrer Betriebszeit fast so viel Kohlendioxid freisetzen werden wie die gesamte Menschheit in den letzten 250 Jahren.[84]

Für die Welt könnte CCS deshalb durchaus eine »Brückenfunktion« haben – den Zeitrahmen verlängern, in dem die Energieversorgung auf erneuerbare Energien umgebaut wird. In Deutschland aber, so das Fazit einer Studie für das Bundesumweltministerium, »ist der Einsatz von CCS-Technologien für das Erfüllen auch engagierter Klimaschutzziele nicht zwingend erforderlich.«[85]

Hierzulande sind Projekte wie das in Schwarze Pumpe nur für die Werbekampagnen der Energiekonzerne wichtig. Vor dem Berliner Hauptgebäude von Vattenfall steht ein großes Plakat in optimistischem Orange, nachts wird es angestrahlt. »Unsere Gedanken sind CO_2-frei«, steht darauf. Die Kraftwerke aber, die sind es noch lange nicht.

Dies muss in den nächsten zwölf Monaten passieren:

1. Die Bundesregierung erlässt ein CCS-Gesetz, das die Chancen der Technologie anerkennt, aber klare Regeln aufstellt: Endlager für Kohlendioxid sind nicht auf der Basis des Bergrechts zu genehmigen, sondern nach dem strengeren Abfallrecht – denn Kohlendioxid ist Abfall. Für jeden einzelnen unterirdischen Speicher muss nachgewiesen werden, dass die Leckage-Rate im Normalbetrieb unter 0,01 Prozent im Jahr liegt. Und bis CCS-Technologien einsatzfähig sind, werden hierzulande keine neuen Kohlekraftwerke mehr genehmigt, weil andernfalls die deutschen Klimaschutzziele nicht zu erreichen sind.

2. Strenge Grenzen im Emissionshandel. Die Energiekonzerne müssen, wollen sie weiter Kohle verfeuern, aufhören, den Emissionshandel zu bekämpfen. Denn der ist in ihrem Interesse: Nur wenn Kohlendioxid deutlich teurer wird, lässt sich CCS überhaupt rentabel betreiben. Das bedeutet: Schon in der nächsten Handelsperiode muss der Staat die Zertifikate versteigern, statt sie zu verschenken. Und nur wenn es deutlich weniger Kohlendioxid-Verschmutzungsrechte als tatsächliche Emissionen gibt, wird der Preis steigen.

3. Helfen Sie mit, neue Klimakiller zu verhindern! Falls Sie in einer Region wohnen, in der ein neues Kohlekraftwerk geplant ist, protestieren Sie dagegen. Sie glauben, das bringe nichts? Schauen Sie nach Krefeld: Dort hat der Stadtrat im März 2007 ein geplantes Steinkohlekraftwerk mit 750 Megawatt Leistung gestoppt. Unter *www.wir-klimaretter.de/kohle* können Sie nachlesen, ob Projekte in Ihrer Nähe geplant sind – und an welchen Aktionen Sie sich auch überregional beteiligen können.

7. Energieversorgung dezentralisieren
Ein Kraftwerk auf jedes Dach, in jeden Keller

Vier Konzerne haben das deutsche Energiesystem
fest im Griff, sie betreiben ineffiziente Kohle-
und Atomkraftwerke und behindern den Umstieg
auf erneuerbare Energien. Die Lösung:
ein dezentrales Netz aus vielen, kleinen Anlagen,
bürgernah und klimaschonend.

Michael Müller regiert Deutschland. Nicht ganz so wie
Angela Merkel. Aber immerhin ist Michael Müller Parla-
mentarischer Staatssekretär im Bundesministerium für
Umwelt, Naturschutz und Reaktorsicherheit. Damit ist er
Stellvertreter von Umweltminister Sigmar Gabriel – und ei-
ner jener Macher, die hinter den Kulissen Strippen ziehen.

Im Februar war der Sozialdemokrat Müller in Paris, um
mit dem französischen Industrieminister François Loos zu
konferieren. Es ging um eine deutsch-französische Offen-
sive für erneuerbare Energien. »Und damit um mehr Klimaschutz«, sagt Michael Müller. Speziell der Windenergie bieten sich im Nachbarland vorzügliche Perspektiven:
Die französischen Küsten sind zehnmal so lang wie die
deutschen, und an diesen Küsten wehen auch noch deutlich stärkere und stabilere Winde. Trotzdem produziert
Frankreich nur zehn Prozent der Menge an Windstrom,
die in Deutschland erzeugt wird. Das Bundesumweltministerium würde gern mithelfen, dies zu ändern.

Und? Wie war die Resonanz? »Durchwachsen«, sagt Michael Müller, dessen Markenzeichen ein Stoppelbart ist,
der sich zu weigern scheint, zum Vollbart zu reifen. »Der
Industrieminister hat uns erklärt: Frankreich braucht kei-

nen grünen Strom. Das Netz sei voll mit Atomstrom. Und die Franzosen bauen gerade ein neues Atomkraftwerk. Für regenerative Energie wird da auch in Zukunft kein Platz im Netz sein.« Und dann sagt Michael Müller einen Satz, über den man länger nachdenken muss: »Wer Klimaschutz wirklich will, der muss aus der Atomwirtschaft aussteigen.«

Ein großer Vorteil der Atomkraftwerke ist, dass sie fast kohlendioxidfreien Strom produzieren. Fast – denn zur Produktion und Entsorgung der Brennstäbe muss herkömmliche Energie eingesetzt werden. Rechnet man deren Kohlendioxid-Anteil hinzu, kommen 32 Gramm Kohlendioxid pro Kilowattstunde zustande. Und dieser Wert wird künftig steigen, weil der Uranbergbau bei wachsender Nachfrage nach Brennstäben auch weniger ergiebige Erzlagerstätten erschließen und mit noch größerem Energieaufwand ausbeuten muss.[86] Zum Vergleich: Ein modernes Gas- und Dampfturbinen-Kraftwerk (kurz: GuD-Kraftwerk) auf Erdgasbasis stößt etwa 360 Gramm Kohlendioxid je Kilowattstunde aus, bei Windrädern sind es etwa 20 bis 30 Gramm. In Deutschland wird derzeit etwa ein Viertel des Stroms in Atomkraftwerken produziert. Noch – denn Müllers SPD will am Atomausstiegsgesetz unbedingt festhalten, das sie in der vorigen Bundesregierung gemeinsam mit Bündnis 90/Die Grünen erlassen hat. Bis zur nächsten Bundestagswahl 2009 könnten durch dieses Gesetz die Reaktoren Biblis A, Neckarwestheim I, Brunsbüttel und Biblis B abgeschaltet werden. Danach stünden in Deutschland noch 14 AKW, und wenn alles nach Plan läuft, geht das letzte im Jahr 2021 vom Netz.

»Ein längerer Betrieb des Kernkraftwerks Brunsbüttel ist ein Beitrag zum Klimaschutz«, sagt dagegen Klaus Rauscher, Chef des drittgrößten deutschen Energieversorgers Vattenfall.[87] Der Konzern beantragte im Februar 2007 beim Bundesumweltministerium, dass Brunsbüttel nicht abgeschaltet wird, sondern bis mindestens 2011 weiterlaufen darf. Das rot-grüne Atomausstiegsgesetz enthält nämlich ein paar Ausnahmeregelungen, beispielsweise darf die Bundesregierung eine Abschaltung verschieben, wenn es ihr notwendig erscheint. Zumindest für Klaus Rauscher scheint dies wegen des Klimawandels nun notwendig zu sein. Im Herbst zuvor hatte schon Deutschlands zweitgrößter Energiekonzern, RWE, den Weiterbetrieb seines AKW Biblis A beantragt: »Kernkraftwerke bieten derzeit mit die günstigste Möglichkeit, Strom in der Grundlast zu produzieren«, hieß es zur Begründung. Als Grundlast wird jener Sockel an Elektrizität bezeichnet, der ständig verbraucht wird, unabhängig von allen Bedarfsschwankungen. Kurz vor Weihnachten 2006 zog EnBW nach, der viertgrößte Stromkonzern der Republik: Auch sein AKW Neckarwestheim helfe, das deutsche Klimaschutzziel zu erreichen. Der Energie-Experte der CDU/CSU-Bundestagsfraktion, Joachim Pfeiffer, sekundierte: »Das Kernkraftwerk reduziert den Kohlendioxid-Ausstoß in Deutschland um jährlich vier Millionen Tonnen.« Die Union will den Ausstieg aus der Atomkraft rückgängig machen.

Die Anträge der Stromkonzerne landen im Ministerium von Michael Müller. Der Endfünfziger ist nicht nur ausgewiesener Atomkritiker, er ist auch ein ausgewiesener Klimaexperte. *Die Klimakatastrophe* heißt ein Buch, in dem Müller schon Ende der achtziger Jahre das Problem von zu viel Kohlendioxid in der Atmosphäre beschreibt. 1989 gibt er gemeinsam mit Paul Crutzen einen Band mit dem Untertitel *Der Klimakollaps – Gefahren und Auswege* heraus. Der Meteorologe Crutzen bekommt später den Nobelpreis. Die SPD bekommt von Michael Müller ein neues Umweltprogramm – dieses fordert unter anderem ein allgemeines Tempolimit für Kraftfahrzeuge, eine Verteuerung von Energie und Rohstoffen und den Ausstieg aus der Atomkraft.

Tatsächlich scheint es Mitte der neunziger Jahre, als könne Müller die deutsche Sozialdemokratie zu einem Bruch mit der Wachstumsphilosophie bewegen. Das ist lange her. Heute speisen die alten Wurzeln der SPD neue Triebe. »Der Ausstieg aus der deutschen Steinkohle ist noch keine ausgemachte Sache«, frohlockt etwa der saarländische SPD-Chef Heiko Maas. »Entschieden wird erst 2012.« Andere Sozialdemokraten plädieren offensiv für die Atomkraft. »Wer meint, zwischen den erneuerbaren Energiequellen und der Kernenergie wählen zu können, der verkennt die ökologischen und ökonomischen Realitäten«, heißt es in einem Positionspapier vom Januar 2006, das unter anderem von den Europaabgeordneten Norbert Glante und Bernhard Rapkay unterschrieben ist. Hatte Müller seiner Partei nicht den Ausstieg aus der Atomenergie eingeimpft? Nun meinen Glante und Genossen: »Sichere Kernenergie und erneuerbare Energien müssen gleichermaßen entwickelt werden.«[88]

Michael Müller machen solche Aussagen fuchsteufelswild. »Kurzsichtig!« »Dumm!« »Nicht nachgedacht!« Der Staatssekretär wettert: »Atomstrom ist nicht klimafreundlich.« Im Gegenteil: »Der Atomausstieg ist die Voraussetzung für effektiven Klimaschutz. Atomkraftwerke produzieren weit weg vom Verbraucher völlig unflexibel Strom. Da gibt es jede Menge Übertragungsverluste. Atomkraftwerke produzieren in total überdimensionierten Kraftblöcken Strom. Der Wirkungsgrad dieser Kraftwerke ist lächerlich gering, große Reservekapazitäten müssen gegen den Notfall vorgehalten werden. Atomkraftwerke funktionieren nur, wenn sie so viel wie möglich Strom verkaufen. Eine absolute Verschwendungswirtschaft!«

Um Müller besser zu verstehen, hilft ein Rückblick. Im vergangenen Jahrhundert lautete das Credo der Energiewirtschaft: Wie kann ich möglichst viel Energie möglichst preiswert bereitstellen? Es gab eine Zeit, Mitte des 20. Jahrhunderts, da glaubte man ernsthaft, Energie dank der Atomkraftwerke irgendwann zum Nulltarif liefern zu können. »Diese Philosophie hat uns neben Harrisburg und Tschernobyl ein ungelöstes Atommüllproblem eingebrockt, das den Enkeln unserer Enkel noch Kopfzerbrechen bereiten wird«, sagt Müller. »Vor allem aber hat uns der Glaube an billige, ja sogar ›kostenfreie‹ Energie die Erderwärmung eingebrockt.« Die Atomkraft-Euphorie suggerierte, Energie sei schier endlos verfügbar. Ergo machte sich niemand Gedanken übers Energie-Sparen. Im Gegenteil: Möglichst viel Energie zu verprassen galt als fortschrittlich. Ein hoher Energieverbrauch deutete auf ein glänzendes Wirtschaftswachstum. Solche Vorstellungen stecken noch heute in vielen Köpfen.

Wegen der Erderwärmung kann das so nicht weitergehen. »Wir brauchen einen Paradigmenwechsel in der Energieversorgung«, fordert Michael Müller. Statt künftig so viel Energie bereitzustellen, wie verbraucht werden könnte, müsse die Energieversorgung der Zukunft so wenig Energie liefern, wie am effektivsten und sparsamsten genutzt werden kann. Klimafreundliche Kraftwerke müssen möglichst flexibel arbeiten. »Das geht nur, wenn die Kraftwerke nah am Verbraucher sind«, sagt Müller. Für ihn heißt die Zukunft »dezentrale Energiewirtschaft«. Eine Erkenntnis mit kaum zu unterschätzenden Folgen: Denn große Kraftwerke rechnen sich nur, wenn sie viel Strom produzieren und verkaufen. Sie sterben aus, wenn Müller recht hat. Kein Wunder, dass Müller bei den Stromkonzernen alles andere als beliebt ist. Sie verlieren ihre Macht, wenn künftig kleine Kraftwerke unsere Energieversorgung sichern.

Zum Beispiel im vorpommerschen Anklam. 2005 ging hier eine Biogas-Anlage in Betrieb, die 5500 Haushalte mit Strom und Wärme aus nachwachsenden Rohstoffen versorgt. Nebenbei werden die Schweinebauern der Region ein Problems los: ihre Gülle. Eine Biogas-Anlage funktioniert wie ein Tiermagen. Nur dass der »Tiermagen« hier ein großer Tiegel ist, der sogenannte Fermenter. Vorn kommen Schweinegülle und gehackter Mais rein, hinten Methan (im Schnitt 60 Prozent), Kohlendioxid (etwa 35 Prozent) und Wasserdampf heraus, die Arbeit erledigen anaerobe Bakterien bei körperähnlichen Temperaturen von 36 Grad Celsius. Das Produkt dieses Gärvorgangs hat einen Heizwert, der dem von Erdgas vergleichbar ist. Nach Reinigung und Verdichtung kann Biogas deshalb ins normale Gasnetz eingespeist werden, meist aber wird es vor Ort verbrannt, »in einem Block-Heizkraftwerk, das Strom und Wärme erzeugt«, wie Betriebsleiter Dieter Schünemann erklärt. Praktisch klimaneutral, denn das entstehende Kohlendioxid entspricht jener Menge, welche die Pflanzen zuvor auf dem Feld der Atmosphäre entzogen haben.

Strom und Wärme gleichzeitig – Block-Heizkraftwerke nutzen das Prinzip der »Kraft-Wärme-Kopplung«. Eigentlich müssten sie Doppelkraftwerke heißen, denn sie holen bis zu doppelt so viel Energie wie konventionelle Kohlekraftwerke aus den Brennstoffen. In den heute üblichen Großkraftwerken wird – mit Braunkohle, Steinkohle, Erdgas oder Uran – Wasser zum Sieden gebracht. Der Dampf, bis zu 600 Grad heiß, wird über eine riesige Turbine geleitet, die einen Generator antreibt, doch danach liegt die Dampftemperatur noch immer bei bis zu hundert Grad Celsius. In den großen Kraftwerken ist diese verbliebene Energie nur Abfall, sie wird über Kühltürme an die Atmosphäre abgegeben, die sich so zusätzlich aufheizt. Trotz stetiger Verbesserungen kommen die deutschen Großkraftwerke im Durchschnitt nur auf einen Wirkungsgrad von 37 Prozent. Das heißt umgekehrt: Fast zwei Drittel der Brennstoffenergie bleiben ungenutzt. Block-Heizkraftwerke wie das in Anklam sind anders, sie produzieren Strom und speisen die Restenergie ins lokale Fernwärme-

Netz ein. »Wir kommen so auf einen Wirkungsgrad von um die 90 Prozent«, sagt Werksleiter Schünemann.

Doch das funktioniert nur in dezentralen Anlagen, die nah am Verbraucher sind. Denn Wärme lässt sich, anders als Strom, nicht über große Entfernungen transportieren. Block-Heizkraftwerke müssen also nahe an Wohnsiedlungen stehen, an Schwimmbädern, Krankenhäusern oder auch Industrieanlagen, die für ihre Produktion Wärmeenergie benötigen. Große Kraftwerke sind viel zu weit weg von solchen Abnehmern, und bei ihnen fällt viel mehr Wärme an, als selbst der größte Abnehmer nutzen könnte.

»Eine Verschiebung der Machtverteilung auf dem Strommarkt ist die Folge«, sagt Michael Müller. Die vier großen deutschen Stromkonzerne Eon, RWE, Vattenfall und EnBW produzieren achtzig Prozent des deutschen Stromes.[89] Sie haben keinerlei Interesse, ihren Kohle- oder Atomkraftwerken mit effizienteren Anlagen Konkurrenz zu machen. Die Biogas-Anlage in Anklam hat ein mittelständischer Investor aus Bayern finanziert. Bisher sorgt die Macht der großen Vier dafür, dass in Deutschland nur elf Prozent der Elektrizität mittels Kraft-Wärme-Kopplung erzeugt werden. In Finnland und Lettland ist es mehr als ein Drittel, in Dänemark fast die Hälfte. Laut einer Studie des Bundeswirtschaftsministeriums ist das Potenzial der Kraft-Wärme-Kopplung größer als die Leistung aller deutschen Atomkraftwerke.

Zur Förderung von Doppelkraftwerken erließ die rotgrüne Bundesregierung 2002 ein Gesetz, das die Energiekonzerne, die in Deutschland auch die Netze besitzen, zur Abnahme von Strom aus Kraft-Wärme-Kopplung verpflichtet. Dem Betreiber der Anlage müssen sie dabei zusätzlich zum normalen Abnahmepreis einen Bonus von zwei Prozent zahlen. Die dadurch entstehenden Zusatzkosten zahlen alle privaten Stromabnehmer mit einem minimalen Aufschlag auf ihrer Elektrizitätsrechnung. Die Großkunden aus der

Industrie brauchen die Umlage nicht mitzutragen, weil sie gegenüber der Regierung eine Selbstverpflichtung abgegeben hatten: Man werde selbst neue Kraftwerke bauen und dabei den Anteil von Strom aus Kraft-Wärme-Kopplung verdoppeln. Pro Jahr sollte das 20 bis 23 Millionen Tonnen Kohlendioxid sparen. Doch wie so oft ignoriert die Wirtschaft ihre Selbstverpflichtung. »Nicht einmal zu zehn Prozent erfüllt« sei sie, sagt Staatssekretär Müller.

Das mag verstehen, wer will: Doppelkraftwerke sind hocheffizient. Sie machen unabhängig von der Preispolitik der Stromkonzerne. Ein Investor kann mit ihnen gutes Geld verdienen. Und trotzdem setzen sie sich nicht durch? »Das liegt an den Atomkraftwerken«, sagt Michael Müller. Es sei wie in Frankreich: »Solange das Netz voller Atomstrom ist, haben es neue, innovative Technologien schwer.« Die Investitionskosten der AKW sind nämlich längst abgeschrieben, deshalb produzieren sie derart günstig Strom, dass alle Alternativen teurer sind.

Weltmacht Energie heißt das jüngste Buch von Michael Müller, er hat es gemeinsam mit Peter Hennicke geschrieben. Hennicke ist Präsident des renommierten Wuppertal Instituts für Klima, Umwelt, Energie. »Die heutigen Energiesysteme sind mit Badewannen vergleichbar«, erklärt der Professor, »die wegen eines geöffneten Abflusses einen ständigen Zufluss erfordern, damit der Wasserstand gehalten werden kann.«[90] Der Abfluss steht für die Energieverbraucher, die dem Stromnetz stetig Kilowattstunden entziehen – zum Kochen, Fernsehen, für den Computer, an dem sie tagsüber arbeiten. Das Wasser in der Wanne symbolisiert die Energie, die gerade im Netz ist. Wichtig ist, dass der Strompegel im Netz immer absolut gleich bleibt. Der preußische Physiker Gustav Robert Kirchhoff formulierte Mitte des 19. Jahrhunderts die Formel: Die Summe der zufließenden Ströme in einem Knotenpunkt des elektrischen Netzes ist gleich der Summe der abfließenden Ströme.

Aus der großen Badewanne fließt der Strom aber ganz unterschiedlich ab. Sehr viel zum Beispiel kurz vor der Mittagspause, wenn in ganz Deutschland Großküchen auf Hochtouren laufen. Sehr wenig ist es nach Mitternacht, wenn die meisten Fernseher abgeschaltet und die Lichter gelöscht sind. Trotzdem muss der Wasserstand in der Wanne immer gleich bleiben, beim kleinsten Mikrometer Abweichung bricht das Netz zusammen. Die Frage ist: Wie wird der Zufluss organisiert? Und vor allem: von wem?

Mit Beginn der Industrialisierung im 19. Jahrhundert verbreitete sich die Idee, dass oberste Aufgabe des Staates die Daseinsvorsorge für seine Bürger zu sein habe. Das beginnt mit der Bereitstellung von Trinkwasser, reicht über bezahlbare öffentliche Verkehrsmittel und die Entsorgung von Abfällen bis zur Versorgung mit Strom und Gas. Überall in Deutschland werden deshalb Mitte des 19. Jahrhunderts Stadtwerke gegründet. Als Erstes bauten diese meist »Gasanstalten«: Werke, die Kohle zu Heiz- und Leuchtgas umwandeln. Später kamen »Elektricitätswerke« hinzu. Im Namen mancher Versorger sind die Wurzeln bis heute sichtbar, RWE zum Beispiel steht für »Rheinisch-Westfälische Elektrizitätswerk AG«. Industrielle, wie August Thyssen oder Hugo Stinnes, kauften sich in Stadtwerke ein, um ihre eigene Energieversorgung abzusichern. Dabei stellten sie fest: Mit der Stromversorgung lässt sich prima Geschäfte machen. Schnell wurden die größten Stadtwerke zu »Überlandzentralen«, die über erste Fernleitungen auch das Umland belieferten. Das Kabelnetz in Berlin und Umgebung war 1910 bereits 240 Kilometer lang.

Die zunehmende Bedeutung der Stromversorgung für Wirtschaft und Bevölkerung führte zur Gründung sogenannter Landesenergieversorgungsunternehmen. Leistungsfähigere Kraftwerke entstanden, der Staat organisierte Übertragungs- und Unternehmensstrukturen. Oskar von Miller, Gründungsdirektor der Berliner Bewag, stellte 1930 das Konzept einer »Reichssammelschiene« vor: 15 000 Kilometer Hochspannungsleitungen sollten die Energiezentren miteinander verbinden, Leitungsringe und Leitungsmaschen entstehen, beim Ausfallen einer Leitung konnte der Strom sich nun über eine andere seinen Weg suchen. Die Entwicklung gipfelte 1935 schließlich im Energiewirtschaftsgesetz, mit dem das Reichswirtschaftsministerium zur Vorbereitung des Zweiten Weltkrieges eine stark konzentrierte und zentralisierte Energieversorgung organisierte.

An diesen Strukturen änderte sich nach dem Krieg wenig: In der DDR wurde die Energiewirtschaft verstaatlicht, in der Bundesrepublik blieb das Gesetz von 1935 in Kraft. Der Politologe Felix Christian Matthes konstatiert eine »fortgesetzte Phase der politisch flankierten Konzentration in der Stromwirtschaft«[91], die im Westdeutschland der siebziger Jahre einen neuen Schub erhielt, als die ersten Atomkraftwerke ans Netz gingen. Das Ergebnis der langen Entwicklung war ein Oligopol – neun mächtige Energiekonzerne hatten die Bundesrepublik unter sich aufgeteilt. Nach der Deutschen Einheit folgte der letzte Konzentrationsprozess, mit Eon, RWE und EnBW blieben drei riesige Unternehmen übrig. Hinzu kam die schwedische Vattenfall, die Ostdeutschland und die Region Hamburg übernahm.

Das ist hierzulande eines der größten Probleme für den Klimaschutz: Diese vier Konzerne besitzen nicht nur 80 Prozent der deutschen Stromproduktion, sondern auch 99 Prozent des Stromnetzes. Sie bestimmen also, welcher Strom wann in die Badewanne eingelassen wird. Sie produzieren selbst gigantische Mengen an klimakillendem Braunkohle- oder Steinkohlestrom. Deshalb haben sie keinerlei Interesse, dass Strom aus Windkraftanlagen oder Doppelkraftwerken ins Netz eingespeist wird. Zum Beispiel in Nordfriesland: 310 Megawatt an Zuleitungen verkraftet dort das Stromnetz, das von Eon betrieben wird.

Schon heute aber stehen in der Region Windkraftanlagen, die bei günstigem Wetter 600 Megawatt liefern können. Um das Netz nicht zu überlasten – und die symbolische Badewanne nicht überlaufen zu lassen –, müssen die Windräder häufig abgeschaltet werden. Das beschert den Besitzern Millionenverluste, vor allem aber sorgt es dafür, dass in Deutschland weniger Kohlendioxid eingespart wird, als möglich wäre. Bürgerinitiativen und Gemeinden fordern deshalb einen Netzausbau mit einem neuen Erdkabel. Eon lehnt das als zu teuer ab. Dabei dürfte eine Rolle spielen, dass jedes Kilowatt weniger Windstrom im Netz ein Kilowatt mehr Atomstrom bedeutet, das Eon Profit bringt.

Zum Beispiel die Firma Enertrag aus der Uckermark: Natürlich könne das Unternehmen Windanlagen bauen, hatte der örtliche Energiemonopolist Vattenfall erklärt. Dafür seien aber neue Hochspannungsleitungen notwendig, und deren Bau dauere wegen langatmiger Planungs- und Bürgerbeteiligungsverfahren leider sechs bis acht Jahre. Enertrag baute kurzerhand ein eigenes Netz auf – mit jenen Erdkabeln, die Eon in Nordfriesland als zu teuer ablehnte. Heute betreibt Enertrag ein 37 Kilometer langes unterirdisches Leistungsnetz für Hochspannung, 72 Kilometer für die Mittelspannung und vier Umspannwerke. Das Unternehmen gehört inzwischen zu den weltgrößten Erzeugern von Windstrom mit mehr als 340 Anlagen, die Energie für etwa eine Million Menschen liefern. »Neuerdings speist auch die größte Biogas-Anlage Deutschlands in unser firmeneigenes Netz«, sagt Stefan Wagner von Enertrag. Die Anlage im äußersten Südosten Vorpommerns hat eine Leistung von 20 Megawatt.

Zum Beispiel Schönau im Schwarzwald. Vor zehn Jahren gelang hier etwas Unerhörtes: Die Einwohner vertrieben die Herren ihres Stromnetzes. Seit dem Reaktorunfall in Tschernobyl gab es in Schönau eine atomkritische Bürgerinitiative. »Atomstrom kommt mir nicht ins Haus«, schrieben sich die »Schönauer Stromrebellen«, wie sie sich selbst nannten, Anfang der neunziger Jahre auf die Fahnen. Weil aber das deutsche Stromnetz nun einmal voller Atomstrom ist, mussten die Rebellen erstens das örtliche Netz übernehmen, um zweitens eine eigene, atomstromfreie Energieversorgung aufzubauen. »Guter Strom beginnt im Kopf«, sagt der Anführer, Michael Sladek, Dorfarzt der 2500-Seelen-Gemeinde. Die Rebellion gelang, weil Sladek die Schönauer von den Vorteilen einer eigenen Stromversorgung überzeugen konnte. Nach einem Bürgerentscheid kündigte die Gemeinde den Konzessionsvertrag mit dem etablierten Stromanbieter. Die neu gegründeten Elektrizitätswerke Schönau (EWS) übernahmen.

Seit 1997 arbeitet die bürgereigene Firma daran, die Stromwirtschaft Schritt für Schritt umzukrempeln. Zum einen investiert sie in erneuerbare Energien. Zum anderen entdeckt sie die Keller. »Dort liegen 40 Prozent des bundesweiten Strombedarfs vergraben«, sagt Rebellenführer Sladek. Was er damit meint: In den Kellern von Wohnhäusern sollten künftig statt herkömmlicher Heizkessel kleine Doppelkraftwerke stehen, die nicht nur Wärme, sondern zugleich auch Strom erzeugen. Früher gab es die hocheffizienten Block-Heizkraftwerke erst ab einer Leistung von hundert Kilowatt, neuerdings sind aber auch Kleinstanlagen lieferbar, zugeschnitten bis hinunter zum Einfamilienhaus. Seit 1999 vermarktet die EWS ihren Strom bundesweit und finanziert gleichzeitig in der ganzen Republik kleine »Rebellenkraftwerke«: 659 Photovoltaikanlagen und zwei Windräder sind es mittlerweile, 35 Biogas- und drei Wasserkraftanlagen, außerdem knapp 200 Doppelkraftwerke. Mehr als 15 Millionen Kilowattstunden werden damit pro Jahr erzeugt, 30 000 Kunden in ganz Deutschland beliefern die Schönauer heute mit klimafreundlichem Strom – zusätzlich zu ihrem Dorf.

Zum Beispiel die Norddeutsche Affinerie in Hamburg:

»Energie ist die Achillesferse unserer Kupferhütte«, sagt Vorstandschef Werner Marnette. Mit 25 Prozent stellt die Energie nach dem Personal den zweitgrößten Kostenfaktor in der Bilanz des größten Kupferproduzenten Europas dar. Marnette schimpft seit Jahren auf Eon, RWE, EnBW und Vattenfall. »Die vier großen Stromkonzerne nutzen ihre marktbeherrschende Stellung aus.« Mangelnder Wettbewerb bei den Anbietern bedeutet für Großabnehmer wie die Norddeutsche Affinerie überhöhte Preise. Marnette hat die Konsequenzen gezogen: Er baut jetzt ein eigenes Kraftwerk. Nicht mit Öl, Gas oder Kohle soll es befeuert werden, sondern mit Abfall, den die Stadtwerke Hamburg liefern. Der selbsterzeugte Strom wird nicht nur billiger sein, sondern dank eines hohen Anteils von biogenen Stoffen im Hausmüll auch deutlich klimafreundlicher.

Zum Beispiel der Stirling-Motor: Der schottische Pfarrer Robert Stirling meldete bereits 1816 einen Motor zum Patent an, dessen Antriebsenergie nicht durch Verbrennung erzeugt wird, bei dem also kein Kohlendioxid entsteht. Stattdessen enthält er zwei geschlossene Kammern, das darin befindliche Gas wird von außen erwärmt, dehnt sich aus und treibt die Motorwelle an. Ein Stirling-Motor läuft sauber, geräuscharm und wartungsfrei. Wenn die Antriebswärme von einem Sonnenkollektor stammt oder nebenbei beim Betrieb eines Heizkessels abfällt, ist er ein idealer Generator zur klimaschonenden Stromerzeugung. Don Luca, ein Student aus Neuseeland, stieß in den neunziger Jahren auf das alte Patent des Pater Stirling. Er gründete die Firma Whisper Tech, die seit 2005 ein Hauskraftwerk unter dem Namen Whispergen vertreibt. Es erzeugt aus Erdgas hocheffizient Strom und Wärme. Gerade hat der zweitgrößte Energieversorger Großbritanniens 80 000 Aggregate bestellt und will damit Privathaushalte im Königreich ausstatten.

Zum Beispiel Unterhaching. Am 11. September 2001

beschloss der Stadtrat einstimmig den Bau eines Geother-
mie-Kraftwerkes. Von Außenstehenden wurde Bürgermeister Erwin Knapek damals milde belächelt. Sechs Jahre später ist das Bohrloch 3500 Meter tief. Nicht Erdöl, sondern
Wasser wird hier gefördert, 120 Grad Celsius heiß, genug
Energie, um ein 3,4 Megawatt-Kraftwerk anzutreiben.
Die Restwärme wird in das Fernwärme-Netz der Münchner Vorstadt Unterhaching eingespeist. Inzwischen belächelt Bürgermeister Knapek all jene, die einst ihn belä-
chelten. Billiger als mit Erdgas werde man Unterhaching
versorgen, verspricht der Bürgermeister. Nebenbei werden
auch noch 37 000 Tonnen Kohlendioxid pro Jahr durch
das Projekt vermieden.

Windräder, Biogas-Anlagen, Solardächer, Erdwärmepumpen – die Natur bietet schier unbegrenzte Möglichkeiten, Energie dezentral zu gewinnen. Sterben die Großkraftwerke also irgendwann aus? EnBW, einer der vier
deutschen Stromriesen, wurde 2004 vom Bundeskanzler
Gerhard Schröder zum »Partner für Innovation« ernannt.
»Das begreifen wir als Auszeichnung, aber auch als An-
sporn, um als Vordenker und Wegbereiter der Branche wei-
terzugehen«, schreibt Vorstandschef Utz Claassen im »In-
novationsbericht« des Unternehmens. Darin gibt selbst der
Großkonzern zu: »Mit neuen Technologien wird es in Zukunft leichter, Energie dort zu erzeugen, wo sie gebraucht
wird.« An anderer Stelle steht: »Bio-Masse und Geothermie
können fast unabhängig vom Standort effizient betrieben
werden.« Ein anderes Mal: »Die Energiewirtschaft ist zum
Umdenken aufgefordert.«[92] Völlig neue Töne.

Michael Müller misstraut solchen Kreidestimmen. »Natürlich sterben Großkraftwerke so schnell nicht aus«, sagt
der Staatssekretär. Aber das sei auch gar nicht der Punkt.
Offshore-Windparks zum Beispiel – also Windräder auf
hoher See – werden bald Leistungen um die 1000 Megawatt haben. »Das sind auch Großkraftwerke«, sagt Müller

und wirbelt dabei mit der Hand durch die Luft. Entscheidender als das Sterben der Großkraftwerke sei die Frage, wer das Übertragungsnetz besitzt. »Solange die Konzerne Stromproduktion und Stromverteilung in ihrer Hand halten, so lange wird es keinen Systemwechsel geben«, sagt Müller. Das Stromnetz sei der zentrale Hebel: Wer es besitzt, bestimmt die Zukunft.

Enteignet die Konzerne! Verstaatlicht die Netze! Auf ins kohlenstoffarme Zeitalter! Es klang schon eigenartig, als José Manuel Barroso, Präsident der EU-Kommission Anfang 2007 seine Pläne für mehr Klimaschutz und Wettbewerb auf dem europäischen Energiemarkt vorstellte. Gemeinsam mit seinen Kommissaren für Energie und Umwelt, Andris Piebalgs und Stavros Dimas, hatte Barroso zwölf Dokumente für eine gemeinsame europäische Energiepolitik formuliert. Sie soll klimaschädliche Emissionen reduzieren und die Staatengemeinschaft unabhängiger machen von Energieimporten, zum Beispiel aus Russland. Das wohl brisanteste Dokument befasst sich mit der Frage der Netze: Stromkonzerne sollen gezwungen werden, die Kontrolle über die Stromverteilung abzugeben. Entweder sollen unabhängige Dritte das Netz betreiben – oder aber der Staat. Das wäre tatsächlich eine Revolution.

Revolutionen anzuzetteln ist das eine; sie anzuführen oder gar zu gewinnen, etwas anderes. Die EU-Kommission schlägt den Mitgliedsstaaten eine politische Richtung vor, die nationalen Regierungen aber können umlenken, zumindest bremsen. Deutschland und Frankreich haben bereits die Konterrevolution angedroht. Aber Drohen gehört zum politischen Geschäft. Auch bei Michael Müller. Auf einem Energieforum der SPD im schleswig-holsteinischen Husum kündigte der Staatssekretär im Dezember 2006 seinen verdutzten Genossen an, sein Amt aufzugeben und das Parteibuch hinzuwerfen, falls auch nur ein abzuschaltendes Atomkraftwerk »einen Tag länger am Netz als gesetzlich verabredet« bleibt. »Ich kann doch nicht zwanzig Jahre lang für den Atomausstieg einstehen und dann, wenn ich dafür zuständig bin, anderes vertreten.« Und natürlich unterstützt er Barrosos Pläne.

Vorerst zumindest kann Müller seinen Job behalten. Sein Chef, Umweltminister Gabriel, lehnte im März 2007 den RWE-Antrag auf Verlängerung der Laufzeit von Biblis A ab. Alle Beobachter erwarten, dass die Anträge der anderen Konzerne in gleicher Weise beschieden werden. Und es scheint, als akzeptiere das so langsam auch die Union. »Wir halten uns an den Koalitionsvertrag«, kommentierte Angela Merkel, und der schreibt nun einmal die Hoheit Gabriels für die Laufzeiten der deutschen AKW fest. »Gut finden müssen wir das aber deswegen ja nicht.« Das heißt aber nicht, dass Michael Müller schon gewonnen hätte. Denn »eine dezentrale Energieversorgung«, betont er, »braucht auch eine ganz andere Netzstruktur«.

Ein bisschen kann man die Stromkonzerne sogar verstehen, dass sie das mit der Dezentralisierung nicht so toll finden. Denn sie sind dafür verantwortlich, dass – um noch einmal auf das Bild mit der Badewanne zurückzukommen – der Pegelstand absolut gleich bleibt. Wenn jetzt mit drei oder vier abgeschalteten Atomkraftwerken große Zuflüsse versiegen, muss Ersatz geschaffen werden. Und wenn der aus hunderten, tausenden kleiner und dezentraler Stromerzeuger besteht, macht es mehr Mühe, den Pegelstand in der Badewanne konstant zu halten – unmöglich wird es nicht.

»Virtuelle Kraftwerke« oder »Energie-Internet« nennen Experten die Lösung. So wie beim World Wide Web eine Millionen von Computern zusammenwirken und das Gesamtsystem nicht trotz, sondern wegen der Vielzahl und ihrer intelligenten Vernetzung stabil wird, so könnte es auch bei der Energieversorgung funktionieren. Viele dezentrale Kleinkraftwerke – Windräder, Doppelkraftwerke im Keller, Solarzellen auf dem Dach – werden miteinander verkoppelt. Moderne Steuer- und Speichertechnik sorgt dafür, dass Angebot und Nachfrage genau aufeinander abgestimmt werden und der dezentrale Kraftwerkspark pünktlich den besten Energiemix an jeden Ort liefert. Wird plötzlich viel Strom gebraucht, schaltet sich blitzschnell ein Gaskraftwerk ein. Dessen Abwärme wird in einem Wassertank gespeichert, der mit Stirling-Motoren später in Elektrizität umgewandelt werden kann. Liefern Windräder in einer Nacht zu viel Energie, wird ein Pumpspeicherwerk angeworfen, das den Strom aufnimmt. Und wenn gerade Flaute herrscht, werden auch mal alle Tiefkühltruhen der Stadt vom Zentralrechner für jeweils ein paar Minuten vom Netz genommen. Im westfälischen Unna ging Ende 2004 ein »virtuelles Kraftwerk« in Betrieb. Dort sind fünf Block-Heizkraftwerke mit Speichern und einer Solaranlage zusammengeschaltet, auf der Basis von Wetterprognosen wird der Bedarf geplant. Seit zwei Jahren funktioniert alles bestens, die Stadtwerke als Betreiber sind mit dem Projekt hochzufrieden.

»Es ist so vieles möglich heute«, sagt Michael Müller. Auch wenn inzwischen klar ist, dass er mindestens so sehr von den Konzernen regiert wird, wie er sie regiert. Und dann gerät er ins Philosophieren. »Sind wir heute fähig, die Zukunft so zu antizipieren, dass wir in der Gegenwart die notwendigen Konsequenzen ziehen? Es geht längst um mehr als nur um die Energie- und Klimapolitik. Wir sind an einer Wegscheide: Das 21. Jahrhundert wird entweder ein Jahrhundert der Gewalt oder der Nachhaltigkeit. Vieles deutet darauf hin, dass die Welt auf dem ersten Weg ist: Sowohl beim Golfkrieg als auch bei dem zögerlichen Vorgehen gegen den Klimawandel geht es um die Rettung der alten Konzepte, die nur noch tiefer in die Sackgasse führen.« Am liebsten würde Michael Müller die ganze Welt regieren.

Dies muss in den nächsten zwölf Monaten passieren:

1. Die Trennung von Stromproduzenten und Stromtranspor-
teuren ist Voraussetzung für die dezentrale Umgestaltung
der Energieversorgung. Deshalb muss Deutschland unterstützen, was die EU auf den Weg gebracht hat: die Ent-
machtung der Stromkonzerne. Wettbewerb im Stromnetz
wird es nur geben, wenn Monopolisten wie Eon, RWE,
Vattenfall oder EnBW nicht mehr bestimmen können,
dass ihr Kohle- oder Atomstrom Vorrang beim Transport
hat.

2. Die Bundesregierung beschließt eine Novelle des Ge-
setzes zur Förderung der Kraft-Wärme-Kopplung. Darin
müssen erstens stärkere Anreize für Investitionen in Doppelkraftwerke verankert und zweitens die Ausnahmeregelungen für die Industrie gestrichen werden. Wichtig ist
außerdem, dass die Regierung ein Signal setzt: Diesmal
meinen wir es ernst. Beispielsweise könnten sich Bund,
Länder und Gemeinden verpflichten, öffentliche Gebäude
künftig mit Doppelkraftwerken im Keller zu bauen.

3. Die steuerfreien Rücklagen der Energiekonzerne, die sie
als Vorsorge für die Stilllegung ihrer Atomreaktoren ansparen mussten, werden bis zur Abschaltung des jeweiligen
AKW in einen staatlich verwalteten Fonds eingebracht –
in der Schweiz ist das schon lange so. Aus den Erlösen
wird der Umbau des deutschen Stromnetzes finanziert
und so eine schnellere Umstellung auf dezentrale und erneuerbare Energien möglich. In der Vergangenheit nutzten die Konzerne die Rückstellungen – insgesamt bis zu
35 Milliarden Euro – nach eigenem Gutdünken, finanzier-
ten damit zum Beispiel den Einstieg ins Telekommunika-
tionsgeschäft.

8. Energie klüger nutzen
Deutschland braucht eine Effizienzrevolution

Die bessere Ausnutzung von Energie ist die sicherste, sauberste, kostengünstigste und schnellste Form des Klimaschutzes. Aber Politik, Wirtschaft, Kommunen – und vor allem die Verbraucher – ignorieren diese Energiequelle fast vollständig

Viel wird in der Energiepolitik über die großen Dinge diskutiert: über Versorgungssicherheit und Energiepreise, über Netzentgelte und den Energiemix. Lang und breit und kontrovers werden die drei Energiequellen gegeneinander abgewogen: regenerative, atomare und fossile. Keine der Quellen ist ohne Probleme, die erste spielt bislang nur eine kleine Rolle, die zweite ist hochriskant, die dritte heizt das Klima auf. Dabei gibt es noch eine vierte Energiequelle, die weder ausgebaut werden muss noch zu versiegen droht, die keine Abhängigkeit erzeugt von Lieferanten im Ausland: das Sparen. Die effizientere Verwendung von Energie ist obendrein die sicherste, sauberste, kostengünstigste und schnellste Form des Klimaschutzes. Erstaunlicherweise wird über diese ideale Energiequelle fast nirgendwo gestritten.

»Die Pumpe ist hin«, sagt der Klempner. Er steht im Keller eines Berliner Gründerzeithauses. Mieter hatten ihn gerufen, weil bei ihnen kein warmes Wasser mehr aus der Leitung kam. Also analysiert der Meister den Heizkreislauf, schraubt hier, klopft da, schließlich baut er eine Pumpe Marke Grundfos aus. Sie muss repariert werden, ganz schnell, denn die Leute wollen ja duschen. Also wird exakt dieselbe Pumpe wieder eingebaut, das ist das Sicherste. Wieder einmal ist eine vorzügliche Gelegenheit für den Klimaschutz verpasst.

Szenen wie diese passieren in Deutschland etwa zwei Millionen Mal pro Jahr.[93] Jeden Tag werden unzählige Motoren ausgewechselt. Elektroantriebe, die in Lüftungen, Kompressoren, Pumpen, Förderbändern oder Klimaanlagen stecken, laufen in der Regel auf Hochtouren. »Volllast«, sagt dazu der Fachmann. Zum Beispiel bei der Belüftung eines Bürohauses: Der Motor bläst und bläst und bläst – ein mechanischer Schieber sorgt dafür, dass nur so viel Frischluft in den Räumen ankommt, wie jeweils gerade gewünscht ist. Selbst wenn gar nichts ankommen soll und der Schieber ganz geschlossen ist, läuft der Motor trotzdem auf vollen Touren.

»Man kann das natürlich auch anders regeln«, sagt Rainer Bechtold, Experte für Energieeffizienz beim Zentralverband Elektrotechnik und Elektroindustrie. Wie bei einem Dimmschalter, der die Beleuchtung auf die gewünschte Stärke regelt, könnte auch der Elektromotor des Lüfters über eine elektronische Drehzahlregulierung gesteuert werden. »Soll nur halb so viel Luft zirkulieren, läuft der Motor dann nur mit halber Leistung – 50 Prozent Strom wären so eingespart«, sagt Bechtold. Würde jeder dritte dieser Motoren in Industrie und Privathaushalten (statt bisher jeder zwanzigste) über eine derartige Drehzahlregulierung verfügen, könnten sieben Großkraftwerke abgeschaltet werden. Einfach so.

Etwa 20 Millionen Pumpen gibt es in Deutschland, allein ihr Pumpenstrom beschäftigt zwei Großkraftwerke. Und damit genau eines zu viel: Längst gibt es effizientere Pumpen, die mit der Hälfte des Stromes den gleichen Dienst tun. Die dänische Firma Grundfos hat jetzt sogar eine Heizungspumpe entwickelt, die mit lediglich 5 Watt auskommt. Normale Heizungspumpen brauchen 70 Watt. Das bedeutet: Der Posten »Pumpenstrom« auf der Betriebskostenabrechnung eines Mietshauses ließe sich mit einer neuen Grundfos-Pumpe um 90 Prozent reduzieren. Die schlauen Pumpen sind zwar teurer als die dummen. Aber wegen der niedrigeren Energiekosten hätte sich die Investition spätestens nach drei Jahren amortisiert. Danach verdienen die Pumpenbetreiber etwa sieben Jahre lang Geld, denn etwa zehn Jahre beträgt die normale Lebenszeit einer Pumpe.

Trotzdem bleibt die Chance in diesem Berliner Mietshaus ungenutzt. Die Gründe sind banal: Erstens interessiert sich der Klempner nicht für den Fortschritt oder den Klimaschutz. Die defekte Pumpe hat eine Typenbezeichnung, die er sich notiert. Beim Großhändler gibt er diese bei seiner Bestellung an – die alte Pumpe wird auf diese Weise durch eine neue alte Pumpe ersetzt. Immerhin: Manche Großhändler weisen ihre Kunden mittlerweile auf die effizienteren Nachfolge-Produkte hin, erst recht wenn es sich – wie in diesem Fall – um den gleichen Pumpenhersteller handelt, die Anschlusssysteme also kompatibel sind. Doch die effizienteren Modelle sind deutlich teurer. Also ruft der Klempner seinen Auftraggeber an, fragt ihn, was denn zu tun sei. »Ich mach das nicht mehr«, sagt unser Berliner Klempner. »Die Auftraggeber dachten meistens, ich wolle sie übers Ohr hauen. Wieso sonst könnte die neue Pumpe plötzlich 60 Prozent teurer sein als die alte?«

Der Fortschritt krankt also an einem zweiten Problem: Es mangelt schlicht am Wissen. Denn langfristig und betriebswirtschaftlich gesehen ist die teure, aber effiziente Pumpe natürlich deutlich billiger. Problem Nummer drei ist ein strukturelles: Selbst wenn der Hauseigentümer seinen Klempner beauftragen würde, den Fortschritt im Heizungskeller einzubauen – er selbst hätte gar nichts davon. Ein Vermieter hat nach deutschem Mietrecht lediglich dafür zu sorgen, dass warmes Wasser zur Verfügung steht.

Die laufenden Betriebskosten aber kann er vollständig auf seine Mieter umlegen. Warum also sollte ein Hauseigentümer viel Geld für eine effiziente Pumpe ausgeben, wo doch nur seine Mieter etwas davon haben?

Allein mit moderner Technik könnten in Deutschland pro Jahr 40 Milliarden Kilowattstunden eingespart werden, hat der Zentralverband Elektrotechnik und Elektroindustrie berechnet. 40 Milliarden Kilowattstunden sind etwa so viel, wie ganz Hessen jedes Jahr an Strom verbraucht. »Man müsste dafür lediglich die heute schon verfügbaren energiesparenden Produkte und Technologien einsetzen«, sagt Rainer Bechtold.

Neben sehr viel Geld würde dadurch sehr viel Kohlendioxid eingespart: jährlich 22 Millionen Tonnen. Das ist doppelt so viel, wie der jährliche Zubau neuer Windräder, Solarzellen oder Wasserkraftanlagen erbringt. Das Umweltbundesamt hat gigantische Einsparpotenziale ermittelt: Durch bessere Technik könnten bei Druckluftsystemen in der Industrie 48 Prozent Strom gespart werden. Bei Pumpen und Ventilatoren sind es 25 Prozent, bei der Beleuchtung sogar 77 Prozent. Allein die energetische Altbausanierung könnte den deutschen Kohlendioxid-Ausstoß um fünf bis sieben Prozent mindern – und jede Menge Heizkosten sparen. Insgesamt halten die Experten es für möglich, den Stromverbrauch im Jahr 2020 gegenüber heute um 12 Prozent zu senken.[94] Doch »Klima schützen und zugleich Geld verdienen« – was verlockend klingt und spielend einfach umzusetzen wäre, bleibt die Ausnahme in diesem Land.

Eigentlich müsste die herkömmliche Glühlampe »Glühheizung« heißen. Nur zehn Prozent des eingesetzten Stromes werden in Glühlampen auch tatsächlich zu Licht verwandelt, 90 Prozent werden zu Wärmeenergie. Energiesparlampen sind erheblich effizienter: Wenn sie vier Stunden am Tag angeschaltet ist, braucht eine durchschnittliche Sparleuchte 18 Kilowattstunden im Jahr – eine herkömmliche Glühlampe mit derselben Lichtintensität dagegen 88 Kilowattstunden. Zwar sind Energiesparlampen in der Anschaffung drei- bis zehnmal so teuer, aber das Geld spielen die eingesparten Stromkosten schon im ersten Betriebsjahr wieder ein. Zudem hat die Energiesparlampe eine zehnmal so lange Lebensdauer wie eine Glühlampe. »Das ist ein Investment, da kann selbst der beste Aktienfonds nicht mithalten«, sagt Rainer Bechtold. Das Geld liegt also nicht nur auf der Straße, sondern auch im Wohnzimmer. »Nur: Es steckt sich kaum jemand ein«, so Bechtold. In Deutschland werden jährlich 27 bis 30 Millionen Energiesparlampen verkauft – aber die zehnfache Menge der alten Stromverschwender. Früher waren Energiesparlampen wegen eines hässlichen, kalten Lichtes verschrien. Mittlerweile aber gibt es die Effizienzwunder mit einer breiten Licht-Farbenpalette, von »tageslichtweiß« bis »extra-warm-weiß«. Die Lichtfarbe, die der einer konventionellen Glühlampe entspricht, heißt »warmweiß«.

Es ist zum Verrücktwerden: Jeder könnte ganz bequem mit der Wohnzimmerlampe die Welt retten. Die Deutsche Umwelthilfe hat ausgerechnet, dass eine flächendeckende Umstellung von Glühbirnen auf Energiesparlampen in ganz Deutschland Kohlendioxid-Einsparungen von etwa sechs Millionen Tonnen pro Jahr ermöglichen würde. Neun von zehn Lampenkäufern ist die Rettung der Welt aber einfach schnuppe.

Wer einen Kühlschrank der besten Energiesparklasse A++ kauft, spart gegenüber einem herkömmlichen Kühlschrank hundert Kilogramm Kohlendioxid pro Jahr. Über die typische Lebensdauer von zehn Jahren gerechnet, vermeidet er genauso viel, wie ein Inder in einem ganzen Jahr mit all seinen Aktivitäten verursacht. »Und er spart natürlich sehr viel Geld«, sagt Rainer Bechtold. Aber erst nach sieben Jahren – dann hat der teure Energiesparkühlschrank die höheren Anschaffungskosten wieder wettgemacht. »Ein Zeitraum von sieben Jahre ist für die meisten Käufer außerhalb ihrer Vorstellungskraft«, sagt Bechtold. »Der Marktanteil von A++ Kühlschränken liegt bei gerade einmal drei Prozent.«

Seitenweise könnte das jetzt so weitergehen. Es gibt Dutzende Beispiele, wie in Haushalten Energie verschwendet wird. Zwei Atomkraftwerke laufen in Deutschland allein dafür, um Strom für die Stand-by-Schaltungen von Haushaltsgeräten zu erzeugen. Eine Hi-Fi-Anlage beispielsweise verbraucht im Bereitschaftsleerlauf um die zehn Watt – nur damit der Besitzer nach dem Aufwachen die CD per Fernbedienung starten kann. Zwölf Euro an Stromkosten schlagen für diesen Luxus pro Jahr zu Buche – und etliche Kilogramm Kohlendioxid. Nach Erhebungen der Deutschen Energie-Agentur kostet der permanente Bereitschaftsmodus eines Fernsehers 7,24 Euro im Jahr, der DVD-Player 8,32 Euro, das Radio 2,11 Euro. Obwohl sie doch eigentlich ausgeschaltet sind und nur das rote Lichtlein Dienstbereitschaft signalisiert. Ein ausgeschalteter, aber nicht vom Netz getrennter Computer nebst Monitor und Drucker: 24,12 Euro. Der DSL-Anschluss: 14,47 Euro. Dagegen kostet eine einfache Steckdosenleiste mit Ausschalter 3,49 Euro. Ganz einfach wäre es und billig, den elektronischen »Heimgerätepark« vollständig vom Netz zu trennen. Stattdessen zahlen die meisten Leute lieber knappe 70 Euro im Jahr. Manche Menschen müssen für diese Summe einen ganzen Tag lang schwer arbeiten. Trotzdem bleiben Geräte mit Stand-by-Technik der Renner, Steckdosenleiste mit Schalter sind es dagegen nicht.

»Erstens die Welt retten, zweitens Spaß haben, drittens Geld verdienen«, diese Lebensphilosophie hat den amerikanischen Physiker Amory B. Lovins berühmt gemacht. »Normalerweise ist es doch billiger, Kohle und Benzin einzusparen, statt sie zu verbrennen«, sagt Lovins.[95] Besonders Furore machte der alternative Nobelpreisträger Lovins durch seine Wortkreation: »Negawatt«.

Diese sprachliche Zuspitzung von Energiesparpotenzialen hat seitdem viele Synonyme gefunden. Zum Beispiel das »Einsparkraftwerk«. Anfang der neunziger Jahre untersuchte das Wuppertal Institut für Klima, Umwelt und Energie gemeinsam mit den Stadtwerken Hannover und dem Freiburger Öko-Institut das Effizienz-Potenzial von Niedersachsen. Das Ergebnis war ein »Einsparkraftwerk«: Würden alle Effizienz-Potenziale genutzt, könnte ein großes Kohlekraftwerk vom Netz genommen werden. Hochgerechnet auf ganz Deutschland, so das Ergebnis der Studie, könnte ein Fünftel des bestehenden Kraftwerksparks »mit hohem volkswirtschaftlichen Gewinn in etwa zehn Jahren weggespart werden«. Würde man die dafür erforderlichen Investitionen in sparsamere Technologien auf den Strompreis umlegen, würde dieser um etwa einen Cent pro Kilowattstunde steigen. Zugleich würde die effizientere Nutzung von Energie den Verbrauch senken, unterm Strich würde die kollektive Stromrechnung der Republik um etwa fünf Milliarden Euro sinken.

Bei Veröffentlichung der Untersuchung 1995 betrug die jährliche Netto-Stromerzeugung der deutschen Kraftwerke 437 Milliarden Kilowattstunden. Zehn Jahre später war sie auf 536 Milliarden Kilowattstunden gestiegen. Die »Einsparkraftwerke«, die durch eine Effizienzrevolution errichtet werden sollten, blieben Baupläne.

Amory Lovins hat seine Pläne dagegen verwirklicht. Anfang der achtziger Jahre gründete er im Westen Colorados das Rocky Mountains Institute. Heute arbeiten dort 50 Wissenschaftler an Möglichkeiten zur effizienteren Nutzung von Energie. Der Institutsbau selbst ist ein Beispiel dafür, wie eine Effizienzrevolution aussehen kann: Obwohl es in 2200 Metern Höhe liegt, obwohl die Temperaturen in der Gegend im Winter weit unter minus 40 Grad Celsius fallen, obwohl es nur 52 frostfreie Tage im Jahr gibt, kommt das Institut vollkommen ohne konventionelles Heizsystem aus. Es ist ein so genanntes Passivhaus, das extrem gut gedämmt ist. »Superfenster« mit Spezialglas lassen zwar Sonnenwärme herein, aber so gut wie keine Energie heraus. Während draußen mitunter Schneestürme toben, wachsen drinnen Bananen und andere tropische Früchte.

In Deutschland ist – das mag verwundern – nicht die Industrie der größte Energieverbraucher, sondern der private Haushaltssektor.[96] Folglich schlummern dort auch die größten Sparpotenziale. Das Umweltbundesamt hat ermittelt, dass in der Bundesrepublik 60 Prozent der derzeitigen Heizenergie eingespart werden könnten – das größte Effizienz-Potenzial überhaupt. Deshalb gibt es dazu in diesem Buch ein eigenes Kapitel (siehe Seite 203). Doch was Lovins in den Rocky Mountains vor einem Vierteljahrhundert vormachte, will hierzulande einfach nicht gelingen. »Trotz der einfach erschließbaren Potenziale gibt es in Deutschland einen erheblichen Sanierungsstau. Die allgemeine Sanierungsrate der Wohngebäude liegt zwar bei etwa 2,5 Prozent pro Jahr, aber nur jede fünfte Maßnahme dient auch der Verbesserung der Wärmedämmung«, schreibt die oberste deutsche Umweltbehörde in ihren »21 Thesen zur Klimaschutzpolitik«.

Ernst Ulrich von Weizsäcker, der Gründer des Wuppertal Institutes für Klima, Umwelt und Energie, bezeichnet Amory Lovins als »einen der klügsten Köpfe seit Galileo Galilei«. Gemeinsam verfassten die beiden Mitte der neunziger Jahre ein viel diskutiertes Buch. *Faktor Vier* hieß es, und das bedeutete: doppelter Wohlstand durch halbierten Verbrauch. Kritisiert wurde das Buch, weil es nur den Wohlstand der Industriegesellschaften in Betracht zog. Von Weizsäcker, der von 2002 bis 2005 für die SPD im Bundestag saß und heute Professor im kalifornischen Santa Barbara ist, schreibt der Industrie dieselben Einsparpotenziale zu: »Ich kenne keine Branche, in der nicht eine Vervierfachung der Energieproduktivität erreichbar wäre.«[97] Die chemische Industrie beispielsweise, sagt von Weizsäcker, habe das in den letzten 30 Jahren bereits vorgemacht. Das bedeutet: Mit der gleichen Menge Energie kann sie heute viermal soviel herstellen.

Wichtig sind solche Erfolge nicht nur, um den »Standort Deutschland« attraktiv zu halten für Industriearbeitsplätze. Viel wichtiger sind sie als Zeichen für die Welt. Milliarden Menschen eifern dem westlichen Konsummodell nach. Und der Schlüssel zur Bekämpfung von Armut und zu Wohlstand ist die Versorgung mit Energie. Die politischen Eliten Chinas, Indiens, Südafrikas, Brasiliens nehmen die hiesigen Debatten um Energiepolitik sehr ernst und sich oft zum Vorbild. Andererseits fragen sich die Bürger klassischer Industriestaaten: Hunderte Millionen neuer Pkw in China oder Korea, hunderte Millionen Kühlschränke in Mexiko oder Indonesien, dazu Hi-Fi-Anlagen, Geschirrspüler, Plasma-Fernseher, Computer, Mobiltelefone – kann das überhaupt gutgehen? Die Antwort ist ganz eindeutig: nein. Es sei denn, der ersten Welt gelingt eine Effizienzrevolution.

Einer der im Moment weltweit am stärksten boomenden Wirtschaftszweige ist die Stahlindustrie. Um mehr als 9,4 Prozent stieg im Jahr 2006 die globale Produktionsmenge – auf 1,2 Milliarden Tonnen. Neben dem Stahlhunger der Industriestaaten sorgt vor allem das rasante Wirtschaftswachstum der sogenannten »Schwellenländer« wie China oder Mexiko für enorme Nachfrage. Man kann das sehr schön an den größten Stahlkonzernen der Welt sehen: Seitdem der indisch dominierte Konzern Mittal den luxemburgischen Erzrivalen Arcelor übernahm, ist er der größte Stahlproduzent der Welt. Es folgen zwei japanische

Konzerne – Nippon Steel und die JFE Holdings – vor dem südkoreanischen Stahlkocher Posco. Auf Platz fünf rangiert die chinesische Firma Shanghai Baosteel, auf Platz sechs die amerikanische US-Steal.

Im Laufe der letzten Jahre lieferte sich die Branche ein Wettrennen nach immer mehr Größe, regelrechte Übernahmeschlachten tobten auf dem Markt. Auch ThyssenKrupp aus Deutschland versuchte durch Übernahme des kanadischen Wettbewerbers Dofasco von Platz zehn der Weltrangliste auf Platz vier zu klettern. Der Versuch scheiterte, aber ThyssenKrupp hat seine Expansionspläne deswegen längst nicht begraben. An zwei neuen Standorten im Süden der USA will man 2,3 Milliarden Euro investieren. Vorstandsmitglied Ulrich Köhler: »Die Branche hat gute Wachstumsperspektiven. Ich bin zuversichtlich, dass der Stahlverbrauch auch 2007 zunehmen wird.«

Was Aktionäre freut, erschreckt dagegen Klimaschützer. Der Herstellungsprozess von Roheisen, dem Ausgangsstoff der Stahlproduktion, ist eine wahre Kohlendioxid-Eruption. Dem Eisenerz im Hochofen wird Kohle zugegeben. Der Kohlenstoff aus der Kohle entzieht dem Erz den darin gebundenen Sauerstoff – und wandelt ihn in Kohlendioxid um. Pro Tonne Roheisen werden anderthalb Tonnen des Klimagiftes frei. Das Roheisen nimmt aber aus dem Hochofen auch etwas Kohlenstoff mit. Dadurch ist der Werkstoff noch spröde, in weiteren extrem energieintensiven Verfahren wird der Kohlenstoff-Gehalt des Materials weiter gesenkt. Und wieder entstehen große Mengen Kohlendioxid. Am Ende der Bilanz stehen etwa zwei Tonnen des Klimakillers pro einer Tonne Stahl. Damit war allein die globale Stahlindustrie im Jahr 2006 für etwa doppelt so viel Kohlendioxid verantwortlich wie ganz Lateinamerika und Afrika zusammen.

Das ist schlecht fürs Image. ThyssenKrupp beteiligt sich deshalb an einem Konsortium namens ULCOS, mit dem

48 europäische Unternehmen die Klimabilanz der Stahlerzeugung zu bessern suchen. Das Ziel ist ehrgeizig: Um
30 bis 70 Prozent im Vergleich zu heute sollen die Kohlendioxid-Emissionen in der Stahlindustrie sinken.[98] 45 Millionen Euro lässt sich das Konsortium die Sache kosten, die
Hälfte sponsert die EU. Die neuen Technologien könnten
allerdings frühestens in zehn Jahren, so die Schätzung, in
der Praxis einsatzbereit sein.

»Egal ob in der Industrie oder im Privathaushalt – Energie ist einfach zu billig«

Steigende Kosten könnten den Erfolgsdruck erhöhen, aber
ausgerechnet den Lobbyisten der Stahlbranche gelang es,
beim Start des EU-Emissionshandels mit Kohlendioxid-
Zertifikaten Sonderregeln herauszuhandeln. Das System,
das doch eigentlich erdacht war, um mit strengen Ober-
grenzen für Kohlendioxid den Klimaschutz zu fördern,
erlegte den klimaschädlichen Hochöfen eine Reduktions-
verpflichtung von exakt null auf. Bei der Verteilung der
Kohlendioxid-Zertifikate bekamen die Stahlunternehmen
genau so viele, wie sie zum uneingeschränkten Weiterbetrieb ihrer Anlagen benötigten. Als wäre das nicht genug,
erreichten die Lobbyisten auch noch, dass 85 Prozent des
bei der Stahlerzeugung anfallenden Kohlendioxides als
»prozessbedingt« eingestuft wurden und damit überhaupt
nicht vom EU-Handel betroffen sind. Betriebswirtschaftlich gibt es deshalb wenige Gründe für einen Stahlunter-
nehmer, in den Klimaschutz zu investieren.

»Egal ob in der Industrie oder im Privaten: Energie ist
einfach zu billig«, sagt Gerd Marx, Leiter der Energieberatung bei der Energieagentur Nordrhein-Westfalen. Das La-
mento der Wirtschaft über die hohen Stromkosten sei nur
»ein politischer Reflex«. Viele Großunternehmen hätten
längst eigene Expertenstäbe, um die Sparpotenziale ihrer

Firma auszuschöpfen. »Aber gerade beim Mittelstand fällt das Thema Energieeffizienz einfach hinten runter.«

»Wenn es uns nicht gelingt, die Energieeffizienz deutlich zu steigern, bekommen wir ein Riesenproblem«, sagt der Chef der Internationalen Energieagentur (IEA), Claude Mandil. Die Agentur ist eine Einrichtung der OECD, in der sich die 30 größten Industriestaaten der Welt zusammengeschlossen haben. Gegründet wurde die IEA nach den Ölkrisen der siebziger Jahre, um Versorgungssicherheit zu gewährleisten. Bei Umweltschützern ist die Energieagentur als Speerspitze der Atom- und Erdöllobby verschrieen. Doch auch Mandil sagt: »Wir haben herausgefunden, dass der Stromverbrauch in den OECD-Ländern um ein Drittel sinken könnte, wenn sich alle Menschen jene Maschinen zulegten, die während der gesamten Lebensdauer die geringsten Kosten verursachen.« Fragt sich, warum die Menschen das nicht tun. »Weil sich die Konsumenten nicht als *homo oeconomicus* verhalten«, ist Mandils Antwort. »Deshalb sollte der Staat nachhelfen – und zwar mit Normen. Wenig effiziente Geräte sollten gar nicht mehr verkauft werden dürfen.«[99]

Gesagt hat das der Chef der obersten Energiebehörde der Industriestaaten im Frühjahr 2005. Angekommen ist in der Politik praktisch nichts davon. Zwar hatte Angela Merkel ihrem Energiegipfel im Herbst 2006 die Überschrift »Energieeffizienz« gegeben, aber eingeladen waren nur Energieproduzenten und -verbraucher. Nicht ein einziger Effizienzspezialist saß bei der Runde im Kanzleramt mit am Tisch. Und statt über die ideale Energiequelle und ihre effizientere Nutzung zu sprechen, zerfleischte man sich wieder einmal im Streit um die Atomkraft. Immerhin hat die EU im Frühjahr 2007 beschlossen, die Energieeffizienz in Europa bis zum Jahr 2020 um 20 Prozent zu steigern. Aber die Maßnahmen zur Umsetzung des Ziels lassen auf sich warten.

»Eine Effizienzrevolution lässt sich nur über stärkere Anreize anschieben«, sagt Gerd Marx von der Energieagentur. Er verweist auf einen Immobilienmakler aus Köln, der ständig Probleme hatte, seine Miete einzutreiben. »Bis er das System umstellte«, erzählt Marx. »Wer ab sofort pünktlich elf Monate lang zahlte, dem wurde die zwölfte Monatsmiete geschenkt.« Die Zahlungsmoral stieg sofort und ganz erheblich. Seit den Hartz-IV-Arbeitsmarkt-Reformen zum Beispiel fehlt den Beziehern von Arbeitslosengeld II jeglicher Anreiz zum Stromsparen. Im Zuge der Reform nämlich wurden die Kommunen verpflichtet, die Energierechnungen der Betroffenen zu zahlen. Pauschal. »Wir haben das Phänomen in Gelsenkirchen untersucht«, sagt Marx. Da sei man beispielsweise auf zweiköpfige Hartz-IV-Haushalte gestoßen, die so viel Energie verbrauchten wie eine vierköpfige Familie. »Und das ist nicht verwunderlich«, sagt Marx. Wenn die Anreize vollkommen fehlen, sparen Menschen eben nicht.

Dabei gäbe es grenzenlos viele Möglichkeiten für solche Anreize: eine Mehrwertsteuerbefreiung für Energiesparlampen, ein Rabatt für effiziente Heizkessel, Steuererleichterungen bei Investitionen in Effizienztechnologien, eine Urlaubsreise für Klempner, die die 50. Energiesparpumpe eingebaut haben. Oder die Umstellung des Kennzeichnungssystems für sparsame Haushaltsgeräte: Bisher gibt es feste Grenzwerte für die einzelnen Geräteklassen, aber der technische Fortschritt hat dazu geführt, dass Kühlschränke mit dem einst besten Siegel »A« längst überholt sind. Für die wirklich sparsamen Geräte wurde erst die Klasse »A+« eingeführt, heute gibt es bereits »A++«-Geräte. Für den Kunden ist das schwer durchschaubar, und vielen Firmen reicht es, sich mit dem »A«-Siegel zu schmücken. In Japan dagegen wurden vor Jahren dynamische Grenzwerte eingeführt: Automatisch werden dort die jeweils besten Geräte zum Standard erklärt. Innerhalb einer bestimmten Frist werden Konkurrenzfirmen dadurch gezwungen, entweder nachzuziehen – oder sie müssen ihre Produkte vom Markt nehmen. Kühlschränke, Fernseher, CD-Spieler – überall sank dadurch der Energieverbrauch, bei Computern im Laufe weniger Jahre um etwa 80 Prozent. Nebenbei werden japanische Firmen durch das System zu immer neuen Innovationen gereizt – wahrscheinlich sind sie auch deshalb weltweit führend bei der Haushaltselektronik.

Im Gespräch ist eine solche Regelung auch in Deutschland und Europa immer wieder. Wirklichkeit ist sie bis heute nicht. »Es ist einfacher, Politik für ein paar Energie*anbieter* zu machen als für Millionen Energie*konsumenten*«, sagt der Chef der Internationalen Energieagentur Claude Mandil. »Außerdem spukt in den Köpfen immer noch die Vorstellung herum, weniger Energie zu verbrauchen bedeute Verzicht. Das aber ist Unsinn. Energie effizienter zu verwenden muss niemandem wehtun.«

Ja, geht es denn nur wie auf Kuba? 2005 hat Fidel Castro dort herkömmliche Glühlampen kurzerhand verboten. In dem energiearmen Land kommt es immer wieder zu Stromsperren und -ausfällen, der greise Führer hat erkannt, dass Effizienz die beste Energiequelle ist. Dreieinhalb Millionen Energiesparlampen ließ er auf einen Schlag importieren – aus China.

Doch, es geht auch anders. »Fifty-Fifty« heißt ein Projekt, mit dem an Schulen Energie gespart werden soll. »Fünfzig Prozent des eingesparten Geldes geht an die Schulbehörde, fünfzig Prozent behalten die Schulen selbst«, erläutert Malte Schmidthals vom Unabhängigen Institut für Umweltfragen in Berlin die Idee. Die Schulen können mit dem eingesparten Geld eigene Projekte finanzieren, die Renovierung der Cafeteria, neue Computer, ein Schulfest. Allein durch Verhaltensänderungen der Schüler lasse sich der Energieverbrauch oft um ein Zehntel senken, manchmal sogar um mehr. Licht ausschalten, Wasserhahn zudrehen, Heizung runter – in Hamburg, wo Fifty-Fifty hervorragend läuft, sparten die Schulen in zehn Jahren so knapp 17 Millionen Euro. Und 80 000 Tonnen Kohlendioxid. Schmidthals: »Der pädagogische Wert kommt noch dazu: Hamburgs Schüler wissen jetzt mehr über den Klimawandel.« Denn um die Schüler zum bewussten Umgang mit Energie zu animieren, wird das Projekt mit entsprechendem Unterrichtsstoff begleitetet.

»Contracting« ist der neudeutsche Name eines Verfahrens, das ähnlich funktioniert: Krankenhäuser, Behörden, Mietshäuser und sogar ganze Kommunen »vermieten« ihren Energieverbrauch an Ingenieure, die sich auf Licht, Klimatisierung oder Wärme spezialisiert haben. Auflage des Vermieters: ab sofort zehn Prozent weniger für die Energie zu zahlen. Die »Contraktoren« genannten Ingenieure investieren jetzt in effizientere Straßenbeleuchtung einer Kommune, in einen besseren Heizkessel im Krankenhaus, in drehzahlregulierte Pumpen, Energiesparlampen, Wärmedämmung. Oft lassen sich so 30 Prozent der Energiekosten einsparen. Die ersten zehn Prozentpunkte davon bekommt die Kommune, den Rest der Contractor – ein schöner Gewinn. Das Fußballstadion in Kaiserslautern wird inzwischen von Contractoren betrieben, ebenso wie das Kinderhaus »Spielburg« in Göppingen oder das Taschenbergpalais in Dresden, das nobelste Hotel der Stadt.

Eigentlich eine großartige Sache, auch für jeden Stadtkämmerer, der auf diese Weise absolut risikolos Geld einsparen kann. Trotzdem will das Geschäft nicht recht in Gang kommen. Noch nicht einmal hundert Contracting-Unternehmen gibt es in ganz Deutschland, noch nicht einmal drei Prozent des Marktes sind erschlossen. Dem Schulprojekt »Fifty-Fifty« geht es kaum besser: Was in Bremerhaven oder Hamburg funktionierte, scheiterte in

Stuttgart oder Berlin, oft am Unverständnis in den Schulbehörden.

»Es fehlen die Anreize«, sagt Malte Schmidthals. »Wir brauchen Normen«, fordert Claude Mandil. »Die Regeln ändern«, empfiehlt Amory B. Lovins. »Wir brauchen Gesetze«, urteilt Gerd Marx. Erhört wurde von der Politik bislang keiner.

Die Stromkonzerne können also beruhigt sein: Statt Kraftwerke überflüssig zu machen, verschwenden Politik und Verbraucher Energie munter weiter. Statt »Einsparkraftwerke« verkraften zu müssen, planen Eon, RWE, Vattenfall und Co. den Bau von 23 neuen Kohlekraftwerken in den nächsten vier Jahren. Und solange die Verbraucher Energie verschwenden, so lange stimmen die Milliardengewinne der Konzerne und die Dividenden der Aktionäre. Eon strich 2006 sagenhafte 4,4 Milliarden Euro ein, RWE kassierte 3,8 Milliarden Euro. Die Aktionäre verdienten doppelt so viel. Wann beginnen endlich die Energieverbraucher, sich diese Dividende selbst zu verdienen?

Dies muss in den nächsten zwölf Monaten passieren:

1. Schließen Sie sich mit den Nachbarn zusammen und schenken Sie Ihrem Vermieter eine effizientere Heizungspumpe. Und beschenken Sie sich damit selbst: Das investierte Geld haben Sie über die gesunkene Betriebskostenabrechnung in kürzester Zeit wieder rein. Sich mit den Nachbarn zusammenzutun schafft neue Freunde und füllt Ihr Portemonnaie. Und wenn die Freundschaft sehr groß wird, können Sie ja mit dem eingesparten Geld ein Hausfest organisieren. Auch in Ihren eigenen vier Wänden können Sie auf die Jagd nach Energiefressern gehen: Bei vielen Stadtwerken gibt es mittlerweile Strommessgeräte zur kostenlosen Ausleihe. Holen Sie sich eines. Sie werden sich wundern, wie viel Energie Ihr Kühlschrank verbraucht, wie viel Ihr Computer, wie viel Ihr Geschirrspüler.

2. Die Bundesregierung beschließt eine Reform der Hartz-IV-Reform. Nein, diesmal kürzt sie nicht schon wieder die Leistungen für die Betroffenen. Stattdessen schafft sie das klimaschädliche Prinzip der pauschalen Übernahme der Energiekosten durch die Kommunen ab. Im Gegenzug bekommen die rund drei Millionen Hartz-IV-Empfänger ab 1. Januar 2008 monatlich 50 Euro mehr, dazu einmalig 75 Euro. Dies ist eine Investitionszulage, um den Haushalt energieeffizienter zu machen, zum Beispiel mit Hilfe von Energiesparlampen. Künftig müssen dann die Geldempfänger ihre Stromrechnung selbst tragen, und wer klug haushaltet, der spart gleichzeitig Geld und entlastet das Klima.

3. Die 614 Mitglieder des Deutschen Bundestages entdecken ihre Kraft und Macht ganz neu: Über alle Partei- und Fraktionsgrenzen hinweg wird eine Art Untersuchungskommission eingesetzt, die binnen drei Monaten einen Anreizkatalog für mehr Energieeffizienz erarbeitet. Nach Expertenanhörungen – bei denen Verbände, Elektrounternehmen, Energieerzeuger und -verbraucher zu Wort kommen – wird dieser Katalog vom Bundestag beschlossen. Durch diese Vorgehensweise würden die zuständigen Ministerien, die oft zögerlicher sind als die Volksvertreter, zur Umsetzung von Verordnungen und Normen für mehr Energieeffizienz gezwungen.

9. Sparsame Autos fahren
Kleiner – und trotzdem sexy

Die Deutschen lieben ihr Auto. Wenn sie den Umstieg auf leichtere Wagen mit sparsamen Diesel- oder gar Elektromotoren schaffen, muss sich daran nichts ändern. Etliche Beispiele zeigen, dass klimaschonende Öko-Autos sogar Spaß machen können.

Tun wir für einen Moment so, als wollten wir ein neues Auto kaufen. Eines, das die Erdatmosphäre mit möglichst wenig Kohlendioxid belastet. Und begeben wir uns dafür in ein VW-Autohaus, schließlich ist die Volkswagen AG der größte Automobilhersteller Europas. Es ist ein regnerischer Freitag, exakt der Tag, an dem sich in Brüssel die Staats- und Regierungs-Chefs der EU zu einer Verringerung des Treibhausgas-Ausstoßes um 20 Prozent bis 2020 verpflichtet haben. Vor der Glastür des Autosalons im Berliner Norden parken als Blickfang eine Reihe von breiten Audi-A6-Limousinen und ein VW Touareg, einer dieser bulligen Geländewagen, die in der Regel nie offenes Gelände sehen.

Der Verkaufsleiter ist ein junger Mann mit dunklem Anzug und rahmenloser Brille. Er selbst, erzählt er ungefragt, fahre einen Golf mit »ordentlicher« Motorisierung, unter »ordentlich« versteht er 170 PS. Natürlich kann er sich schnell auf den klimabewussten Kunden einstellen, empfiehlt einen neuen, besonders sparsamen Dieselmotor namens BlueMotion, aber, nein, für den Golf sei der leider nicht im Angebot. Es entwickelt sich ein Gespräch über Kraftstoffverbrauch und Umweltschutz. Klar, gibt der alerte Herr zu, das werde künftig wichtig, »erst recht, wenn wirklich die Kfz-Steuer umgestellt wird«, dann gerät

er ins Stottern, »auf Ozon, nein, äh, na, auf diese Schad-
stoffbasis«. Das Wort Kohlendioxid fällt ihm gerade nicht
ein. Was vielleicht nur daran liegt, dass der Tag lang war
und der Feierabend kurz bevorsteht.

Wenigstens der neue Passat, sagt er, sei bald in der
BlueMotion-Version lieferbar – leider sind die technischen
Daten im Verkaufscomputer noch nicht zu finden. Immerhin, für den Polo hat der Verkäufer einen Prospekt, doch
eine Probefahrt ist im Moment nicht möglich, und die
Lieferzeit, sagt er bedauernd, betrage etwa ein Jahr. Man
habe sich wohl etwas mit der Nachfrage verschätzt. Der
einzige Polo, der in diesem Autohaus im Schauraum steht,
ist die GTI-Version, ein 150-PS-Geschoss, das 216 Kilometer pro Stunde schafft. »Für Jungs, die damals schon
Männer waren«, lautet der Werbeslogan. Der Kohlendioxid-Ausstoß dieses Polo liegt mit 186 Gramm pro Kilometer fast doppelt so hoch wie der des BlueMotion.

Es ist nicht einfach, ein klimaschonendes Auto zu finden – erst recht nicht, wenn es ein deutsches Fabrikat sein
soll. Als zu Beginn des Jahres 2007 die EU-Kommission
verbindliche Kohlendioxid-Grenzwerte für 2012 ankün-
digte, war hierzulande das Geschrei besonders groß. Obwohl die EU nur eine Selbstverpflichtung der Industrie aus
dem Jahr 1998 festschreiben wollte, malte die Autolobby
das Ende der Welt an die Wand. Die Bundeskanzlerin ver-
gaß ihre Klimaschutzschwüre und warf sich für die Branche in die Bresche. SPD-Chef Kurt Beck wollte sich nicht
abhängen lassen und erklärte, es sei »Teil unseres internationalen Vorsprungs, dass unsere Autos leistungsfähiger
sind«. Bayerns Wirtschaftsminister Erwin Huber empörte
in der *Bild am Sonntag*, die Deutschen dürften »von Brüssel nicht zu einem Volk von Kleinwagenfahrern degradiert
werden«.

Das ist es, was die Klimadebatte beim Thema Auto so
schwierig macht: Es geht nicht um Mobilität, dafür reicht

ein VW Polo vollkommen aus. Es geht um die Angst, ein Statussymbol einzubüßen. Ein Spielzeug. Den kleinen Kick im Alltag. Den kurzen Rausch von Macht und Geschwindigkeit, den sich auch der bravste Angestellte nach Feierabend geben kann. Oder die Möglichkeit, mit einem dicken Auto der Welt zu zeigen, welchen Platz man für sich in der Gesellschaft und auf der Straße beansprucht. Betonierte Landschaften, Verkehrstote, Klimawandel – die sind vom Fahrersitz aus nicht zu sehen. Das Prinzip Auto ist absurd: Um siebzig, achtzig Kilogramm Mensch von A nach B zu transportieren, werden tausend Kilogramm Stahl bewegt, und dann ist es noch ein leichtes Auto. Der VW Touareg zum Beispiel wiegt mehr als 2,2 Tonnen – in leerem Zustand. Deshalb ist Autofahren, nach dem Fliegen, die klimaschädlichste Art des Reisens – weit vor Bahn und Bus oder gar dem Fahrrad. Pro Person und Kilometer braucht ein Mittelklassewagen etwa doppelt so viel Energie wie ein Schnellzug; bei einem modernen und voll besetzten Flugzeug liegt der Treibstoffverbrauch pro Passagier zwar etwas unter dem des Pkw, weil die Jets aber in besonders empfindlichen Schichten der Atmosphäre fliegen, ist der Klimaschaden zwei- bis dreimal so groß wie bei einer Autofahrt.

Es gibt wenige Bereiche, in denen Kohlendioxid so einfach eingespart werden könnte wie beim Autoverkehr. Und so schnell. Während es zum Beispiel Jahrzehnte braucht, alle Altbauten in Deutschland zu dämmen, wird die Pkw-Flotte wegen der kürzeren Kaufzyklen bis zum Jahr 2020 fast vollständig erneuert sein. Im Jahr 2005 verursachten Personenwagen in Deutschland fast 103 Millionen Tonnen Kohlendioxid – etwa das Doppelte der Jahresemission ganz Äthiopiens. Insgesamt stammen aus dem Straßenverkehr 18 Prozent der deutschen Treibhausgas-Emissionen. Anders als etwa in der Industrie oder in der Stromerzeugung ist beim Verkehr der Kohlendioxid-

Ausstoß im Vergleich zu 1990 nicht gesunken, sondern sogar gestiegen. Deutsche Autokäufer scheren sich bisher wenig um Sparsamkeit. Die im Jahr 2004 neu zugelassenen Wagen stießen im Durchschnitt 175 Gramm Kohlendioxid pro Kilometer aus, Franzosen und Italiener kamen auf 151 bzw. 149 Gramm, weil sie kleinere Wagen mit weniger PS kaufen. »Der Verkehrsbereich«, hieß es schon vor Jahren in einer Studie des Umweltbundesamtes, »ist derjenige Verbrauchssektor, der den Bestrebungen einer wirksamen Treibhausgas-Minderung am deutlichsten entgegensteht.«[100]

Und alle Prognosen sagen für die nächsten Jahre ein weiteres Wachstum bei der Zahl der Fahrzeuge voraus. Um den deutschen Treibhausgas-Ausstoß insgesamt zu verringern, muss beim Auto also besonders radikal umgesteuert werden. Erster Punkt einer Klimaschutzstrategie müsste die Verkehrsvermeidung sein. Zweitens sollte sofort ein Gesetz erlassen werden, dass Neuwagen im Jahr 2020 Anderthalb-Liter-Autos sein müssen (was technisch schon heute kein Problem ist). Der dritte Schritt wäre, auf lange Sicht, der Umstieg auf Elektroautos mit Brennstoffzellen oder hocheffizienten Batterien. Die Basis für diese Vision sind natürlich keine Kohlekraftwerke, sondern saubere Sonnen- und Windenergie – so wäre bis 2050 eine Senkung der Kohlendioxid-Emissionen um 80 bis 90 Prozent möglich.

Wolfsburg. Das Stammwerk von Volkswagen hat ungefähr die Ausmaße von Gibraltar, allein die überdachte Hallenfläche ist etwa so groß wie das Fürstentum Monaco. Gleich nebenan hat der Konzern eine »Autostadt« errichtet, hunderte Fahrzeuge stehen da in zwei Glastürmen für Abholer bereit, im »RumFahrLand« werden schon Drei- bis Elfjährige an »Flitzekisten« herangeführt. »Volkswagen muss Schrittmacher für die Mobilität von morgen sein«, sagt VW-Chef Martin Winterkorn. Vor kurzem kündigte er die Entwicklung eines »sparsamen, alltagstauglichen Kleinfahrzeugs« an, »das attraktiv aussieht und bezahlbar ist«. Bei der »Verbrauchssenkung und beim Umweltschutz« werde VW »eine Vorreiterrolle übernehmen«. Bisher lag Volkswagen beim Klimaschutz verglichen mit anderen Herstellern nur im Mittelfeld. Den Kohlendioxid-Ausstoß seiner Autos hat VW in den vergangenen Jahren weniger stark gesenkt als Opel und Mercedes – klar an der Spitze der europäischen Marken liegen aber Fiat, Citroën, Renault und Ford.[101] Zwar war ein VW Lupo 1999 das weltweit erste Drei-Liter-Auto aus Großserienfertigung, pro Kilometer stieß er nur 81 Gramm Kohlendioxid aus. Wegen geringer Verkaufszahlen wurde er aber wieder vom Markt genommen. Stattdessen beteiligte sich VW am Wettrennen um größere, stärkere, schnellere Autos. Die wolle der Kunde, lautet die übliche Rechtfertigung. Dabei formt die eigene Werbung, die mit einem 1001-PS-starken Bugatti protzt oder einen Touareg präsentiert, der einen Jumbo-Jet übers Rollfeld zieht, die Wünsche der Käufer zumindest mit. »Im Übrigen ist bei großen Autos auch die Gewinnspanne größer«, erklärt Gerd Lottsiepen, Autoexperte beim Verkehrsclub Deutschland.

Mit dem Polo BlueMotion hat Volkswagen im Sommer 2006 einen neuen Anlauf gewagt, und offenbar war man in Wolfsburg vom Erfolg überrascht. Schaut man sich den Wagen genau an, sieht man, wie klein die Retuschen sein müssen, um die Klimaschädlichkeit eines Autos zu begrenzen. Eine längere Getriebeübersetzung senkt die durchschnittlichen Motordrehzahlen, schmalere Reifen verringern den Rollwiderstand, ein geschlossener Kühlergrill sorgt ebenso für eine bessere Aerodynamik wie der größere Heckspoiler, der nebenbei auch noch sportlich aussieht. Zusammen senkte das den Verbrauch um einen halben Liter auf nur noch 3,9 Liter Diesel auf hundert Kilometer – also um mehr als zehn Prozent! Bei einem

Aufpreis von 1500 Euro. »So macht Umweltbewusstsein Spaß«, heißt es im Werbeprospekt. Der Kohlendioxid-Wert dieses Polo liegt bei 102 Gramm pro Kilometer, weit unter der EU-Grenze, gegen die sich die Autolobby so heftig wehrt.

Deutsche Wagen seien seit 1990 viel effizienter geworden, lobt sich der Verband der Automobilhersteller, um durchschnittlich 36 Prozent sei der Kraftstoffverbrauch pro PS Motorleistung gesunken. Doch das bedeutete nicht, dass die Autos sparsamer wurden –, sondern bei etwa gleichem Verbrauch stärker und schwerer. Jahr für Jahr steigen die PS-Zahlen der Neuwagen, Klimaanlagen, Bordelektronik und größere Hi-Fi-Systeme fressen immer mehr Strom. Vor dreißig Jahren brachte der erste VW Golf 800 Kilogramm auf die Waage, die fünfte Generation ist heute im Durchschnitt 1400 Kilogramm schwer. Zwanzig Kilogramm mehr Gewicht, so die Faustregel, bedeuten etwa ein Prozent mehr Verbrauch.

Elektrische Fensterheber, elektrisches Schiebedach, elektrische Verstellung von Sitzen und Außenspiegeln – »es gibt bereits Autos mit mehr als hundert Elektromotoren«, schüttelt Axel Friedrich, Leiter des Bereiches Verkehr beim Umweltbundesamt, den Kopf. Weil der Bordstrom per Lichtmaschine erzeugt wird, schlägt all das auf den Spritverbrauch. Um zu zeigen, wie ein Auto ohne Verlust an Bequemlichkeit klimafreundlicher werden kann, hat das Umweltbundesamt kürzlich einen ganz normalen VW Golf aus Serienproduktion umbauen lassen. Auch hier ist es eine lange Liste von Kleinigkeiten, die zusammen viel ausmachen: eine Motorhaube aus Carbonfasern und optimierte Felgen sparen Gewicht, die Rückspiegel wurden durch kleine Kameras und Monitore im Armaturenbrett ersetzt, wodurch das Auto aerodynamischer wurde. In der Summe sank der Ausstoß von Kohlendioxid um etwa ein Drittel.

»Wenn die vorhandene Technik genutzt würde, könnten wir heute schon Autos bauen, die unter 50 Gramm pro Kilometer ausstoßen«, sagt Axel Friedrich. Doch davon ist die Industrie weit entfernt, und technische Fortschritte werden durch steigende Fahrzeugzahlen mehr als aufgehoben. In Deutschland sind heute mehr als 46 Millionen Pkw zugelassen, allein in den letzten zwei Jahren kamen anderthalb Millionen dazu, und ein Ende ist nicht abzusehen. Noch stärker wird wohl der Güterverkehr zunehmen. Weltweit, prognostiziert das Institut für Wirtschaftsforschung in Wien, werde sich die Zahl der Autos bis 2050 etwa vervierfachen – auf bis zu 2,7 Milliarden Stück. Aber selbst dann werden in China oder Indien immer noch weniger Autos pro Kopf unterwegs sein als in Deutschland oder in den USA. Wer den Kohlendioxid-Ausstoß im Transportsektor senken will, muss mit der Vermeidung von Verkehr anfangen.

Eintrittsgeld für Innenstädte und Parkplatz-Privilegien für Car-Sharing-Autos

Etwas hölzern formulierte im Jahr 2003 das Umweltbundesamt: »Die über Jahrzehnte geförderte Entwicklung der Produktions-, Siedlungs- und Infrastruktur muss durch eine auf Änderung der Raumordnung ausgelegte Strategie zur Verminderung zwangsläufiger Verkehrsbedürfnisse ersetzt werden. Dies ist Voraussetzung für eine nachhaltige Wirtschaftsentwicklung.«[102] Im Klartext: Neue Wohngebiete müssen stets Bus- oder Bahn-Anschluss haben, Shopping-Center dürfen nicht mehr an den Stadträndern gebaut werden (denn der Einkaufsverkehr ist in den vergangenen Jahrzehnten besonders stark gestiegen). Zwanzig bis dreißig Prozent der Autofahrten, so das Ergebnis einer Untersuchung in Oranienburg bei Berlin, lassen sich durch andere Stadtstrukturen vermeiden. Die Hälfte der

Pkw-Fahrten ist ohnehin kürzer als sechs Kilometer, da ist das Fahrrad meist schneller.

Neue Straßen, das wissen kluge Stadtplaner, lindern das Staurisiko nur kurzzeitig – langfristig führen sie zu mehr Verkehr. Dagegen haben City-Maut-Systeme vielerorts ihre Wirksamkeit bewiesen. Autofahrer zahlen dabei – meist vollelektronisch – eine Art Eintrittsgeld, wenn sie ins Stadtzentrum wollen. Das führt fast immer zu einer »spürbaren Veränderung des Fahrverhaltens«, so das Deutsche Institut für Wirtschaftsforschung (DIW)[103], in London etwa ging der Verkehr nach Einführung einer City-Maut um gut 15 Prozent zurück.

Car-Sharing-Projekte, bei denen sich mehrere Nutzer ein Auto teilen und die längst so professionell arbeiten wie Mietwagenfirmen, senken die Zahl der Autos ebenfalls. »Mit einem Federstrich ließe sich deren Attraktivität deutlich erhöhen«, sagt Heiner Monheim, der vor fünfzehn Jahren mit dem 500-Seiten-Wälzer *Straßen für alle* eines der Standardwerke über umweltfreundlichen Verkehr schrieb. Ähnlich wie Taxis sollte man Car-Sharing-Autos spezielle Parkplätze zuweisen, die von anderen Fahrzeugen stets freizuhalten sind. »Das ist eine zwanzig Jahre alte Idee«, sagt Monheim, »aber die Politik will das einfach nicht.« Allein durch Änderungen in Stadtplanung und Verkehrspolitik, schätzt das Umweltbundesamt, könnte der Ausstoß von Kohlendioxid um gut 14 Millionen Tonnen – also etwa ein Zehntel – sinken. Besonders viel brächte eine konsequente Verlagerung des Gütertransports auf die Bahn. Wissenschaftler des DIW kommentierten in einer Studie über Klimaschutzszenarien im Jahr 2004 nüchtern, warum all diese Maßnahmen nicht längst umgesetzt wurden. Weil es »an dem politischen Willen fehlt«.[104]

Zum Beispiel das Tempolimit: Kaum ein Thema bringt Politik und Lobbyisten in Deutschland so in Aufruhr wie dieses Thema. Das Prinzip »Freie Fahrt für freie Bürger«

gilt als heilig, auch wenn es geradewegs in den Klimakollaps führt. Der Kohlendioxid-Ausstoß steigt nämlich bei höheren Geschwindigkeiten überproportional: Laut einer britischen Studie stößt ein Durchschnittsauto bei Tempo 120 etwa 220 Gramm pro Kilometer aus, bei Tempo 145 aber schon 320 Gramm.[105] »Allein das langsamere Fahren würde den Ausstoß von Kohlendioxid der deutschen Pkw-Flotte um zwei Prozent senken«, sagt Axel Friedrich vom Umweltbundesamt. Außerdem sänke die Zahl der Unfalltoten. Und weil der Verkehr gleichmäßiger flösse, würde das Fahren insgesamt entspannter, nebenbei gewönne die Bahn an Attraktivität, weil sie relativ gesehen schneller würde. Der wichtigste Effekt aber wäre ein indirekter: Langfristig würden die Autos endlich wieder leichter werden, weil für Tempo 120 weniger anspruchsvolle Motoren, Reifen und Bremsen genügen, vor allem aber geringere Knautschzonen notwendig sind. Allein dieser Effekt könnte den Ausstoß von Kohlendioxid im Pkw um bis zu dreißig Prozent verringern.

München, Ingolstädter Straße. Hier sitzt die Loremo AG, die ab 2009 ein Anderthalb-Liter-Auto in Serie produzieren will. Der Name steht für »Low Resistance Mobile« – ein Fahrzeug mit geringem Fahrwiderstand. Der Loremo ist extrem leicht und extrem flach, er sieht aus wie ein Sportwagen. In den Büros stehen etliche Kunststoff-Modelle. Gerade bringt ein Designer Skizzen für eine noch coolere Karosserieform. Entwicklungschef Uli Sommer hockt mit einem jungen Kollegen vor einem Computermonitor, sie tüfteln an der Felge für den Loremo. Sie soll aus Aluminium sein und nur etwa 1,2 Kilogramm wiegen, bei normalen Autos sind es vier bis fünf Kilo. Auf dem Monitor ist die Felge in 3-D zu sehen, die Konstruktionssoftware hat jene Stellen rot gefärbt, an denen große Spannungen auftreten – und im Moment sind die roten Flächen sehr groß. »Ich versteh das nicht«, murmelt Sommer. Die

beiden grübeln, wo sie vielleicht das Rad versteifen müssen, ob ein dickerer Felgenkranz nötig sei. Irgendwann
sagt Sommer: »Versuch's mit Entlastungslöchern!« Mitten
in die roten Flächen werden ein paar Schlitze geschnitten.
Der Computer berechnet, was das bewirkt. Und es ist ver-
blüffend: Die intelligent angebrachten Löcher wirken tatsächlich wie schwere Versteifungen. Weniger ist mehr –
das ist eigentlich auch schon das Loremo-Prinzip.

Der Firmenprospekt formuliert blumiger: »Der Loremo
beruht auf dem Prinzip des Fesselballons: Wer sich von
Ballast befreit, gewinnt an Fahrt.« Das ganze Auto wiegt
nur 450 Kilogramm, deshalb reicht ein Zwei-Zylinder-
Turbo Diesel mit 20 PS für Tempo 160. »Mich interessiert
kein Stadtauto, da fahr ich Fahrrad«, sagt Uli Sommer,
ein Mittvierziger mit flottem Bürstenhaarschnitt und
Drei-Tage-Bart. Er will ein Langstreckenauto, das auch
noch sexy aussehen soll. Sommer hat vorher bei einem
Automobilzulieferer in der Forschungsabteilung gearbeitet, und irgendwann kam ihm die Idee zu einer revolutio-
nären Karosseriestruktur: drei Längsträger von ganz vorn
bis ganz hinten, dazu eine Querstrebe in der Mitte des Wa-
gens. Diese »Linearzellenstruktur« macht das Auto viel
leichter als die üblichen Karosserien, das einzige Problem:
Seitentüren sind unmöglich, denn die würden ja die Längsträger unterbrechen. In den Loremo steigt man deshalb
über eine große Fronttür, die Motorhaube samt Wind-
schutzscheibe wird dafür hochgeklappt, das Bein muss
man dabei nicht höher heben als beim Einstieg in eine
Badewanne. »Und man muss sich weniger verrenken als
bei anderen Sportwagen«, sagt Sommer. Auch bei Crash-
tests schneide seine Konstruktion sehr gut ab. »Irgendwann habe ich gemerkt, das wird sogar billiger.« Gerade
11 000 Euro soll der Loremo kosten, wenn er ab 2009 in
einer Fabrik in Nordrhein-Westfalen vom Band läuft. Aus
heute 15 Arbeitsplätzen sollen dann 150 werden.

Warum bauen die Konzerne nicht solch ein Auto? »Wir dürfen Dinge denken«, antwortet Sommer, »die VW zum Beispiel nicht darf.« Ein großer Hersteller müsse bei neuen Autos auf Nummer sicher gehen, denn ein Flop würde das Image demolieren, die gesamten Umsätze könnten wegbrechen. Aus genau diesem Grund gab es bei Mercedes riesige Widerstände gegen die Entwicklung des kleinen Smart. Von der Politik wünscht sich der Loremo-Mann nur eines: höhere Spritpreise. Denn Treibstoff ist in Deutschland trotz steigender Ölpreise und der viel geschmähten Öko-Steuer noch immer viel zu billig. Wie wichtig der Preis ist, zeigt ein Blick auf den Benzinabsatz in Deutschland: Über Jahrzehnte stieg er kontinuierlich auf über 30 Millionen Tonnen Ende der neunziger Jahre, um ab dem Jahr 2000 plötzlich Schritt für Schritt wieder zu sinken – in jenem Jahr hatte Rot-Grün die Steuern auf Energie erhöht und die Erlöse in die Senkung der Lohnnebenkosten gesteckt. Der Trend wird durch den Umstieg auf sparsame Diesel-Pkw und Bio-Kraftstoffe verstärkt, insgesamt ist der Benzinverbrauch seit 1999 um etwa 25 Prozent gesunken. Experten der Organisation für Wirtschaftliche Zusammenarbeit (OECD) haben vorgeschlagen, noch viel weiter zu gehen: Sie plädierten in einer Studie für eine Verzehnfachung der Steuern auf Benzin bis zum Jahr 2030 (auf dann fast sechs Euro pro Liter). Wegen des damit erzwungenen Umstiegs auf sparsame Autos würde das aber »die Treibstoffkosten *pro Kilometer* nur verdoppeln«.[106]

Scharfe Grenzwerte für Kohlendioxid würden die Autokonzerne zu Kreativität zwingen

Der Staat kann die Entwicklung noch über viele andere Stellschrauben steuern – auf der Seite der Autohersteller ebenso wie bei den Autokunden. Persönliche Kohlenstoff-Konten, wie in Kapitel 5 vorgestellt, würden bei jedem

Tankstellenbesuch einen weiteren Anreiz zum Sparen geben. Deutlich schneller, nämlich innerhalb weniger Monate, wäre es möglich, die Kraftfahrzeugsteuer zur Klimasteuer umzubauen. Statt wie bisher nach dem Hubraum des Motors sollte sie künftig nach dem Ausstoß von Kohlendioxid pro gefahrenem Kilometer gestaffelt sein. Um die Lenkungswirkung zu erhöhen, hat der Verkehrsclub Deutschland (VCD) ein Staffel-Modell vorgeschlagen: Die ersten 120 Gramm Kohlendioxid würden nur je 40 Cent kosten. Bei steigendem Ausstoß stiege der Preis steil an, ab 251 Gramm würde es richtig teuer, dann wären 15 Euro pro Gramm fällig. Der Halter eines VW Touareg müsste statt heute 772 Euro jedes Jahr 2698 Euro zahlen. Der sparsame Polo BlueMotion käme mit 153 Euro davon. Damit traf der VCD offensichtlich einen Nerv, nach der Vorstellung des Modells gingen dort haufenweise wütende E-Mails ein.

Solche Änderungen der Kfz-Steuer allein würden wenig bringen. Man mag es kaum glauben, aber wenn man das deutsche Steuersystem wirklich auf eine Förderung klimaschonender Autos umstellen will, müssen sogar die Regeln für die Einkommens- und der Unternehmensbesteuerung reformiert werden. Für Firmen- und Dienstwagen nämlich sind sämtliche Kosten, egal wie hoch, steuerlich absetzbar. Die Flotten von Autovermietern, die Limousinen von Spitzenmanagern und Abteilungsleitern, von freiberuflichen Rechtsanwälten und Journalisten – alle diese Autos sind für ihre Halter spottbillig, weil sie einen Gutteil der Kosten auf den Staat und damit die Gesamtheit der Steuerzahler abwälzen können. Dass es dabei nicht um Kleinigkeiten geht, zeigt ein Blick in die Zulassungsstatistik: Weniger als die Hälfte aller Neuwagen wird von Privatpersonen gekauft, dagegen waren im ersten Halbjahr 2006 gut 71 Prozent aller neu angemeldeten VW-Passat-Fahrzeuge Dienst- oder Firmenwagen, bei den Fünfer-BMW-

Wagen sogar 81 Prozent.[107] Im Luxussegment der Mercedes S-Klasse, Audi A 8 und Siebener-BMW betrug der
Anteil der Privatkunden nur 16 Prozent.

Die Lösung wäre ganz einfach: Der Finanzminister
bräuchte lediglich die Höhe der absetzbaren Kosten auf
die eines klimaschonenden Vier-, Drei- oder Anderthalb-
Liter-Autos zu begrenzen. Aber »Politiker zählen zu unseren besten Kunden«, merkte VW-Chef Martin Winterkorn süffisant in einem Interview an. »Und sie fahren in
der Regel nicht die verbrauchsgünstigsten Modelle.«

Solche Kaufanreize müssen ergänzt werden durch
scharfe Grenzwerte. »Was man deutschen Ingenieuren
ins Aufgabenheft schreibt, das schaffen die auch«, sagt
Gerd Lottsiepen vom Verkehrsclub VCD. »Nur bisher
lautete die Aufgabe, zum Beispiel ein Auto mit 1001 PS
zu bauen.« Dass er damit richtig liegt, bewies VW vor
ein paar Jahren. Der damalige Vorstandschef Ferdinand
Piëch forderte von seinen Tüftlern ein Ein-Liter-Auto. Tatsächlich konnte Piëch zum Ende seiner Amtszeit im April
2002 damit von Wolfsburg zur Hauptversammlung nach
Hamburg rollen. Das brachte eine schöne Publicity – aber
wenig für die Serienproduktion.

Die Bundesregierung – oder besser noch die EU – sollte
also nach dem Vorbild des kalifornischen Zero Emission
Vehicle Program von 1990 Vorschriften für Niedrig-
Emissions-Autos erlassen. Sinnvoll wäre ein verbindlicher
Stufenplan über zwanzig Jahre, dessen Grundlage nicht
der Benzinverbrauch sein darf, sondern der Kohlendioxid-
Ausstoß – der Zielwert für 2020 könnte zum Beispiel bei
50 Gramm liegen. Ein solches Gesetz würde Innovations-
schübe auslösen, die über die heutige Vorstellungskraft
gehen. Der Kybernetiker Frederic Vester zog in seinem
Bestseller *Ausfahrt Zukunft* die Computertechnik als Vergleich heran. Hätte sich das Auto in einem Jahrzehnt so
rasant entwickelt wie der Computer, es wäre »heute etwa

50 Gramm schwer und 5000 km/h schnell«, es »käme mit einer Tankfüllung 500 000 Kilometer weit – und der Preis läge bei 5 DM«. Übrigens schrieb Vester das im Jahr 1990, dem frühen Mittelalter der Computertechnik.

Durch das neue Gesetz würden Autos wie der Polo BlueMotion oder der Loremo Standard werden. Langsam könnten sich die Fahrer an kleinere Fahrzeuge gewöhnen (die Alternative wäre: gar keine Autos mehr). Langfristig würde so die Voraussetzung geschaffen für einen Wechsel zu wirklich klimafreundlichen Elektromobilen, denn deren Batterien werden bei allem technischen Fortschritt nie ausreichen, die schweren Autos von heute zu bewegen. Auch kurzfristig würde das neue Gesetz die Forschung an alternativen Antriebstechnologien fördern. Wenn Porsche weiter sportliche Autos verkaufen möchte, bitte schön! Wenn Mercedes auch künftig die luxuriösesten Limousinen liefern möchte, warum nicht? Die Ingenieure müssten sich nur etwas einfallen lassen. Im weltweiten Konkurrenzkampf könnten europäische Firmen einen Vorsprung gewinnen, ihre Lösungen für eine Mobilität in der nachfossilen Ära könnten irgendwann Exportschlager werden. In der Vergangenheit haben gerade die deutschen Hersteller die Zukunft verschlafen, beim Dieselrußfilter zum Beispiel wurden sie von französischen Konzernen deklassiert. Und der Hybrid-Antrieb wurde zwar in Deutschland erfunden, der breiten Öffentlichkeit aber erst in einem Toyota Prius bekannt.

Genf im März – das ist seit 1905 der Treffpunkt der Motor-Branche. Der Autosalon ist jedes Jahr aufs Neue ein großes Glitzern und Protzen. Doch 2007 war das anders. Das *Handelsblatt* titelte: »CO_2-Diskussion dominiert Genfer Automesse«, und *SpiegelOnline* schrieb vom »Salon der Sprit-Sparer«. Ein paar Wochen, nachdem der neue UN-Klimabericht die Öffentlichkeit aufgeschreckt hatte, schoben die Aussteller schnell ihre Umwelt-Mobile in den Vordergrund. VW pries den Passat BlueMotion, Opel stellte einen Erdgas-Corsa auf einen grasgrünen Teppich, Fiat pflanzte ein paar Sonnenblumen in den offenen Innenraum eines Cabrios.

Das größte Aufsehen erregte in Genf Toyota mit seinen Hybridautos. Bei dieser Technologie sind ein Benzin- und ein Elektromotor kombiniert. Letzterer leistet die Hauptarbeit beim Stop-and-go-Verkehr in der Stadt, an der Ampel schaltet er ab, bei jedem Bremsen wird Energie zurückgewonnen und in die Batterien eingespeist. Der Benzinmotor springt erst an, wenn die Batterien leer sind. So kommt dieser Mittelklassewagen auf 104 Gramm durchschnittliche Kohlendioxid-Emission. In den USA ist das Auto ein Renner, bei der letzten Oscar-Verleihung fuhr Leonardo diCaprio im Prius vor. Der Haken am Hybrid: Auf langen Strecken werden Elektromotor und Batterien zum nutzlosen Ballast, der Klimaschutzeffekt ist gleich Null. Kleine Diesel wie der VW Polo BlueMotion sind da klar im Vorteil. Zudem nutzen die Autokonzerne die neue Technologie nicht, um den absoluten Verbrauch zu senken, sondern um großen Autos ein besseres Image zu verschaffen: In Genf kündigte Porsche an, seinen Geländewagen Cayenne bald als Hybrid anzubieten – dann wird er »nur noch« neun Liter verbrauchen.

Das zweite – irreführende – Versprechen der Autokonzerne sind alternative Treibstoffe. Erdgas ist allenfalls eine Übergangslösung, weil es den Kohlendioxid-Ausstoß nur um 20 Prozent senkt und wie Benzin ein endlicher Rohstoff ist. Mit Milliardensummen wurden deshalb in den vergangenen Jahren konventionelle Motoren für die Verbrennung von Bio-Diesel, pflanzlichem Ethanol oder gar Wasserstoff optimiert. Wer beispielsweise bei VW nach Ideen für die Zukunft des Automobils fragt, bekommt vor allem Werbebroschüren über neue Kraftstoffe.

Die Entwicklung wirklich neuer Konzepte scheint in

Wolfsburg und anderswo noch nicht begonnen zu haben. Dabei ist längst abzusehen, dass – in Deutschland wie auch weltweit – die Agrarflächen zum Anbau von Bio-Kraftstoffen nicht ausreichen werden für so große Autos, wie man sie heute in Europa und den USA liebt. Um Platz für Palmölplantagen zu gewinnen, werden in Indonesien und Malaysia Regenwälder abgefackelt – und damit Unmengen an zusätzlichem Kohlendioxid freigesetzt. Brasilien mit seinen wachsenden Zuckerrohrfeldern ist inzwischen der weltgrößte Hersteller von Bio-Ethanol. Kürzlich hat George Bush bei einem Besuch einen langfristigen Vertrag über Lieferungen in die USA abgeschlossen – aber unter dem Boom leiden auch in Brasilien Umwelt und Kleinbauern. In Mexiko kam es bereits zu Massenprotesten. Zehntausende aufgebrachte Menschen zogen zu Jahresbeginn vor den Präsidentenpalast, weil der Preis des Grundnahrungsmittels Mais um mehr als fünfzig Prozent gestiegen ist, seit in den USA daraus Kraftstoff gewonnen wird.

»Indem wir landwirtschaftliche Rohstoffe indirekt in die Tanks unserer Autos füllen, haben es die Menschen, die ohnehin arm dran sind, schwerer, ihre Nahrungsmittel zu kaufen«, sagt Stefan Tangermann von der Organisation für wirtschaftliche Zusammenarbeit (OECD) in Paris. Der Agrarökonom leitet dort den Bereich Handel und Landwirtschaft, und den gegenwärtigen Hype um Bio-Kraftstoffe nennt er »absurd«, weil die Klimafreundlichkeit vollkommen überschätzt werde. »Es wird gern vergessen, dass für die landwirtschaftliche Produktion eine Menge fossiler Energie verwendet wird, für die Herstellung von Dünger und Pflanzenschutzmitteln zum Beispiel.«[108] Oft würden 80 Prozent der gewonnenen Bio-Energie vorher in Form fossiler Energie investiert – samt den damit verbundenen Kohlendioxid-Emissionen. Außerdem wurde in zahlreichen Studien belegt, dass es für den Klimaschutz am meisten bringt, Bio-Masse in stationären

Anlagen zur Erzeugung von Wärme und Strom einzusetzen, statt mit ihr ineffiziente Autos anzutreiben.

Doch bei den Autokonzernen sind Bio-Kraftstoffe beliebt, weil sie keinen Abschied von den bisherigen Fahrzeugkonzepten erfordern. Sie können weiterhin »Rennreiselimousinen« bauen, wie der Berliner Techniksoziologe Andreas Knie den heute dominierenden Auto-Typus nennt. Dieser vereint Beschleunigung, Reichweite und einen großen Innenraum, aber in Zeiten des Klimawandels wird es – wenn überhaupt – wohl nur noch spezialisierte Autos geben können.

Damit sie das ihren Kunden nicht sagen müssen, stecken Politik und Konzerne seit Jahrzehnten viele Milliarden in die Wasserstofftechnologie – die dritte Alibi-Technologie der Autolobby. Seit der ersten Ölkrise in den siebziger Jahren werden auf jedem Autosalon neue Prototypen präsentiert, doch die grundlegenden Probleme sind bis heute nicht gelöst: Zwar ist die Verbrennung von Wasserstoff sauber, denn es entsteht nur Wasser. Aber Wasserstoff ist keine Energiequelle, sondern nur ein Energiespeicher. Er muss mit großem Energieaufwand hergestellt werden – und wenn dafür nicht Sonnen- oder Windkraft genutzt wird, haben Wasserstoffantriebe keinen ökologischen Vorteil. Schwierig ist auch der Transport im Auto, denn das Gas muss im Tank entweder auf minus 253 Grad Celsius abgekühlt oder extrem komprimiert werden – beides kostet Energie. Immer und immer wieder verkünden Autokonzerne Durchbrüche bei der Forschung, aber auf die Straße haben es bis heute nur wenige Dutzend extrem teure Testfahrzeuge geschafft.

Gerd Rosenkranz hat viele Jahre als Journalist gearbeitet, heute leitet er bei der Deutschen Umwelthilfe den Bereich Öffentlichkeitsarbeit. Er sagt: »Dass es eine Energiewirtschaft auf Wasserstoffbasis je geben wird, halte ich inzwischen für unwahrscheinlich.« Früher war das anders. Im Laufe seines Berufslebens schrieb er begeisterte Reportagen über eine lichte Zukunft mit Wasserstoff-Autos und -Flugzeugen. Daraus geworden ist nichts. »Manche Entwicklungsingenieure haben vor zehn Jahren sicherlich fest an einen schnellen Durchbruch geglaubt, aber insbesondere für die Spitzenmanager der Autoindustrie war die Technologieentwicklung vor allem ein Ablenkungsmanöver«, sagt Rosenkranz im Rückblick. »Statt in der Gegenwart spritsparende Autos auf die Straße zu bringen, vertröstet man das Publikum auf eine ferne Zukunft.«

Selbst in der Fachöffentlichkeit macht sich Ernüchterung breit. Die Branchen-Schau H2Expo in Hamburg soll mangels Neuigkeiten künftig nur noch alle zwei Jahre stattfinden. Und die Fachzeitschrift *H zwei* begann ihren Bericht vom jüngsten Wasserstoff-Energietag in Essen mit den Worten: »Was gibt es Neues von der Wasserstofffront? Nicht viel.« Dazu passt, dass die einst gefeierte, erste öffentliche Wasserstoff-Tankstelle der Welt am Münchner Flughafen Ende 2006 weitgehend unbemerkt geschlossen wurde. Unverdrossen stellte BMW im Frühjahr 2007 auf dem Genfer Autosalon wieder seinen »Hydrogen 7« aus und bejubelte ihn als »weltweit erste Wasserstoff-Limousine für den Alltagsverkehr«.

Verkehrsvision 2050: Solarautos mit Batterien, die nebenbei das Stromnetz stützen

Technisch betrachtet sind die meisten Wasserstofffahrzeuge eigentlich Elektroautos, deren Elektrizität an Bord mit einer besonders komplizierten Technologie gewonnen wird, einer Brennstoffzelle. Einfacher wäre es, den Strom aus Batterien zu ziehen – eine Idee, so alt wie das Automobil. Es ist heute fast unbekannt, dass es längst Elektrodroschken gab, als Carl Friedrich Benz und Gottlieb Daimler 1885 bzw. 1886 »Fahrzeuge mit Gasmotorenbetrieb« erfanden. Auch den ersten Geschwindigkeitsrekord stellte 1898 der Franzose Gaston de Chasseloup-Loubat mit einem Elektroauto auf. Erst als in den zwanziger Jahren durch elektrische Anlasser das mühsame Ankurbeln des Verbrennungsmotors nicht mehr nötig war, setzte dieser zum Siegeszug an. Nun konnten Kraftstoffe aus Mineralöl ihren Vorteil einer hohen Energiedichte ausspielen. Und röhrende Motoren, einst allgemein als störend empfunden, wurden im Laufe der Jahrzehnte zum Inbegriff von Geschwindigkeit und Potenz.

Anruf beim Verband der Automobilwirtschaft in Frankfurt/Main. Sagen Sie bitte, welches Ihrer Mitgliedsunternehmen forscht derzeit an Autos mit Elektroantrieb? Die Antwort ist Schweigen. Dann: »Sie meinen Hybrid-Autos?« Nein, reine Elektroautos. »Da bin ich …«, sagt der Pressesprecher, »also nein, das haben wir nicht.« Um nach einem Moment hinzuzufügen: »Reine Elektroautos, die sind doch nur etwas für den Golfplatz!«

Seit einem gescheiterten Großversuch auf der Insel Rügen Mitte der neunziger Jahre ist das Elektroauto in Deutschland tot. Über drei Jahre wurden damals 60 Fahrzeuge im Alltag getestet, hatten aber mit technischen Problemen, kurzen Reichweiten und langen Ladezeiten zu kämpfen. Doch seitdem hat sich auf dem Gebiet der Batterietechnologie einiges getan. Statt der alten Blei-Säure-Blöcke werden in den Hybrid-Fahrzeugen von heute deutlich leistungsfähigere Nickel-Metallhydrid-Akkus eingesetzt. Weltweit liefern sich die Forschungsabteilungen von Firmen wie Panasonic, Sanyo, Fortu oder Varta einen Wettlauf um die nächste Generation von Lithium-Ionen-Akkus. Yet-Ming Chiang, Materialwissenschaftler an der Eliteuniversität MIT in Boston, hält es für »ziemlich realistisch«, dass sich die Leistungsfähigkeit von Batterien in den nächsten zehn Jahren noch einmal verdoppeln wird.[109] Im Januar 2007 hat Mitsubishi angekündigt, innerhalb von drei Jahren preiswerte Lithium-Ionen-Akkus für Elektro- und Hybridautos auf den Markt zu bringen.

Hierzulande sind Elektroautos nur in einer kleinen Gemeinde von Fans und Tüftlern ein Thema. Nur ein paar tausend Stück sind auf deutschen Straßen unterwegs, so wenige, dass sie in der Statistik des Kraftfahrtbundesamtes in Flensburg nicht einmal separat erfasst sind. Es sind meist kleine Dreiräder der Marken Twike oder City-El, die mit Sicherheit das Klima schonen, aber Durchschnittsautofahrern nur ein mitleidiges Lächeln entlocken. Der Bundesverband Solare Mobilität zieht mit diesen Autos über Messen und Ausstellungen, die Leute gucken auch immer ganz neugierig, aber spricht man hinterher Besucher an, ob sie ein solches Auto fahren möchten, schütteln die nur den Kopf.

Roland Reichel sitzt im Vorstand des Verbandes. Er selbst fährt einen Citroën AX Kleinwagen, und er kann stundenlang über die Vorzüge des Elektroantriebs reden. Der sei viel effizienter als ein Verbrennungsmotor, brauche kein Getriebe und laufe fast lautlos, beim Beschleunigen höre man lediglich ein Surren. Reichel wurde nach einem Kongress einmal mit einem chicen Audi A 8 zum Bahnhof chauffiert. »Na, das ist ja ein lautes Auto«, ärgerte er den stolzen Fahrer. Von Bio-Treibstoffen hält Reichel überhaupt nichts und begründet das mit Berechnungen eines Verbandskollegen: Der Bio-Diesel, der auf einem Hektar Rapsfeld wächst, könne anderthalb Smart-Autos ein Jahr lang antreiben. Erzeuge man auf derselben Fläche zum Beispiel Biogas oder den neuen BtL-Bio-Treibstoff, reiche die Energie für gut vier Fahrzeuge. Am weitesten komme man aber, wenn auf dem Feld Solarzellen stünden, sagt Reichel. Der Strom, der sich auf einem Hektar erzeugen lasse, könne eine Flotte von 110 Elektro-Smarts antreiben.

In den USA scheint man weiter zu sein als in Deutschland. Neulich hat George Bush in Washington vor zwei

Elektroautos eine Pressekonferenz abgehalten und deren Vorzüge angepriesen. »Das Auto von morgen fährt mit Strom«, sagt auch Richard Wagoner, der Chef von General Motors.[110] Sein Unternehmen hat Plug-in-Hybride angekündigt, das sind Hybridautos, deren Batterien auch ans allgemeine Stromnetz angeschlossen und so aufgeladen werden können. Sie fahren deshalb weiter mit Strom, der Verbrennungsmotor bleibt länger aus. Auf der letzten Automesse in Detroit stellte General Motors eine Studie namens »Volt« vor. Das Auto verfügt zwar immer noch über einen Benzinmotor, der aber nur noch als Stromgenerator fungiert und lediglich 1,57 Liter auf hundert Kilometer verbrauchen soll. Nach und nach wird das Hybrid-Auto so zum reinen Elektromobil. Kürzlich stellte auch Mercedes einen Transporter mit Plug-In-Hybrid-Technik vor.

Mit einer Batterieladung kommen moderne Elektroautos schon bis zu 400 Kilometer weit. In China hat die Akademie der Wissenschaften gerade vorgeschlagen, Elektroantrieben beim Ausbau der Mobilität des Landes »Priorität« zu geben. Schon heute rollen dort mehrere Millionen Motorroller mit Elektrokraft, zahlreiche Firmen forschen an neuen Akkus. Beim letzten Autosalon in Genf sorgte der französische Mischkonzern Bolloré für Aufsehen, der sich um seinen hochmodernen Lithium-Ionen-Akku ein Auto hat konstruieren lassen. Die technischen Möglichkeiten demonstrierte jüngst die britische Firma PML Flightlink. Sie hat einen Mini gebaut, der in jedem Rad einen 163 PS starken Elektromotor hat, womit das Auto in nur 4,5 Sekunden von null auf hundert Kilometer pro Stunde beschleunigt. Oder Tesla Motors, das Projekt zweier Internet-Millionäre aus dem Silicon Valley. Sie haben sich überlegt, dass mit der gegenwärtig noch teuren Elektro-Technologie schon heute Geld verdient werden könnte, wenn man sie im Luxussegment vermarktet. Ihr Tesla Roadster, der aussieht wie ein Ferrari und auch so schnell ist, soll im Jahr 2009 auf den Markt kommen. »Burn rubber, not gas«, lautet der Werbeslogan.

Vielleicht, kommt einem dabei in den Sinn, könnte die Bundesregierung die Entwicklung alternativer Antriebe ja auch dadurch fördern, dass sie vom künftigen Tempolimit Ausnahmen zulässt für Elektromobile. Oder dass sie diese zumindest von einer City-Maut befreit. Bisher jedenfalls sind in Deutschland innovative Firmen wie Tesla Motors Ausnahmeerscheinungen. Gut möglich, dass die hiesigen Autohersteller mit ihren Spritmonstern gerade die Technologien der Zukunft verpassen und in einigen Jahren in die Krise schlittern, in der die US-Konzerne schon heute sind.

Dies also wäre die Vision einer klimaschonenden Mobilität: kleine, durchaus sportliche Elektroautos, die ihren Strom aus Sonne- und Windkraft beziehen und auch von Solarzellen auf dem Autodach. Wenn sie gerade nicht fahren – und das ist bei Privatautos 23 Stunden am Tag der Fall –, hängen sie am öffentlichen Elektrizitätsnetz und könnten dort einen zweiten Zweck erfüllen: Sie wären millionenfache Energiespeicher. Eines der größten Probleme von regenerativen Energien ist nämlich deren Schwankungsanfälligkeit. Vor allem Windkraftwerke brauchen Puffer, die bei einem Überangebot Strom aufnehmen – und ihn bei großer Nachfrage wieder abgeben. Genau das könnten bei intelligenter Steuerung die Batterien von Elektroautos leisten. Die University of Delaware an der amerikanischen Ostküste arbeitet seit Jahren an einem solchen Verbundnetz (»V2G« oder »vehicle to grid«, zu deutsch »Auto am Stromnetz«). Wäre auch nur ein Prozent der kalifornischen Autos netzfähig, so haben die Forscher aus Delaware berechnet, würde die Kapazität ihrer Autobatterien ausreichen, um die Spitzenlast in der öffentlichen Stromversorgung abzudecken.[111] Doch sinnvoll ist ein massenhafter Umstieg auf Elektrofahrzeuge erst, wenn es einen Überschuss an erneuerbaren Energien gibt – und damit rechnen selbst Optimisten erst für die Zeit nach 2020. Zunächst sollten Sonnen- und Windkraft dazu dienen, die besonders klimaschädlichen Kohlekraftwerke vom Netz zu nehmen, weil damit, wie das Umweltbundesamt schreibt, »eine deutlich größere CO_2-Minderungswirkung erzielt werden kann«.

Autos mit Solarzellen, die außerdem am allgemeinen Stromnetz hängen – nur eine fixe Idee von Öko-Spinnern? Dieses Prinzip ist seit 1992 beim Deutschen Patentamt unter der Nummer DE 4205331 C2 geschützt. Der Patentinhaber heißt Ferdinand Piëch. Und der Mann ist vieles (unter anderem Ex-Porsche-Chef und heute Vorsitzender des Aufsichtsrates von VW), aber sicherlich kein Öko-Spinner.

Dies muss in den nächsten zwölf Monaten passieren:

1. Die Bundesregierung erlässt ab 1. Januar 2008 ein Tempolimit von 120 Kilometern pro Stunde auf Autobahnen. Auf europäischer Ebene gibt Kanzlerin Angela Merkel den Widerstand gegen strenge Kohlendioxid-Grenzwerte für Neuwagen auf, noch während ihrer EU-Ratspräsidentschaft schlägt sie eine Verordnung vor, in der schon heute ein Stufenplan für die Absenkung des Treibhausgas-Ausstoßes festgeschrieben wird – auf 50 Gramm pro Kilometer im Jahr 2020. Nach dem Vorbild Kaliforniens wird außerdem ein Anteil von zehn Prozent »Null-Emissions-Autos« vorgeschrieben.

2. Bund und Länder einigen sich auf eine grundsätzliche Reform der Kfz-Steuer. Berechnungsbasis ist künftig der Kohlendioxid-Ausstoß. Um den Anreiz für klimaschonende Autos zu erhöhen, werden die Tarife progressiv gestaffelt: Je mehr Gramm des Treibhausgases pro Kilometer ausgestoßen werden, desto mehr ist für jedes davon zu zahlen. Dieses Prinzip ist aus der Einkommensteuer (höheres Einkommen = höherer Steuersatz) bekannt. Auch diese Neuregelung könnte schon zum 1. Januar 2008 in Kraft treten.

3. Die Autoindustrie verpflichtet sich selbst, ab sofort jeden Neuwagen mit einer Verbrauchsanzeige auszurüsten – ohne Aufpreis. Damit sieht künftig jeder Autofahrer schon während der Fahrt, wie viel Treibstoff er durch einen etwas sanfteren Druck aufs Gaspedal spart.

10. Weniger fliegen
Fliegen ist Sünde

Kein Fortbewegungsmittel zerstört das Klima
so sehr wie ein Düsenjet, keine Branche wächst
so rasant wie der Luftverkehr. Wer die Welt retten
will, darf eigentlich überhaupt nicht mehr fliegen –
zumindest muss er den angerichteten Schaden
wiedergutmachen.

Flug DLH181 nähert sich seinem Ziel. »Go to 2000 feet«, sagt die Fluglotsin in der Leitzentrale Langen nahe Frankfurt/Main. DLH181, der vor ihr auf einem großen Monitor als winziger Punkt blinkt, soll auf knapp 700 Meter sinken. Auf dem Bildschirm herrscht ziemliches Gewimmel: Vielleicht drei Dutzend blinkender Punkte zeigen an, was am Rhein-Main-Flughafen derzeit los ist. Das Wetter ist schlecht, im Luftraum herrscht Stau.

Die Deutschen sind Weltmeister. Im Handball genauso wie im Reisen. Insgesamt 60 Milliarden Euro geben sie jährlich fürs Verreisen aus, nicht einmal die US-Amerikaner schaffen diese Summe annähernd, obwohl sie mit 300 Millionen Einwohnern dreieinhalbmal so viele sind. »Die Deutschen«, heißt es in einer Analyse der Dresdner Bank, »ließen sich auch im Jahr 2006 nicht von Terroranschlägen oder der Vogelgrippe von einer Auslandsreise abhalten.« Glaubt man den Prognosen, werden die Deutschen 2007 schon 62 Milliarden Euro für den Urlaub zahlen. Und es sind nicht steigende Preise, die für diesen Zuwachs verantwortlich sind – sondern rasant wachsende Passagierzahlen. Easyjet, »Europas führender Günstigflieger« (Eigenwerbung), meldete gerade einen Anstieg von 9,8 Prozent. AirBerlin bietet die Strecke Hamburg-

München zum selben Preis wie Düsseldorf-London oder Berlin-Mailand an: für 29 Euro. Germanwings versucht das noch zu unterbieten und wirbt: »60 Ziele in ganz Europa – ab 19 Euro«.

Nirgendwo wird die Zukunft der Menschheit radikaler entschieden als am Himmel: Fliegen ist die klimaschädlichste aller Fortbewegungsarten. Einige Fluggesellschaften werben mittlerweile damit, dass ihre Jets pro Passagier und Kilometer weniger Treibstoff verbrauchen als ein Auto – aber ein solcher Vergleich verschweigt, dass die Düsenflieger ihre Abgase in besonders empfindlichen Schichten der Erdatmosphäre ausstoßen und die Klimabelastung deshalb überproportional zum Treibstoffverbrauch steigt. Ein Urlaubsflug von Hannover nach Gran Canaria und zurück verursacht pro Fluggast die Klimawirkung von 1,8 Tonnen Kohlendioxid. Das ist doppelt so viel, wie ein Inder statistisch gesehen durch seine Lebensweise in einem ganzen Jahr erzeugt. »Wer fliegt, zerstört das Leben anderer Menschen«, schreibt der britische Umweltaktivist George Monbiot in seinem neuesten Buch *Heat*. Das mag rigoros klingen, aber es ist die Wahrheit. Flugzeugabgase tragen besonders stark zur Erderwärmung bei – die Konsequenzen sind, so die UN in ihrem letzten IPCC-Bericht, »steigende Zahlen von Todesfällen, Verletzungen und Erkrankungen durch Hitzewellen, Überschwemmungen, Stürme, Waldbrände und Dürren«.

In der einen Hand hält die Fluglotsin ein Mikrofon, in der anderen einen Stift, um ihre Kommandos zu protokollieren. Die nächste Anweisung für DLH181 von Berlin-Tegel nach Frankfurt/Main lautet: »Turn left, 220 degrees«. Der Pilot muss jetzt eine Kurve über 220 Grad ziehen, um sich in die Schlange einzureihen, die sich vor den beiden Landepisten gebildet hat. ACA076 ist die Nummer des Flugzeugs vor DLH181, und davor warten schon DLH3E4, JKK125 und DLH2HH auf ihre Landung. Sie sind im sogenannten

Holding: Weil viele Maschinen zugleich am Flughafen ankamen, müssen sie jetzt Warteschleifen fliegen. Bis die Fluglotsin neue Anweisungen gibt.

Die Klimabelastung, die ein Flugzeug pro Passagier verursacht, ist bis zu fünfmal so groß wie die, die ein ICE bewirkt.[112] Und im Vergleich mit den Kundenzahlen der Bahn explodierten die der Luftfahrtbranche geradezu. Seit 1990 nahm die Zahl der Flugbewegungen in Europa jedes Jahr um fünf Prozent zu. Ende der neunziger Jahre trug der weltweite Flugverkehr mit 3,5 Prozent zum menschgemachten Treibhauseffekt bei. Heute sind es wahrscheinlich schon neun Prozent.[113] »Ein Jahr der Rekorde«, vermeldet der Mobilitätsbericht 2006 der Deutschen Flugsicherung. Erstmals in der Geschichte der deutschen Luftfahrt befanden sich am 10. Juli 2006 mehr als 10 000 Flugzeuge am Himmel. 2,98 Millionen Flüge von oder nach Deutschland wurden im Gesamtjahr registriert, insgesamt 155 Millionen Menschen an deutschen Flugschaltern abgefertigt. Erstmals erreichten Billig-Fluglinien im Jahr 2006 einen Marktanteil von knapp zwanzig Prozent. Statistisch gesehen, stößt jeder Deutsche 300 Kilogramm Kohlendioxid im Jahr durch Fliegen aus – auch wenn er gar nicht fliegt.

»Contact director on 127,27«. Mit diesem Kommando übergibt die Fluglotsin DLH181 ihrem Nebenmann, der auf einer anderen Frequenz funkt, auf 127,27. Die sogenannte »pick up-Lotsin« hat damit ihren Job getan: DLH181 musste nur ein Viertelstündchen in der Warteschleife kreisen, jetzt kann die Maschine zum Landeanflug ansetzen.

Das Buch *City-Trips mit Billigfliegern* stellt die Frage: »Wie können es sich Fluglinien leisten, solche Preise anzubieten und gleichzeitig profitabel zu arbeiten?« Eine Antwort der Autoren: »Billigflieger haben eine andere Routenstruktur. Das heißt, sie fliegen vornehmlich profitable Ziele an.« Das ist natürlich nur ein kleiner Teil der ganzen Wahrheit. »Europaweit zum Taxipreis« (Werbespruch von Hapag-Lloyd Express) geht nur, weil Benzin fürs Taxi besteuert wird, Kerosin für Flugzeuge dagegen von der Mineralölsteuer befreit ist. »Billig in ganz Europa« (Ryanair) funktioniert nur, weil auf Bahntickets Mehrwertsteuer erhoben wird, Flugtickets aber grenzüberschreitend steuerfrei sind. Billiger von Berlin nach Stuttgart zu fliegen als zu fahren geht deswegen, weil die Antriebsenergie für einen ICE in den Europäischen Emissionshandel einbezogen ist, der Treibstoff fürs Flugzeug dagegen nicht. Und anders als Züge, U-Bahnen oder Busse ist im vermeintlichen Öko-Musterland Deutschland Flugverkehr als Klimakiller Nr. 1 von der Öko-Steuer befreit. Insgesamt gehen dem Bundesfinanzminister so etwa fünf Milliarden Euro verloren – jedes Jahr.

Keine Mehrwertsteuer, keine Öko-Steuer, keine Kerosinsteuer, keine Emissionsabgabe – Fliegen wird künstlich verbilligt. Das geht zurück auf das Chicagoer Abkommen aus dem Jahr 1944. Damals glaubte man, dass »die zukünftige Entwicklung der zivilen Luftfahrt in hohem Maße dazu beitragen kann, Freundschaft und Verständnis zwischen den Staaten und Völker der Welt zu wecken«. Sicher richtig, doch diese Form der Völkerverständigung heizt das Menschheitsproblem des 21. Jahrhunderts gewaltig an. Denn der Klimawandel werde größere wirtschaftliche Verwerfungen mit sich bringen als die beiden Weltkriege zusammen, warnte Sir Nicholas Stern, der ehemalige Chef-Volkswirt der Weltbank, im November 2006 in seinem aufsehenerregenden Bericht für die britische Regierung.

Die Fluglotsen haben sich den Himmel in Sektoren eingeteilt. Nach dem Start übergibt der Startlotse an den nächsten, der das Flugzeug durch seinen Sektor leitet und dann an den nächsten weiterreicht – und so weiter bis zur Landung. »Reduce speed«, weist der »Director« DLH181 jetzt an. Der Pilot bestätigt, dass er die Geschwindigkeit verringert. Die blinkenden Punkte auf dem Monitor des Lotsen liegen jetzt so eng beieinander, dass man Angst haben muss, die Maschinen könnten kollidieren. DLH181 wird von ACA076 bedrängt, die Punkte DLH3E4, JKK125 und DLH2HH schieben sich bedrohlich immer weiter zusammen. Die beiden Landebahnen des Rhein-Main-Flughafens liegen so dicht beieinander, dass die Jets nur zeitversetzt landen dürfen. »Contact Tower on 119,9«, sagt der »Director« schließlich. Jetzt hat der Flugkontrollturm des Frankfurter Flughafens Sichtkontakt zu den Maschinen. Binnen dreier Minuten werden DLH181 aus Berlin, ACA076 aus Mailand, DLH3E4 aus Stockholm, JKK125 aus Toronto und DLH2HH aus Helsinki gelandet sein. Und so geht das hier den ganzen Tag.

»Fliegen muss teurer werden.« Dieser Satz stammt nicht etwa von einem Klimaschützer. Dieser Satz stammt von Angela Merkel. 1995 hatte die damalige Bundesumweltministerin in einem *Bild*-Interview erklärt: »Wir machen das Auto zum Umwelt-Buhmann und vergessen die katastrophalen Auswirkungen durch den zunehmenden Luftverkehr.«[114] Helmut Kohl, so erzählt das Umfeld der Kanzlerin heute gern, habe prompt zum Telefon gegriffen, um »sein Mädchen« zurückzupfeifen. Merkel selbst sagt im Rückblick auf ihre Zeit als Umweltministerin: »Die gefürchtetsten Anrufe waren die des Bundeskanzlers persönlich, wenn wieder die chemische Industrie oder die Automobilindustrie persönlich vorstellig geworden waren.« Aber an Kohl allein kann es nicht liegen, zwölf Jahre später ist Angela Merkel selbst Kanzlerin. Passiert ist trotzdem nichts.

Bläst der Mensch weiterhin so viel Treibhausgas in die Atmosphäre wie heute, warnten kürzlich Forscher der Universität Washington, könnte die Arktis während der Sommermonate schon in 35 Jahren eisfrei sein. Aber vielleicht gibt es ja noch rechtzeitig Anstrengungen, das zu verhindern. »Das Klima hat sich geändert«, sagt Jos Dings von der European Federation for Transport and Environment (T&E). Dieser Dachverband von 42 europäischen Umwelt-Organisationen beobachtet in Brüssel die Politik der EU. »Augenscheinlich ist sich die gesamte Kommission einig, dass der Flugverkehr einen Beitrag zum Klimaschutz leisten muss«, sagt Dings. Umweltkommissar Stavros Dimas hat im Dezember 2006 einen Plan zur Einbeziehung der Airlines in den EU-Emissionshandel vorgelegt; Fluggesellschaften müssten dann Zertifikate kaufen, um weiter Kohlendioxid ausstoßen zu dürfen. Seitdem gibt es viele schöne Worte, doch wirklich passiert ist noch nichts. Selbst wenn sich Fluggesellschaften wider Erwarten bald am Emissionshandel beteiligen müssen, wird ein Flugticket vermutlich nur um zwei bis sechs Euro teurer. Abhalten wird das vom Fliegen niemanden.

Niemand und nichts: Längst ist das Taxi der Lüfte auch zum Lkw der Lüfte geworden. »Das Frachtvolumen befindet sich im zielstrebigen Steigflug«, vermeldet stolz der Frankfurter Flughafen. »Ein in jeder Hinsicht zukunftsorientiertes Flughafenkonzept, herausragende Standortbedingungen, innovatives Handling und bedarfsgerechte Flugfrequenzen sind nur Beispiele für den stetig wachsenden Erfolg.« Im letzten Jahr wurden auf dem Rhein-Main-Airport erstmals mehr als zwei Millionen Tonnen Luftfracht umgeschlagen, fast neun Prozent mehr als im Jahr zuvor. T-Shirts aus Thailand, Viktoriabarsch aus Kenia, Lammfleisch aus Neuseeland – all das kommt heute per Flugzeug nach Deutschland. Mit verheerenden Folgen fürs Klima.

Zum Beispiel Blumen. Blumen sollen Freude schenken – ungetrübte Freude. Weil auf vielen Blumenplantagen in der Dritten Welt die Arbeiterinnen gnadenlos ausgebeutet werden, schlossen Menschenrechtsorganisationen und Gewerkschaften, Blumenproduzenten und -händler einen

Pakt, der sich »Fairflower« nennt. »Die Blumen, die wir verkaufen, stammen aus umweltgerechter und menschenwürdiger Produktion«, sagt Fairflower-Geschäftsführerin Silke Peters. Der Kölner Verein wacht darüber, dass weder Pestizide noch Herbizide eingesetzt werden. Kinderarbeit ist verboten. Die Blumenproduzenten müssen Männer und Frauen gleich behandeln, anständige Löhne zahlen, ein Minimum an Gesundheitsvorsorge gewährleisten. »Wer unsere Blumen kauft, der tut dieser Welt etwas Gutes«, sagt Silke Peters.

Aber da irrt sie gewaltig. Fairflowers unterhält mittlerweile 52 zertifizierte Blumenfarmen in vier Ländern: Ecuador, Kenia, Südafrika und Portugal. Drei Prozent Marktanteil hat der Verein in Deutschland bereits erobert, das bedeutet 70 Tonnen Blumen täglich. »Das meiste kommt mit dem Flugzeug aus Ecuador und Kenia«, sagt Silke Peters. Rein rechnerisch sei das pro Tag ein Jumbo: sonntags aus Südamerika, montags aus Afrika, dienstags aus Südamerika, mittwochs aus Afrika und so weiter. Pünktlich zum Valentinstag 2007 veröffentlichte Adrian Williams von der britischen Cranfield University eine Studie über die Klimafolgen solcher Blumenimporte: Ein Zehnerstrauß kenianische Rosen, so sein Ergebnis, belastet die Erdatmosphäre mit etwa fünf Kilogramm Kohlendioxid. Mehr als 25 Millionen Rosen werden jedes Jahr aus Kenia und Ecuador nach Deutschland geflogen, nicht nur von Fairflowers.

Klimapolitikern in den Reihen der SPD sind die Blumenflugzeuge schon lange ein Dorn im Auge. Sie versuchten deshalb bei der letzten Steuerreform, die steuerlichen Privilegien wenigstens etwas zu beschneiden. Für Schnittblumen liegt nämlich der Mehrwertsteuersatz nur bei sieben Prozent, sie werden genauso behandelt wie Grundnahrungsmittel. »Wegen ihrer Klimaschädlichkeit sind eingeflogene Blumen aber alles andere als eine Sicherung der Lebensgrundlagen«, meint ein beteiligter SPD-Parlamentarier. Blumen müssten als Luxus gelten und gehörten auch so besteuert, schließlich käme auch niemand auf die Idee, einen Porsche mit nur sieben Prozent zu besteuern. Doch die Klimapolitiker der SPD scheiterten an den Entwicklungspolitikern in der eigenen Fraktion. Die fürchteten Einkommenseinbußen für die Blumenarbeiterinnen in Afrika oder Lateinamerika, weil bei höheren Steuern weniger Blumen gekauft würden.

Mit ein paar Euro Spende pro Flug lässt sich der Klimaschaden zumindest begrenzen

Übrigens ergab die Studie der Cromfield University, dass Rosen aus niederländischen Gewächshäusern noch sechsmal klimaschädlicher sind als Rosen aus Kenia. Bei ihnen ist nicht der Transport das Problem, sondern die Unmengen von Energie, die für künstliches Licht, Heizung, Dünger und Pestizide aufgewendet werden, damit im kühlen Holland das ganze Jahr über Rosen blühen. Überschlägt man grob, wie viel Kohlendioxid die eine Milliarde Rosen verursachen, die pro Jahr nach Deutschland importiert werden, kommt man auf vielleicht 2,2 Millionen Tonnen. Natürlich, kaum ein Verliebter wird sich durch solche Kohlendioxid-Bilanzen davon abbringen lassen, seiner Angebeteten auch im Winter eine Rose zu schenken. Aber er sollte sich über die Folgen Gedanken machen. Bei Fairflowers wird derzeit eine Art Klimapfennig diskutiert: Pro Blume soll ein bestimmter Geldbetrag an ein Klimaschutzprojekt gehen, um so das verursachte Kohlendioxid zu neutralisieren. Die Berliner Klima-Ausgleich-Agentur Atmosfair sieht Silke Peters dafür als kompetentesten Partner.

Atmosfair erlebt gerade eine ungeahnte Karriere. Seit seiner Gründung durch die Umwelt- und Entwicklungsorganisation Germanwatch und den alternativen Reiseverband »Forum Anders Reisen« im Jahr 2003 fristete die

Agentur zunächst ein kärgliches Dasein. Obwohl die Idee überzeugend ist: Atmosfair bietet Fliegen ohne schlechtes Gewissen. Auf ihrer Internetseite findet sich ein einfach zu bedienender Emissionsrechner. Man gibt dort Abflug- und Zielflughafen ein, Berlin-Malaga zum Beispiel, und nach wenigen Sekunden erscheint als Ergebnis: 570 Kilogramm Kohlendioxid. Die Seite verrät auch, wie die Sache wiedergutzumachen wäre: mit 23 Euro. »Diese Summe investieren wir in Klimaschutzprojekte«, sagt Atmosfair-Geschäftsführer Dietrich Brockhagen. »Sie sorgt dafür, dass genau die Menge Kohlendioxid, die der Flugpassagier durch seine Reise zu verantworten hat, an anderer Stelle wieder eingespart wird.« Von den 23 Euro behält die gemeinnützige GmbH etwa zwanzig Prozent für Verwaltung, Werbung und auch für die Kontrolle der Klimaschutzprojekte. Etwa 7000 Flüge wurden nach Brockhagens Angaben auf diese Weise im Jahr 2005 klimafreundlich. Von fast drei Millionen.

Eines der Atmosfair-Projekte steht in Sringeri Mutt an der indischen Westküste. Tausende Pilger kommen jeden Tag in diesen hinduistischen Wallfahrtsort. »Die Mahlzeiten für die Menschen wurden bisher mit Hilfe von Dieselbrennern zubereitet«, erklärt Brockhagen. Atmosfair hilft nun bei der Finanzierung neuer Solarkocher. Im Sommer wird der TÜV anreisen und ganz genau ermitteln, wie viel Kohlendioxid durch den Verzicht auf Diesel gespart wurde. Pro Tonne des Treibhausgases wird das indische Projekt 15 Euro erhalten. Das Überzeugende daran ist: Atmosfair gibt nicht einfach Geld für irgendein Windrad oder irgendeine Solarzelle, sondern zahlt für eingesparte Tonnen des Klimagiftes. »Erstens können wir so Korruption ausschließen. Zweitens garantieren wir hohe Effizienz«, sagt Brockhagen. Schließlich bringt ein Windrad an der falschen Stelle dem Klima weniger ein, die Projektpartner von Atmosfair haben jedoch großes Interesse, den besten Standort zu finden, weil das mehr Geld bedeutet. Die indischen Solarküchen sollen bis 2012 insgesamt 4000 Tonnen Kohlendioxid sparen. Das entspricht etwa acht Millionen Flugkilometern – oder mehr als 3000 Flügen Berlin-Malaga.

In seiner Werbung bezeichnet sich Atmosfair selbst nur als »zweitbeste« Lösung, denn am meisten bringe es dem Klima, gar nicht zu fliegen. Die beliebte Formel vom »klimaneutralen Fliegen«, die Konkurrenzprojekte so gern benutzen, nimmt Brockhagen nicht in den Mund. Trotzdem verzeichnet Atmosfair beachtliche Erfolge. Seit Politiker, Unternehmen und Talkshows das Thema Klimaschutz entdeckt haben, gehören nicht nur renommierte Reisebüroketten zum Kundenstamm, sondern auch Großkonzerne und Ministerien, die bündnisgrüne Bundestagsfraktion sowieso. Kritiker werfen Projekten wie Atmosfair vor, es betreibe nur eine Art Ablasshandel, wo man sich von Sünden freikaufen kann. Daran ist sicherlich richtig, dass der größte Klimaschützer jemand ist, der auf den Flug verzichtet und trotzdem Projekte wie in Sringeri Mutt unterstützt.

**Gegen das Wachstum des Flugverkehrs hilft nur:
Tickets müssen teurer werden, viel teurer**

Den Durchschnittsreisenden kümmern solche Überlegungen wenig. »Das Flugzeug hat ein positives Image«, lautet das Ergebnis einer repräsentativen Umfrage im Auftrag der Deutschen Flugsicherung. »Für seine Schnelligkeit und für sein Personal erhält es Bestnoten. Außerdem wird es als sicher, zuverlässig, sauber und bequem beurteilt.«[115] Nur jeder achte Befragte gab an, regelmäßig öffentliche Verkehrsmittel zu nutzen, also Busse und Bahnen. Für eine 300 Kilometer weite Reise würde – bei gleichen Kosten – die eine Hälfte lieber das Auto nehmen, die andere ein

Flugzeug. Auch andere Umfragen belegen, dass niedrige Preise zu mehr Flugverkehr führen: Von den Passagieren, die erstmals einen Billigflieger nutzten, gaben immerhin 71 Prozent an, sie hätten ohne das verlockende Angebot nicht etwa ein anderes Verkehrsmittel genommen, sondern wären ganz zu Hause geblieben.[116]

Fliegen muss deshalb teurer werden, nicht um ein paar Euro, sondern um das Drei-, Vier- oder gar Zehnfache. Denn längst ist klar, dass es mit dem Luftverkehr nicht weitergehen kann wie bisher. Das britische Tyndall-Institut für Klimaforschung hat hochgerechnet, dass bei gleich bleibenden Wachstumsraten die zivile Luftfahrt im Jahr 2040 ganz allein so viel Kohlendioxid ausstoßen würde, wie dann noch für die gesamte EU erlaubt sein dürfte. Je später der Klimaschutz beim Fliegen Einzug hält, desto härter wird die Umstellung. »Die fehlende Verantwortungsübernahme im Klimaschutz wird der Luftverkehrsbranche voraussichtlich große finanzielle Risiken bescheren«, heißt es in einem Gutachten der Entwicklungsorganisation Germanwatch. »Denn künftige Regulierungen werden umso kurzfristiger und damit ›heftiger‹ eintreten, je länger sie hinausgezögert werden.«[117]

Mehrwertsteuer, Öko-Steuer, Kerosinsteuer, Emissionsabgabe: Wer Fliegen sofort drastisch teurer machen will, wird oft mit einem Argument konfrontiert: »Fliegen darf nicht zum Privileg der Reichen werden«, fordern Sozialpolitiker aller Parteien. Dabei machen sie in der Praxis nichts anderes, als dieses Privileg zu zementieren. Zum Beispiel kürzt die Bundesregierung bei den Armen dieses Landes immer weiter, allein die letzte Verschärfung der »Hartz-IV«-Gesetze nahm ihnen rund 400 Millionen Euro. Ziemlich genau dieselbe Summe könnte Angela Merkel mit einer ersten Stufe der Kerosinbesteuerung in die Staatskassen holen.

Statt Steuern bei Leuten zu erheben, die übers Wochenende zum Einkauf nach London oder ins Ferienhaus nach Malaga jetten, subventioniert der Staat den Flugverkehr. Deutschland ist übersät mit Provinzflughäfen, die von Landesregierungen und Kommunalpolitikern gehätschelt werden. Auf jährlich 134 Millionen bezifferte das Deutsche Institut für Wirtschaftsforschung 2003 die öffentlichen Zuschüsse allein für Flughäfen und die Flugsicherung. Die Folgekosten des Luftverkehrs von etwa sechs Milliarden Euro – etwa durch Lärm und Abgase – trägt ohnehin die Allgemeinheit. Der neueste Coup: Statt mit dem Taxi können Germanwings-Kunden künftig mit dem Helikopter zum Abflug oder zum nächsten Termin kommen. »Wir machen Berlin schneller«, freut sich Unternehmenssprecher Thomas Winkelmann. »Der Helikoptershuttle ist eine ideale Ergänzung für unsere Geschäftskunden. Was in Rio oder New York üblich ist, führen wir nun auch für Berlin ein.« Das Messegelände ist künftig nur noch sechs Minuten vom Flughafen Schönefeld entfernt, mit dem Taxi braucht der Businessman eine Stunde. Der Preis ist mit 95 Euro nicht erheblich teurer als für ein Taxi. Unterstützt wird dieser Service vom Berliner Senator für Wirtschaft, Technologie und Frauen, einem PDS-Mann.

Ryanair sei in Bezug auf die Verantwortung für das Klima »das inakzeptable und unverantwortliche Gesicht des Kapitalismus«, sagte kürzlich Ian Pearson, Klima-Staatssekretär im britischen Umweltministerium. Der Gründer des irischen Billigflug-Riesen, Michael O'Leary, sei stolz darauf, nicht anzuerkennen, dass die Klimaerwärmung ein Problem ist. Der Ryanair-Boss schoss umgehend zurück, nannte den Minister »dumm und schlecht informiert«, da Ryanair mit der Anschaffung von treibstoffeffizienten Flugzeugen die »grünste« Flotte Europas habe. Pro Passagier habe man so die Umweltbelastung halbiert. Die Kollegen von anderen Fluggesellschaften, die langsam einsehen, dass sie sich dem Klimaschutz nicht pauschal verweigern können, nennt O'Leary »Idioten, die besessen davon sind, ja nur politisch korrekt zu sein und bei der Umweltlobby nicht anzuecken«.

Das sind die drei üblichen Abwehrstrategien. Erstens »Technik«, zweitens »besseres Management«, drittens »Ablasshandel«. Tatsächlich hat sich dank verbesserter Triebwerkstechnik der Kerosinverbrauch zwischen 1970 und 2000 halbiert. Doch diese Zahl, von der Fluglobby gern verbreitet, ist ein billiger Trick: Sie vergleicht frühe Düsenjets mit denen von heute und verschweigt, dass Propellerflugzeuge erheblich weniger Kerosin verbrauchen (dabei aber auch langsamer sind). »Die heutigen Maschinen sind nicht effizienter als die typischen Flugzeuge der fünfziger Jahre«, erklärt die European Federation for Transport and Environment.[118]

Die größten Hoffnungen setzt die Branche in die Leichtbauweise. Daran wird zum Beispiel am Deutschen Zentrum für Luft- und Raumfahrt geforscht. »Ich halte es für möglich, dass die tragenden Teile bis 2012 um 30 Prozent leichter werden«, sagt Professor Michael Sinapius. Mit Kohlefasern verstärkte Kunststoffe sind so stabil wie Stahl, ihr Gewicht beträgt dabei nur etwa ein Sechstel. 800 Tonnen, sagt Sinapius, wiegt das modernste Flugzeug der Welt – der Airbus A380. »Beim Bau des A380 werden schon 30 Prozent Kohlenstoff-Faserverbunde eingesetzt«, sagt der Professor, für die nächste Flugzeuggeneration wird schon mit 50 Prozent geplant. Allerdings muss Sinapius einräumen, dass seine Forschung für das Klima nur von begrenztem Nutzen ist. »Wir glauben, dass sich bis 2012 durch die Kohlenstoff-Faserverbunde drei bis vier Prozent Kerosin einsparen lassen.« Um solche Werte verändern sich die Passagierzahlen in Europa jedes Jahr – nach oben.

Wolfgang Mayrhuber verfolgt Abwehrstrategie Nummer zwei: Die Fluglotsen seien schuld, sagt der Chef der

Deutschen Lufthansa. »Wenn das Flugzeug keinen Zick-
zack-Kurs fliegen müsste, könnte es auf einem Flug nach
China mehr als sieben Tonnen Treibstoff einsparen.« Viel
sinnvoller als etwa der Emissionshandel sei deshalb ein
grenzenloser Luftraum über Europa, mit dem Verspätun-
gen, Warteschleifen und unnötig lange Flugstrecken vermieden würden. »Wenn wir Umweltschutz betreiben wollen, dann müssen wir den Treibstoffverbrauch reduzieren
und weniger Umwege fliegen«, sagt Mayrhuber.

Fluglotsen reagieren auf solche Aussagen genauso genervt
wie Umweltschützer. »Humbug«, meint Axel Raab, Sprecher der Deutschen Flugsicherung. An einer Wand im Lage-
zentrum Langen blinken hunderte Punkte: Flugzeuge, die
gerade durch den deutschen Luftraum schweben: QSC117
aus Mombasa, DLH4675 aus Amsterdam, AF5889 aus
Lyon. »Nehmen wir diesen Flug hier«, sagt Raab und lässt
den Computer die Flugstrecke eines Jets von Hamburg nach
Frankfurt auswerfen. »Die ›optimale‹ Route, die für das
Flugzeug berechnet wurde, ist 256 nautische Meilen lang.
Tatsächlich aber leiten wir das Flugzeug so, dass die Strecke sechs Meilen kürzer ist.« Möglich ist dies dank des sa-
tellitengestützten Navigationssystems GPS. »Früher gaben
Ortungsfeuer am Boden die Flugroute vor«, erläutert Raab.
Solche Funksender am Boden weisen den Flugzeugen ihren
Weg, aber mit der Zunahme des Verkehrs am Himmel wurden auch die Flugkorridore zwischen den Ortungsfeuern
immer voller. »Dank GPS sind wir flexibler«, sagt Raab.
Heute könne der gesamte Himmel als Flugstraße genutzt
werden. Raab: »Das hat enorm zur Optimierung der Wege
beigetragen.« Mehr Optimierung sei praktisch unmöglich.
Wer das Gegenteil behaupte, habe keine Ahnung. »Natürlich könnte man die Warteschleifenzeit in Frankfurt ver-
kürzen – mit einer dritten Landebahn.« Aber die Kehrseite
kennt Raab auch: »Wer neue Landebahnen baut, der erntet
neuen Flugverkehr.«

Richard Branson setzt auf die dritte Konterstrategie: den Ablasshandel. Der Selfmade-Milliardär hat die britischen Fluggesellschaften Virgin Airlines und Virgin Express gegründet, besitzt Fluglinien in den USA, in Australien, sogar in Nigeria. Jetzt sagt Branson, er habe »einiges zum Thema Klimaerwärmung gelesen« und sei nun überzeugt, »dass es sich um die größte Gefahr handelt, die die Erde und die Menschheit bedroht«.[119] Also trommelt Branson, den die Queen zu Sir Richard geschlagen hat, seit ein paar Monaten für mehr Klimaschutz. Sir Richard versteht es, sich stets glänzend zu inszenieren, etwa mit einer Erdumrundung im Heißluftballon. Auf einer Konferenz der »Clinton Global Initiative« in New York, einem von Ex-Präsident Bill Clinton gegründeten Forum, versprach er Ende 2006, seine Firmen würden in den kommenden zehn Jahren insgesamt 2,4 Milliarden Euro in die Entwicklung erneuerbarer Energien investieren. Sein Vermögen – die *Sunday Times* beziffert es auf 4,5 Milliarden Euro – hat der 56-Jährige zu einem Großteil mit Klimazerstörung gemacht, nun setzt er eben auf die nächste Wachstumsbranche. Und startet nebenher eine Firma Virgin Galactic, die ab 2008 steinreiche Touristen auf Kurzreise ins Weltall bringt. Suborbitale Weltraumflüge aber, vielleicht hat Branson davon noch nichts gelesen, verursachen ein Vielfaches des Treibhausgas-Ausstoßes konventioneller Flüge.

In der Politik haben derlei Konterstrategien trotzdem Erfolg, beim Bundesverkehrsminister zum Beispiel. »Wir dürfen es nicht beim Emissionshandel belassen«, sagt Wolfgang Tiefensee (SPD). Wer jetzt auf das Wort »Steuern« hofft, der hofft vergeblich. Tiefensees »umfassende Gesamtstrategie« zum Luftverkehr klingt, als sei sie bei der Lufthansa abgeschrieben. Sie sieht eine Optimierung der Flugrouten, eine Reduzierung von Warteschleifen und geringeren Treibstoffverbrauch durch bessere Technik vor. »Die Politik hofft wohl, dass irgendjemand Flugzeuge erfindet, die keinen Klimawandel verursachen«, sagt Emily Armistead, Flugexpertin bei Greenpeace. »Aber das ist so, wie auf Zigaretten zu warten, die keinen Krebs verursachen. Auf das Beste zu hoffen, ist keine Politik, sondern eine Illusion.«

Für die nächsten Jahre hat die Greenpeace-Aktivistin sicherlich recht, in absehbarer Zeit hilft dem Klima nur eines: aufs Fliegen verzichten. Natürlich, die meisten Europäer werden eine solche Empfehlung als Zumutung empfinden – und vergessen vollkommen, dass 95 Prozent der Weltbevölkerung noch nie ein Flugzeug von innen gesehen haben. »Wir sollen nicht mal mehr in Urlaub fliegen!«, lautete denn auch eine empörte *Bild*-Schlagzeile im März 2007, nach den ersten Wochen aufgeregter Klimadebatte. Mag ja sein, dass ein Wochenend-Trip nach Barcelona oder zwei Wochen Strand auf Bali Spaß machen, aber sie zerstören auch das Klima. Übrigens ist es für den Kohlendioxid-Ausstoß einerlei, ob jemand zum Karneval nach Rio fliegt oder zum Öko-Urlaub in den Amazonas-Regenwald. Niemand will zurück ins 19. Jahrhundert, als es einen Abschied für immer bedeutete, wenn ein Familienmitglied nach Amerika auswanderte. Aber muss man die Freunde in New York wirklich zweimal im Jahr besuchen? Glaubt jemand ernsthaft, ein 14-tägiger Kurztrip nach Indien bringe etwas für die Völkerverständigung? Und müssen mitten im Winter wirklich Erdbeeren von den kanarischen Inseln auf den Tisch?

Außer für lebenswichtige Transporte wie Blutplasma oder Spezialmedikamente sollte Luftfrachtverkehr schlicht verboten werden. Der Welthandel – zum Beispiel mit T-Shirts aus Thailand – kann genauso über die Weltmeere abgewickelt werden. Zwar sind viele Containerschiffe bislang regelrechte Dreckschleudern, doch an Alternativen wird längst gearbeitet. Die Hamburger Firma SkySails hat einen Zugdrachen für Frachter entwickelt, der auf hoher See den Schiffsmotor ergänzt und den Dieselverbrauch um zehn bis 35 Prozent senken kann. Ein 160 Quadratmeter großes Windsegel besteht auf dem 800 Tonnen schweren Forschungsschiff Beaufort gerade seinen Praxistest. Weltweit eingesetzt, könnten durch diese Technologie pro Jahr 146 Millionen Tonnen Kohlendioxid gespart werden, sagt Henrik Krenc von der Universität Oldenburg. Zum Vergleich: Das ist immerhin ein Drittel des Jahresausstoßes der emissionshandelspflichtigen deutschen Wirtschaft. Außerdem gibt es Versuche, Schiffsmotoren mit Bio-Diesel zu betreiben oder Windräder auf Deck zu installieren und mit deren Energie die Schiffsschrauben anzutreiben. Wenn dann auch noch Solarzellen das Kühlhaus an Bord versorgen, spricht nur noch wenig gegen Lammfleisch aus Neuseeland.

Eine Alternative für den weltumspannenden Passagierverkehr ist schwerer zu finden, kaum ein Tourist wird sich auf Schiffspassagen nach New York oder Shanghai einlassen. (Warum eigentlich nicht?) Der französische Abenteurer Bertrand Piccard träumt derzeit von einer Erdumrundung im Solarflugzeug. Im Mai 2011 will er in Dubai starten, von dort soll es nach Indien und China gehen, dann über den Pazifik bis Hawaii und aufs amerikanische Festland, von dort über den Atlantik und nach Europa zurück an den Persischen Golf. Die Spannweite der auf den Namen »Solar Impulse« getauften Ein-Mann-Maschine wird etwa 80 Meter betragen, etwas mehr als die des neuen Riesen-Airbus A380, der bis zu 850 Menschen fassen kann. Zwanzig Tage soll die Reise dauern, und geflogen werden soll auch nachts.

Nachts? Fliegen? Mit einem Solarflugzeug? Wenn keine Sonne scheint? »Das ist bislang der limitierende Faktor«, gibt André Borschberg zu, einer der am Projekt beteiligten Ingenieure. Einfache Solarflugzeuge gibt es längst, schon vor 26 Jahren überquerte eines den Ärmelkanal. Auch das

US-Militär forschte schon zu Beginn der achtziger Jahre an sonnengetriebenen Aufklärungsflugzeugen. Aber ein großtechnischer Einsatz zum Passagiertransport wird solchen Geräten bisher nicht zugetraut. Einmal, weil sie zu langsam sind. Zweitens, weil nachts keine Sonne scheint. Und drittens bisher die Batterien zu schwer und Solarzellen zu schwach sind, um auf den Tragflächen genug Energie zu erzeugen. Doch einen ersten Testflug hat die »Solar Impulse« bereits bestanden. Am 16. Mai 2006 ging es in Dubai los, fünf Uhr in der Frühe, also bei Dunkelheit. Nach einer Reisestrecke von 5500 Kilometern und exakt 92 Stunden landeten die Pioniere im Süden Chinas.[120] Kann sich aus solch einem Projekt das Flugzeug der Zukunft entwickeln? Schwer vorstellbar. Die durchschnittliche Motorleistung über 24 Stunden betrug gerade einmal 12 PS, die Turbinen des A380 schaffen 168 000 PS – das 14 000-fache. Andererseits: Mit 12 PS gelang den Gebrüdern Wright 1903 der erste Motorflug der Welt. Damals vermutete auch niemand, dass Fliegen einmal alltäglich sein würde.

Dies muss in den nächsten zwölf Monaten passieren:

1. Fliegen Sie nicht mehr. (Kennen Sie denn schon den Taunus?) Streichen Sie zumindest den nächsten Flug. Wer glaubt, unbedingt fliegen zu müssen, der sollte zumindest einen Ausgleich für den Klimaschaden zahlen, zum Beispiel an eine Agentur wie Atmosfair. Unter *www.wir-klimaretter.de/fliegen* finden Sie Hinweise zu Reiseveranstaltern, die nur klimaschonende Tickets verkaufen.

2. Fliegen muss teurer werden. Sofort. Die Bundesregierung beschließt deshalb eine kleine Änderung des Mineralölsteuergesetzes: In §4 Abs. 1 Nr. 3 wird die Steuerbefreiung von Luftfahrtbetriebsstoffen gestrichen, in Kraft treten könnte diese Regelung schon zum 1. Januar 2008. Damit wird übrigens bloß umgesetzt, was die Regierung im Subventionsbericht längst niedergeschrieben hat: »Die Begünstigung des gewerblichen inländischen Flugverkehrs ist abzubauen. Wegen des erreichten Entwicklungsstandes ist diese gegenüber dem mit Mineralölsteuer belasteten Straßenverkehr und Schienenverkehr mit Diesellokomotiven nicht mehr gerechtfertigt.«[121]

Sie selbst könnten Ihren Bundestagsabgeordneten fragen: Werden Sie den Kerosin-Skandal beenden? Werden Sie sich dafür einsetzen, dass das Flugbenzin genauso besteuert wird wie Eisenbahndiesel? Die Adresse Ihres Wahlkreisabgeordneten finden Sie unter: *www.wir-klima-retter.de/einmischen*

3. Werbung für Flugreisen wird eingeschränkt, die Bundesregierung erlässt ein entsprechendes Gesetz. Ähnlich dem Aufdruck auf Zigarettenschachteln muss künftig jedes Plakat eines Fernreiseveranstalters, jede Annonce eines Billig-Flug-Anbieters den deutlichen Hinweis enthalten: »Fliegen zerstört das Klima. Überlegen Sie deshalb bitte genau, ob Ihr geplanter Flug wirklich notwendig ist!«

11. Niedrig-Energie-Städte bauen
Ein Pullover für jedes Haus

Rund ein Drittel des deutschen Kohlendioxid-
Ausstoßes geht auf das Konto des Heizens.
Nirgends ist mit so wenig Aufwand so viel
Einsparung möglich – nicht fünf bis zehn, sondern
achtzig, neunzig oder gar hundert Prozent!

Ein schmaler Fußweg trennt in Freiburg im Breisgau das
Bauen der Vergangenheit von dem der Zukunft. In Vau-
ban, ganz am Südrand der Stadt, wo Anfang der neunziger Jahre die letzten französischen Besatzungstruppen
abzogen, ist auf einem ehemaligen Kasernengelände ein
neues Wohnviertel entstanden. Als die Stadt das Bauland
verteilte, gab sie ein paar Parzellen an Rolf Disch, einen
örtlichen Architekten, der sich mit ökologischen Bauten
einen Namen gemacht hat. Links des Fußwegs hat er eine
»Solarsiedlung« errichtet, rechts davon zogen konventionelle Freiburger Wohnungsfirmen ihre Häuser hoch – und
der Unterschied ist frappierend.

Rechts stehen die üblichen Wohnwürfel, fünf Stockwerke hoch mit Flachdach, an jeder Außenwand sind die
Fenster gleich groß. Links aber wurden die zwei- bis drei-
stöckigen Reihenhäuser konsequent nach den Himmels-
richtungen ausgerichtet: An der Nordseite sind die Fenster klein,
nach Süden besteht die Fassade fast nur aus Glas. Auch die
Dächer sind asymmetrisch, in Richtung Norden zeigt nur
eine kleine Fläche, der allergrößte Teil geht nach Süden und
schimmert anthrazitfarben – so kann eine maximale Zahl
von Solarzellen die maximale Menge Sonnenlicht in Strom
umwandeln. Die Unterkante des Schleppdachs ist weit nach
unten gezogen, dadurch wirft es im Sommer kühlen Schat-

ten, nur im Winter fallen die Strahlen der dann tiefer stehenden Sonne weit in die Zimmer und wärmen sie. Auch rechts des Fußwegs, vor den konventionellen Häusern, werben Baustellenschilder mit »Niedrigenergiebauweise«, was aber vermutlich nur heißt, dass die Wärmedämmung den Vorgaben der bundesdeutschen Energie-Einspar-Verordnung entspricht. Linkerhand ist die Dämmung fast doppelt so dick. Deshalb kommen dort die Häuser fast ohne Heizung aus, und sie verbrauchen insgesamt – selbst wenn man alle Hausgeräte mitrechnet – sogar weniger Energie, als die Solarzellen auf ihren Dächern produzieren. Jedes Haus ist also ein kleines Kraftwerk, »PlusEnergiehäuser« hat Rolf Disch sie genannt.

Die Freiburger Solarsiedlung führt vor, was beim Bauen heutzutage technisch möglich, problemlos zu verwirklichen und dabei nicht einmal wesentlich teurer ist. Sähe ganz Deutschland so aus, könnten riesige Mengen Kohlendioxid eingespart werden. Denn rund ein Drittel der gesamten verbrauchten Energie wird für das Beheizen (und Kühlen) von Gebäuden verwendet. Ein durchschnittlicher Privathaushalt verfeuert pro Quadratmeter Wohnfläche – rechnet man die eingesetzte Primärenergie in Heizöl um – etwa 30 Liter im Jahr, und etliche Altbauten liegen noch weit darüber. Die Solarsiedlung in Freiburg dagegen kommt auf umgerechnet 1,5 Liter pro Quadratmeter, und weil das Heißwasser für Heizung und Bad aus einem klimafreundlichen Holz-Kraftwerk stammt, ist der Kohlendioxid-Ausstoß verschwindend gering. Die Solarzellen auf den Dächern drehen die Klimabilanz dann endgültig ins Plus. Im Wohnbereich, das lässt sich in Freiburg besichtigen, sind bei den Treibhausgas-Emissionen nicht nur Verbesserungen um fünf oder zehn Prozent zu schaffen, sondern achtzig, neunzig – oder sogar über hundert.

Das Büro von Rolf Disch bietet einen wunderbaren Blick über die Solarsiedlung. Es liegt im sogenannten

»Sonnenschiff«, seinem Folgeprojekt, einem mehrstöcki-
gen Bürogebäude, das die Wohnhäuser gegen den Lärm
der Hauptstraße abschirmt und mit dem er die hohen
Öko-Standards auf Gewerbebauten übertragen hat. Statt
mit dicker Steinwolle sind hier die Außenwände mit zehnmal effizienteren Vakuumpaneelen gedämmt. Wo keine
Luft ist – so das thermische Wirkprinzip –, kann auch
keine Wärme geleitet werden. Die Innenwände der Büros
sind mit Spezialputz versehen, der besonders viel Energie
speichern kann. Er enthält sogenanntes Phase Changing
Material (PCM), das sind Kunststoffe, deren Schmelz-
punkt um die 23 Grad Celsius liegt. Dadurch erhalten die
Räume eine größere Temperaturträgheit, im Sommer zum
Beispiel wird in dem PCM die Kühle der Nacht für den
heißen Tag gespeichert. Und dann sind da natürlich die
Fenster. Disch steht auf und öffnet eines, es ist dick wie ein
Ziegelstein. Der Dämmwert dieser Dreifachverglasung ist
etwa doppelt so gut wie der von Doppelglasfenstern. Natürlich seien bei solcher Ausstattung die Baukosten höher,
sagt Disch, er spricht von etwa 15 Prozent. Doch wenn
man die eingesparte Energie dagegenrechne, »bringt das
investierte Geld acht Prozent Rendite«. Mit der Vermie-
tung des »Sonnenschiffs« gab es offenbar keine Probleme.
Im Erdgeschoss sind ein Bio-Supermarkt und die Filiale
einer Drogeriekette eingezogen. Den gesamten Nordflügel
hat das Freiburger Öko-Institut übernommen, hinzu kommen die alternative GLS-Bank, aber auch ganz normale
Arztpraxen und eine Bar.

Disch redet mit der Ruhe und Gelassenheit eines Visio-
närs, der sieht, dass seine Zeit gekommen ist. Einst hatte
er Möbelschreiner und Maurer gelernt, später Bautechnik
studiert, aber seine politische Schule war die Anti-Atom-
Bewegung. In den siebziger Jahren war nahe Freiburg,
in Wyhl, ein Atomkraftwerk geplant. Es folgten Massen-
demonstrationen und eine Bauplatzbesetzung. »Wir ha-

ben hier das weltweit erste Mal ein AKW verhindert«, sagt Disch noch heute stolz. Er war damals ein junger Architekt, und irgendwann sagte er sich, man könne ja nicht nur immer *gegen* etwas sein. Also entwickelte er Stromsparkonzepte, baute sonnengetriebene Autos, bald auch Solarhäuser. Heute hat Dischs Büro zehn Angestellte, gerade war er auf Vortragsreise in Chile, um auch dort seine Erfahrungen weiterzugeben. Die Solarsiedlung mit ihren 47 Häusern ist sein bisher größtes Projekt, und es ist auch jenseits der Energiebilanz ökologisch durchdacht. Durch das Wohngebiet führt nur ein schmaler Fahrweg mit rot-weißen Pollern am Anfang und am Ende. Autos dürfen die Bewohner zwar besitzen, aber bis zu den nächstliegenden Parkplätzen in der Tiefgarage des »Sonnenschiffs« sind es ein paar zeitraubende Schritte. Direkt an den Häusern dürfen nur Fahrräder parken, und die beiden Stellplätze für Carsharing-Autos am Rand der Siedlung liegen ebenfalls näher als das eigene Fahrzeug. Auch das ist nebenan, in dem konventionellen Wohngebiet, ganz anders: Dort führt die asphaltierte Straße vor jedes Haus, und fast überall gibt es eine Garage im Keller.

Eigentlich ist es nicht besonders schwierig, energiesparend und klimaschonend zu bauen – der Mensch hat es nur in den letzten Jahrhunderten verlernt. Seit er den Höhlen entflohen war, hatte er seine Häuser nach der Sonne ausgerichtet. Anfangs gab es nur Holz zum Verfeuern, und da musste er noch sparsam sein. Später heizte er mit Kohle, dann mit Öl und Gas und irgendwann mit Strom aus Atomkraftwerken. Zweifellos waren trockene und warme Wohnungen ein großer Menschheitsfortschritt, sie ließen Krankheiten und Kindersterblichkeit zurückgehen. Aber in seiner Freude an Bequemlichkeit und Luxus nahm der *Homo sapiens* an, Energie stünde ihm unbegrenzt und billig zur Verfügung. In der Tat waren Baustoffe lange Zeit knapper und teurer als Energie. Jedenfalls sind die

Gebäude von heute weniger dazu geeignet, Kälte draußen zu halten, als sie immer und immer wieder mit neuer Heizenergie zu vertreiben.

Dabei besteht eine Wohnung, physikalisch gesehen, nur aus ein paar hundert Kubikmetern Luft, umgeben von Wänden und Decken; die gesamte Luft kann gerade so viel Wärme speichern wie ein paar Eimer Wasser. Man bräuchte sie nur zu isolieren, ungefähr wie in einer Thermoskanne – stattdessen gleichen die heutigen Wohnungen eher der Glaskanne auf der Kaffeemaschine, unter dem die Heizplatte ständig angeschaltet sein muss.

Es ist kein Zufall, dass die erste Wärmeschutzverordnung der Bundesrepublik Deutschland Ende der siebziger Jahre erlassen wurde, kurz nach der ersten Ölkrise. 1984 und 1995 wurde sie überarbeitet, heißt seit 2002 Energie-Einspar-Verordnung (EnEV). Sie formuliert gewisse Verbrauchsobergrenzen für Neubauten und sanierte Altbauten, doch genützt hat sie wenig. Derzeit gibt es in Deutschland gerade einmal 6000 hocheffiziente Gebäude – bei mehr als drei Millionen Wohnungen, die seit Anfang der neunziger Jahre neu gebaut wurden.[122] Ungleich wirkungsvoller wäre ein kleiner Eingriff in die Eigenheimzulage gewesen: Seit 1996 schüttete die Bundesregierung Jahr für Jahr Milliarden an Häuslebauer aus, und mit einem Federstrich hätte sie die Zuschüsse an Energiesparauflagen binden können.

Auf dem Markt für Eigenheime gibt es heute eine kaum entwirrbare Begriffsvielfalt: Als »Niedrigenergiehäuser« oder »Energiesparhäuser« gelten schon Gebäude, die einfach nur der EnEV entsprechen, also nicht mehr als 70 Kilowattstunden Primärenergie pro Quadratmeter Wohnfläche und Jahr verbrauchen. Zum Vergleich: Noch vor 30 Jahren waren zwischen 200 und 300 kWh/m² üblich. Technisch möglich und bei den momentanen Energiepreisen auch lukrativ ist schon viel mehr. Deshalb gibt es

Zuschüsse von der staatlichen Förderbank KfW erst für Häuser, die auf unter 60 oder 40 Kilowattstunden pro Quadratmeter kommen. Letztere – als »KfW-40-Häuser« bekannt – werden auch als »Drei-Liter-Häuser« beworben, weil ihr Energiebedarf ungefähr drei Litern Heizöl pro Jahr und Quadratmeter entspricht. Noch einmal doppelt so sparsam muss ein »Passivhaus« sein, es braucht – daher der Name – eigentlich gar keine aktive Heizung mehr. Die notwendige Wärmezufuhr ist so gering, dass es buchstäblich mit Glühlampen beheizt werden könnte – für ein zwanzig Quadratmeter großes Zimmer würden zwei 100-Watt-Lampen ausreichen. In der Realität reichen hier als Wärmelieferanten das einfallende Sonnenlicht, die Körperwärme der Bewohner oder die Abwärme eines Fernsehgerätes. Bautechnisch sind die Gebäude der Freiburger Solarsiedlung Passivhäuser.

Die Energie-Einspar-Verordnung müsste Passivhäuser zum Neubau-Standard machen

Längst sind Passivhäuser keine High-Tech-Spielzeuge mehr für durchgeknallte Wissenschaftler oder Öko-Freaks. Sie brauchen lediglich – Teil eins des Konzepts – eine ordentliche Isolierung, bei den heutigen Baustoffen etwa 30 cm dick, die nirgends, wirklich nirgends unterbrochen sein darf (außer natürlich von dreifach verglasten Fenstern), denn kaum etwas fürchtet ein Passivhaus-Bauherr so sehr wie »Wärmebrücken«, über die seine kostbare Energie in die Umgebung abfließen würde. Nebenbei sorgt die Dämmung für angenehme Kühle im Sommer. Teil zwei des Konzepts ist die Lüftung. Sie erfolgt nicht mehr wie früher mittels mehr oder weniger regelmäßigem Aufreißen der Fenster oder durch irgendwelche Ritzen, sondern kontrolliert und durch einen Wärmetauscher, der die frische Luft von draußen mit der Energie der Warmluft von drinnen aufheizt. Nur an wenigen Tagen im Jahr ist weitere Wärme nötig, dann wird die Zuluft durch einen kleinen Heizer weiter erhitzt – und dafür reicht das aus, was regenerative Energien liefern können. Konventionelle Heizkörper brauchen Passivhäuser eigentlich nicht – oft werden sie trotzdem eingebaut, weil die Bewohner es von früher so gewöhnt sind und sich damit sicherer fühlen.

Gut 15 Jahre ist es her, dass am Rande von Darmstadt die ersten Passivhäuser Deutschlands entstanden. Viele Experten, erinnert sich Bauherr Wolfgang Feist, hielten das Projekt für Spinnerei. Weil es damals, 1991, nur 15 Zentimeter dicke Dämmstoffe gab, musste er zwei Schichten übereinanderkleben lassen. Und allen Kritikern zum Trotz sind die Bewohner auch in harten Wintern nicht erfroren – im Gegenteil, sie erleben in ihren Wohnräumen eine nie gekannte Behaglichkeit: Wegen der perfekten Dämmung gibt es in Passivhäusern keine kalten Ecken mehr und nirgendwo das Gefühl von Zugluft, das man im Winter häufig vor unzureichend isolierten Fensterflächen empfindet. Dank der automatischen Umwälzung ist die Luft immer frisch, unangenehme Gerüche verschwinden so schnell, dass selbst Raucher niemanden mehr stören. Wer in einem Passivhaus lebt, erinnert sich an seine alte Wohnung oft mit einem Schaudern, wie es andere Menschen bei der Erinnerung an Ofenheizung oder Außentoiletten überkommt.

Wolfgang Feist hat Mitte der neunziger Jahre in Darmstadt das Passivhaus-Institut gegründet, seitdem berät er Architekten und Investoren und forscht an neuen Baustoffen. Auf der Internetseite des Instituts gibt es eine Datenbank mit mehr als 800 Passivhäusern. Eigenheime und Mehrfamilienhäuser aller Formen und Farben sind da zu finden, ebenso Schulen, Kindergärten und Altenheime, Bürogebäude, eine ganze Fabrik mit 4000 Quadratmetern Fläche und sogar eine österreichische Alphütte, das Schiestlhaus in der Steiermark, im September 2005 auf 2154 Metern Höhe eröffnet.

Bei guter Planung müssen Passivhäuser nicht teurer sein als konventionelle Gebäude. Der Neubau einer Montessori-Schule in Aufkirchen zum Beispiel blieb mit einem Quadratmeterpreis von gut 1500 Euro sogar unter den Kostensätzen für den bayerischen Schulbau. Bei Einfamilienhäusern ist mit fünf bis acht Prozent Mehrkosten zu rechnen, die sich durch niedrigere Energierechnungen aber schnell amortisieren.

Mit etwas Geschick lassen sich auch Altbauten auf Passiv-Standard bringen, im bayerischen Günzburg hat dies ein Architekt sogar mit seinem denkmalgeschützten Fachwerkhaus aus dem 18. Jahrhundert geschafft. Und dass klimafreundliche Gebäude nicht hässlich aussehen müssen, bewies auf der letzten Jahrestagung des Passivhaus-Instituts ein Ingenieur von der Fachhochschule Kärnten. In einem Seminar hatte er seinen Studenten die Aufgabe gestellt, sechs Architektur-Ikonen zu Passivhäusern umzuplanen, und zwar ohne deren Form zu verändern – bei fünfen waren sie erfolgreich.

Die etwas weniger anspruchsvollen »Drei-Liter-Häuser« gibt es längst auch von der Stange. Jedermann und -frau kann sie beispielsweise bei der Firma Libella bestellen, einer Tochter des größten deutschen Fertighausanbieters Kampa. Ein Dutzend unterschiedlicher Haustypen stehen da im Katalog, außerdem lassen sich alle Grundrisse frei nach Kundenwunsch verändern. Im Libella-Werk in Ziesar, direkt an der Autobahn Berlin-Magdeburg, werden dann die einzelnen Wände gefertigt. Große Stapel Holz liegen dort, die von computergesteuerten Maschinen zu Rahmen montiert und danach von Arbeitern mit Steinwolle ausgestopft werden. Im nächsten Schritt erhalten die Außenwände eine Styropor-Dämmung, so dick, wie der Kunde sie wünscht. Mit fertig montierten Fenstern und vorbereiteter Lüftungsanlage rollen die Bauteile schließlich auf zwei Lkw zum Bauplatz, und in kürzester Zeit steht ein neues Niedrigst-Energie-Haus.

Da drängt sich die Frage auf, warum überhaupt noch andere Häuser gebaut werden.

Wolfgang Feist vom Darmstädter Passivhaus-Institut lacht. »Ja«, sagt er, »darüber mach ich mir auch ab und zu meine Gedanken.« Er sagt, es gebe – wie bei jeder Innovation – eine Vielzahl diffuser Gründe. Der wichtigste sei sicherlich, dass »der Mensch eine eingebaute Skepsis hat, und das ist ja auch gar nicht so schlecht«. Beim Bauen, sagt Feist, sei sie nur besonders schwer zu überwinden, denn normalerweise errichtet ein Mensch nur einmal in seinem Leben ein Eigenheim – und da wolle er eben keine Experimente.

Der Kasseler Umweltsystemforscher und Passivhaus-Konstrukteur Hartmut Hübner sagt, in Deutschland gebe es regelrechte Kampagnen gegen Passivhäuser. Deren Drahtzieher, vermutet er, säßen in der Energiewirtschaft. Insider berichten, dass solche Kämpfe nur selten offen ausgefochten werden, sondern eher im Stillen, etwa in den Normenkommissionen für die Baubranche, wo Vertreter von Lobbyverbänden bewusst Regeln formulieren, die für Passivhäuser unpraktikabel sind.

Mit Sicherheit aber herrscht allerorten noch Mangel an Wissen und Lücken in der Information – und manchmal fast irrationale Vorurteile. Im harten Winter 2005/06 erschien in der *ZEIT* ein großer Artikel über Passivhäuser, und danach, erinnert sich Autor Frank Drieschner, »schlug eine Wutwelle über mir zusammen«. Planer, Handwerker und Architekten beschimpften ihn, meist ohne Argumente, wie er sagt. Die meisten hätten nicht einmal gewusst, dass man in Passivhäusern selbstverständlich die Fenster öffnen darf. Auf der anderen Seite wurde Drieschner von Ratsuchenden Häuslebauern mit Fragen überhäuft, tagelang kam er kaum noch zu seiner eigentlichen Arbeit.

Wenn die Bundesregierung also wirklich etwas für den Klimaschutz tun will, sollte sie die Energie-Einspar-Verordnung sofort überarbeiten und das Passivhaus als Neubaustandard zwingend vorschreiben. Damit sich Bauherren, Handwerker und Architekten darauf einstellen können, ist vermutlich eine mehrjährige Übergangsfrist sinnvoll. An Universitäten und Berufsschulen müsste endlich die Passivhaus-Technologie gelehrt werden. Und warum eigentlich finanziert die Dämmstoffindustrie, die ja ganz gut an der Gebäudesanierung verdient, nicht an irgendeiner Hochschule in Deutschland eine Stiftungs-Professur für Energieeffizienz bei Bauwerken?

In Baden-Württemberg wird derzeit die Änderung der Landesbauordnung geprüft – auf Vorschlag der CDU-Landtagsfraktion soll bei Neubauten künftig zwingend vorgeschrieben sein, dass sie mindestens 20 Prozent ihrer Heizenergie aus regenerativen Quellen beziehen, zum Beispiel aus Solarkollektoren, aus einer Holzpellet-Heizung oder per Erdwärme. Daran sollten sich die anderen Bundesländer ein Beispiel nehmen. In naher Zukunft könnten die Heizkessel in den Kellern von Einfamilienhäusern mit Stromgeneratoren ausgerüstet sein – solche Kleinst-Blockheizkraftwerke würden die eingesetzte Energie optimal nutzen. Schon heute wäre es Städten und Gemeinden möglich, Grundstücke in Neubaugebieten bevorzugt oder verbilligt an Passivhaus-Bauherren zu vergeben. Sie könnten in ihren Flächennutzungs- und Bebauungsplänen strenge Energiespar-Vorgaben machen.

Überhaupt ließe sich die Klimabilanz neuer Siedlungen durch kluge Planung deutlich verbessern. »Die städtebauliche Struktur«, sagt Heiner Monheim, Verkehrswissenschaftler an der Universität Trier, »ist für die Gesamtenergiebilanz unglaublich wichtig.« Als Positivbeispiel nennt er Hannover, wo bei der Ansiedlung großer Arbeitgeber seit langem darauf geachtet wird, sie an den öffentlichen Nahverkehr anzubinden. Bei neuen Wohnvierteln sollte das sowieso selbstverständlich sein, um den klimaschädlichen Autoverkehr zu mindern. Die Einführung einer City-Maut hat in der Londoner Innenstadt das Verkehrsaufkommen um 20 Prozent sinken lassen. Es gebe viele Schrauben, sagt Monheim, an denen Politiker drehen könnten, und verweist auf die beachtlichen Schwankungsbreiten im Mix der Verkehrsträger in vergleichbaren deutschen Städten: Der Anteil des Fahrrads liege mancherorts bei drei, anderswo bei 35 Prozent, der des Autos mal bei 40, mal bei 75 Prozent.

Reihenhäuser, auch das eine fast banale Sache, sind energetisch vorteilhafter als freistehende Eigenheime, weil sie weniger Außenwände haben, die aufwendig gedämmt werden müssen. Bauen mit Holz ist erheblich klimaschonender als mit Beton, weil für jede Tonne Zement bei der energieaufwendigen Herstellung schätzungsweise rund 800 Kilogramm Kohlendioxid emittiert werden. Immer größer werdende Wohnungen – in Deutschland stieg die Fläche pro Kopf von unter 35 Quadratmetern 1991 auf heute mehr als 41 – sind ein Klimafrevel, solange sie nicht in Passivhäusern liegen. Gemeinsames Leben in Wohngemeinschaften oder in den neuerdings beliebten Mehrgenerationenhäusern hat nicht nur soziale, sondern in der Regel auch ökologische Vorzüge. Man braucht gar nicht so weit zu gehen wie das südkoreanische Architekturbüro Mass Studies mit seiner Studie »Seoul Commune 2026«, einem Öko-Viertel aus kakteenförmigen Hochhäusern, in denen die privaten Räume auf kleine Einheiten im Kern beschränkt sind, um die herum sich vollständig begrünte, halb- oder ganz öffentliche Flächen gruppieren.

In einem Modellprojekt namens »EnyCity« hat EnBW, Deutschlands drittgrößter Stromkonzern, das energetische Einsparpotenzial in der Siedlungsplanung errechnet. Ein Dutzend Leute setzte sich für ein paar Monate zusammen, erzählt Projektleiter Hans Rüdiger Lange, und stellte sich vor, »wir würden eine ganz neue Stadt bauen«. Die Rohdaten lieferte das Projekt Synia in der Boom-Provinz Zheijang, eine vollkommen neue Stadt soll dort entstehen. Faktoren wie das Kochverhalten von 800 000 Chinesen simulierten die deutschen Ingenieure ebenso wie Luftfeuchte- und Temperaturentwicklung für ein ganzes Jahr. Dann rechneten sie unterschiedliche Optionen für Stadtstruktur und Energieversorgung durch. Als beste Variante erwiesen sich eine Durchmischung von Wohn- und Gewerbegebieten und eine Stromerzeugung in dezentralen Kraftwerken, deren Abwärme die EnBW-Leute mit moderner Wandlertechnologie als Kühlenergie für Klimaanlagen nutzten. Um immerhin 25 Prozent, so das Ergebnis, ließe sich so der Ausstoß von Kohlendioxid senken. Die Erfahrungen aus dem Projekt, sagt Lange, sollen in ein neues Geschäftsfeld von EnBW einfließen, das eher mit Energieberatung Geld verdienen soll als mit bloßer Energielieferung. Doch würde der Konzern die Ergebnisse von »EnyCity« wirklich ernst nehmen, müsste er sich grundlegend wandeln; bisher nämlich erzeugt EnBW seinen Strom hauptsächlich in riesigen Atomkraftwerken, bei denen die wertvolle Abwärme ungenutzt verpufft.

Ohnehin bringen solche Reißbrett-Utopien für die deutsche Kohlendioxid-Bilanz eher wenig – hierzulande schrumpfen Städte eher, als dass sie neu aus dem Boden gestampft werden. Und bei bestehenden Städten, das weiß auch EnBW-Mann Lange, »hat man gar nicht genügend Veränderungsmöglichkeiten«. Straßen und Kraftwerke sind in Deutschland längst gebaut. 80 Prozent des heutigen Wohnungsbestandes entstand bereits vor 1979, zu einer Zeit, als Energiesparen ein Fremdwort war. Nach Angaben der Fensterfirma Schüco gibt es immer noch mehr als hundert Millionen einfach verglaste Fenster. Würden sie alle ausgetauscht, könne man sieben Milliarden Liter

Heizöl in Deutschland einsparen (und bei Schüco eine Menge Arbeitsplätze schaffen).

Altbausanierung fördern – mit Steueranreizen, Fördergeldern und einer Energie-Polizei

Sämtliche Energiespar-Verordnungen haben im Altbaubestand noch weniger Spuren hinterlassen als an den Neubauten. Seit 1996 fördert die Bundesregierung deshalb mit mehreren Programmen der staatlichen KfW-Bank die Gebäudesanierung, aber auch das hat – so sinnvoll es ist – eher wenig gebracht. »Die energetische Sanierung im Altbaubestand ist nicht im erwarteten Umfang erfolgt«, lautete im Jahr 2005 die ernüchternde Bilanz des Umweltbundesamtes.[123] Wenn Hauseigentümer Handwerker anrücken lassen, bauen die meistens nur marginal bessere Fenster ein oder tragen neuen Putz auf die Wände auf. »Sechzig Prozent der Fassaden- und Dachsanierungen finden immer noch ohne Dämmung statt«, sagt Manfred Kleemann, der lange Jahre am Forschungszentrum Jülich gearbeitet hat. Die Energiespar-Verordnung werde »im Alltag einfach nicht eingehalten«.

Daran wird sich wenig ändern, solange deren Einhaltung nicht streng kontrolliert wird. Die deutschen Bauvorschriften gehen zurück auf das 19. Jahrhundert, sie konzentrieren sich noch immer auf die damals drängenden Gefahren, auf Feuersbrünste, Seuchen, einstürzende Decken. »Bauliche Anlagen ... sowie ihre Teile«, heißt es etwa in Paragraph 3 der Bayerischen Bauordnung, dürften »die öffentliche Sicherheit und Ordnung, insbesondere Leben und Gesundheit« nicht gefährden. So wie die Feuerwehr bislang über die Einhaltung von Brandschutzauflagen wacht oder die kommunalen Bauämter bei Bauanträgen die Statik prüfen, müsste es angesichts der heute ganz realen Gefahr des Klimakollapses eine Art Energie-Polizei geben, die Baustellen überwacht und endlich auch die laut Gesetz möglichen Buß-gelder von bis zu 50 000 Euro verhängt.

Besonders preiswert sind Investitionen ins Energiespa-ren, wenn bei Altbauten ohnehin eine Sanierung ansteht. Im Laufe der kommenden zwanzig Jahre wird das etwa die Hälfte des deutschen Wohnungsbestandes betreffen, jährlich sind das fast eine Million Einheiten. Die Förder-programme der KfW sind zwar im vergangenen Jahr auf-gestockt worden, reichten aber im Jahr 2006 für gerade 180 000 Kredite. Die Nachfrage, so ist zu hören, sei er-heblich höher gewesen als die verfügbaren Mittel. Die Programme müssten also noch einmal um mehrere Milli-arden Euro aufgestockt werden, um wirklich keine Chan-cen für Energie- und damit Kohlendioxid-Einsparung zu verschenken.

Ein Gründerzeithaus in der Berliner Karl-Kunger-Straße, Baujahr 1907. Es gibt tausende wie dieses in den Altbau-quartieren deutscher Städte, gewachsen zwischen 1880 und 1910, als die Industrialisierung die Bevölkerungszah-len rasant steigen ließ. Oft waren Ziegel, Holz und andere Baumaterialien knapp, gerade in den Hinterhäusern und den oberen Geschossen sind deshalb die Wände dünn. Der Bau in der Karl-Kunger-Straße ist in einem traurigen Zu-stand, der Putz tiefgrau, die Eingangstür hängt schief in den Scharnieren, in etlichen Wohnungen stehen noch Koh-leöfen. Kaum ein Fenster gleicht dem anderen, weil über die Jahrzehnte immer mal wieder eins ausgetauscht wurde. Gründlich gebaut wurde an dem Haus zuletzt 1954, hat Ralf Hemmen, der neue Eigentümer, im Bauaktenarchiv herausgefunden. Er ist selbst Energieberater und will an die-sem typischen Altbau vorführen, was bei einer Sanierung möglich ist. Bisher, hat er ausgerechnet, verbraucht das Ge-bäude 250 kWh Primärenergie pro Quadratmeter und Jahr. Nach der Sanierung sollen es 36,2 sein – eine Einsparung von 86 Prozent.

Hemmen verbrachte die letzten Jahre in der Uckermark, wo er sich um Windrad-Projekte kümmerte. Im gelben Parka und mit Trecking-Sandalen führt er über die Baustelle. An allen Außenwänden will er zwölf Zentimeter Styropor anbringen, eine dünne Brandwand an der Rückseite bekommt sogar 16 Zentimeter. Mehr sei schwierig, weil wegen der schmalen Fensternischen dann nur noch wenig Licht in die Zimmer käme. Der Dachstuhl wird vollkommen neu gebaut, und dort hat sich Hemmen etwas Besonderes ausgedacht: Statt der üblichen Dämmung nur *zwischen* den Sparren plant Hemmen eine durchgängige Dämmschicht *auf* den Balken. »So liegt die tragende Dachkonstruktion im Warmbereich«, erklärt er, »das beugt Feuchtigkeit und damit Schimmelbildung vor.« Schöner Nebeneffekt: Es entsteht zusätzlicher Raum für die geplante Dachgeschosswohnung. Die Unterseite der Kellerdecke bekommt ebenfalls eine Dämmschicht. Auch die Lüftungsanlage ist kein großes Problem, Leitungsschächte für Wasser und Abwasser führen ohnehin in alle Wohnungen. Sie werden durch ein weiteres Rohr ergänzt, etwa 20 Zentimeter im Durchmesser, über das aus allen Küchen und Bädern die verbrauchte Luft abgesaugt wird. Ein separates System für die Zuluft spart sich Hemmen, stattdessen bekommen die neuen Fenster kleine Einlassventile. Die Energie, die der Wärmetauscher aus der verbrauchten Luft zieht, wird in das Heizungssystem eingespeist.

Mit diesen einfachen Maßnahmen schafft es Hemmen, sogar die EnEV-Standards für Neubauten um mehr als 50 Prozent zu unterbieten. Und künftig, sagt er, »kann ich auch mangelndes Lüftungsverhalten der Mieter ausgleichen«. Eines der größten Probleme heutiger Wohnungen ist nämlich, dass die Bewohner viel zu selten die Fenster öffnen. Alle vier Stunden müsste das eigentlich passieren, um die Feuchtigkeit aus den Räumen zu lassen – was in vielen Mietverträgen sogar als Pflicht festgeschrieben ist, aber mit dem Alltag wenig zu tun hat.

Das einzige Problem in der Karl-Kunger-Straße ist die Straßenfassade. Die typischen Erker des Gründerzeithauses lassen sich zwar noch mit Dämmstoff einpacken, aber die Balkone, sagt der Bauherr, »die sind eine sehr schwierige Sache«. Ihre Bodenplatte ist tief im Mauerwerk verankert – eine klassische »Wärmebrücke«. Bei Neubauten ist es üblich, die Balkone nicht am Haus zu verankern, sondern selbsttragend vor die Fassade und ihre Wärmedämmung zu stellen. Das geht an der Straßenfront dieses Altbaus natürlich nicht. Ralf Hemmen könnte höchstens die Bodenfliesen aufnehmen und eine Dämmschicht darunter bringen und auch die Seitenmauern der Balkone isolieren. Aber das ist extrem aufwendig, weshalb er sich entschieden hat, die Balkone einfach zu lassen, wie sie sind. »Das kann man tolerieren«, sagt Hemmen. In der Gesamtbilanz des Hauses schlage sich die fehlende Isolierung an diesen kleinen Stellen nur mit etwa einem Prozent nieder.

Wolfgang Feist, der Passivhaus-Experte aus Darmstadt, hält ein solches Vorgehen bei Altbauten für vertretbar. An Stuck- oder Backsteinfassaden, sagt er, komme eine Außendämmung oft nicht in Frage. In solchen Fällen sei eine Innendämmung aber »immer noch besser als gar keine Dämmung«. Aber dabei seien Fachkenntnisse unerlässlich, denn eine falsch ausgeführte Innendämmung kann »katastrophale Folgen haben«. Sie lässt nämlich die Hauswände im kalten Außenbereich, und da werde oft bei der Feuchtigkeitssperre gepfuscht, dann »blüht der Schimmel«. Ganz anders übrigens als bei einer Außendämmung, wo die Gefahr von Wasserschäden gegenüber dem Ausgangszustand sogar deutlich sinke.

Die Deutsche Energieagentur (Dena) hat in den letzten Jahren zusätzlich zu den Programmen der KfW bundesweit mehr als hundert Modellprojekte gefördert, bei denen in Altbauten die Grenzwerte der Energie-Einspar-Verordnung weit unterschritten werden. Das Haus in der Karl-Kunger-Straße ist eines davon. Wolfgang Feist sagt, solche Vorbilder seien extrem wichtig. »Niemand kauft etwas, das er nicht vorher gesehen hat.« Er ist durchaus optimistisch, dass das Tempo der Altbausanierung künftig zunimmt. Der technische Fortschritt und steigende Stückzahlen ließen dreifachverglaste Fenster und andere typische Bauteile für Niedrigst-Energie-Häuser billiger werden. In einigen Jahren, hofft er, gebe es vielleicht schon kleine Wärmetauscher für einzelne Wohnungen oder gar einzelne Fenster. Das Fraunhofer-Institut für Solare Energiesysteme ist dabei, Fensterglas mit intelligenten Oberflächen zu entwickeln, die zwischen erwünschter Wärmezufuhr im Winter und unerwünschter Aufheizung im Sommer unterscheiden können.

Gebremst wird die Altbausanierung vor allem durch das sogenannte »Eigentümer-Nutzer-Dilemma«. Investieren muss der Besitzer des Hauses, Nutznießer aber ist der Mieter, der dank besserer Isolierung bei den Heizkosten spart. Der neue Energiepass, der ab 2008 für Wohnungen zur Pflicht wird, soll das Dilemma mildern: Mieter können darin den Wärmebedarf nachlesen, bevor sie einen Mietvertrag unterschreiben. Gut gedämmte Wohnungen müssten sich besser vermieten lassen, so die Idee, und könnten dem Eigentümer höhere Mieteinnahmen bringen. Doch solange Energie nicht teurer wird, dürfte der Nutzen begrenzt sein, weil Mieter ihre neue Wohnung nach vielen anderen Kriterien auswählen. In Städten wie München oder Hamburg ist froh, wer überhaupt ein bezahlbares Angebot findet.

Ein größerer Anreiz für Hauseigentümer würde geschaffen, wenn die Grundsteuer künftig an den Energiebedarf einer Immobilie gekoppelt würde. Oder wenn eine unzureichende Wärmedämmung als Baumangel gewertet würde und Mieter in solchen Fällen eine Mietminderung geltend machen könnten. Beide Maßnahmen wären mit einfachen Änderungen im Steuer- bzw. Mietrecht möglich – die Politik müsste nur wollen. Im Interesse des Denkmalschutzes könnten bei erhaltenswerten Fassaden natürlich Ausnahmen von der Dämmpflicht erlaubt sein. Aber bei den meisten Altbauten sind die Stuckelemente ohnehin nur aus Gips, sie könnten abgeschlagen und nach dem Aufbringen einer Außendämmung neu aufgeklebt werden. Wo wirklich keine Isolierung möglich ist und deshalb der Heizbedarf hoch liegt, da müsste die Energieversorgung aus regenerativen, kohlendioxidfreien Quellen vorgeschrieben werden.

Mit Abstand wichtigster Faktor sind zweifellos die Energiekosten, je höher sie liegen, desto rentabler wird das Energiesparen. Oder, umgekehrt ausgedrückt: Wenn Hauseigentümer sicher sein können, dass die Preise auch künftig steigen, werden sie Altbauten sicherlich schneller sanieren. Deshalb könnte der Staat beispielsweise ankündigen, dass er Energie auch künftig teuer bzw. die Rechte auf Kohlendioxid-Ausstoß knapp halten wird – über weitere Stufen der Öko-Steuer zum Beispiel oder über ein Kohlenstoff-Konten-Modell (wie es in Kapitel 5 umrissen ist).

»Wir sparen Energie – Sie sparen Heizkosten«, steht seit März 2007 mit schwungvollen Buchstaben an der Eingangstür eines Hochhauses in der Schulze-Boysen-Straße im Berliner Stadtteil Lichtenberg. Dies ist das »größte Niedrigenergiehaus Europas« mit 295 Wohnungen. Die kommunale Wohnungsfirma Howoge hat den Plattenbau aus DDR-Zeiten saniert. Und zwar gründlich: dreifachverglaste Fenster, zwölf Zentimeter Außendämmung, ausgeklügeltes Lüftungssystem. Im 21. Stock, 65 Meter über Berlin, von wo aus die Stasi die Telefone im ganzen Haus abhörte, steht heute ein Wärmetauscher, silbrig glänzend und groß wie ein Schiffscontainer. Zwei mächtige Schächte laufen darin aneinander vorbei – im einen kommt Frischluft vom Dach, im anderen die Abluft aus den Wohnungen, etwa 24 Grad Celsius warm. Zwischen beiden Lüftungsschächten rotiert langsam ein Riesenrad aus Spezialmetall, das eine besonders große Wärmeaufnahmefähigkeit hat. Auf der einen Seite heizt es sich auf, dreht sich weiter, kühlt sich auf der anderen Seite ab und schaufelt so die Wärme von einem Rohr ins andere.

Direkt nach der Sanierung, erzählt Gudrun Höfs, die bei der Howoge das Projekt leitete, habe es reihenweise Mieterbeschwerden gegeben. Aber nicht über die Lüftung (anders als oft befürchtet ist sie nicht zu hören und nirgends ein Luftzug zu spüren, weil der Austausch ganz langsam abläuft), sondern über die Heizung. »Früher kamen die Leute in die Wohnung, und da waren die Heizkörper heiß.« Jetzt, nach der Sanierung, sagt Höfs, brauchen sie nur noch handwarm zu sein, »und anfangs dachten die Mieter, da sei etwas defekt«.

Vor der Sanierung lagen die Heizkosten bei 1,10 Euro pro Quadratmeter, heute sind es 65 Cent. Die Howoge hat ausrechnen lassen, dass sie durch die Wärmedämmung ihres gesamten Wohnungsbestandes den Kohlendioxid-Ausstoß um 13,3 Prozent hat senken können, das sind jedes Jahr immerhin 40 000 Tonnen. Doch eindrucksvoller als alle Zahlen ist ein Blick in die Heizzentrale im Erdgeschoss des Hochhauses. Ganz hinten in der Ecke kommt die Fernwärmeleitung an, aus der Bodenplatte ragen noch die alten Rohre, 15 Zentimeter im Durchmesser, dick wie Oberschenkel. Nach der Sanierung wurde der Querschnitt dem neuen Wärmebedarf des Hauses angepasst. Nun verjüngt sich das Rohr über mehrere Schweißnähte und Flansche, und bevor es über dem Zählerkasten in dicker Isolierung verschwindet, ist es gerade noch so dick wie ein Kinderarm.

Rolf Disch, der Freiburger Solararchitekt, erinnert sich noch gut an die Anfangszeiten des energiesparenden Bauens. »Wenn du sehr weit vorgehst, wirst du ausgelacht.« Und er wurde jeden Tag ausgelacht, zum Beispiel 1986, als er seine Projekte auf einer Landesgartenschau vorstellte. »Die Leute zeigten mit den Fingern auf mich und schüttelten den Kopf.« Disch hat sich davon nicht beirren lassen. »Neue Ideen durchlaufen drei Phasen«, zitiert er Arthur Schopenhauer, »anfangs werden sie belächelt, später bekämpft, und irgendwann sind sie selbstverständlich.«

Dies muss in den nächsten zwölf Monaten passieren:

1. Der Bundestag novelliert das Gesetz zur Einsparung von Energie in Gebäuden (EnEG). In Paragraph 5 wird als weiteres Kriterium für Vorschriften neben dem »Stand der Technik« und der »Wirtschaftlichkeit« die »Verhältnismäßigkeit gegenüber den Zielen des Klimaschutzes und der Ressourcenschonung« eingefügt. Damit werden deutlich strengere Vorschriften in der Energie-Einspar-Verordnung (EnEV) möglich.

   Außerdem ändert der Bundestag zum 1. Januar 2008 das Mietrecht: Mangelnde Dämmung wird als Bauschaden definiert. Künftig können Mieter gegenüber ihrem Hauseigentümer mit Mietminderung drohen, wenn der nicht in Energiesparmaßnahmen investiert. Bisher nämlich haben Vermieter praktisch kein Interesse an Wärmedämmung, weil sie sämtliche Heizkosten auf die Mieter umlegen können.

2. Das Bundesministerium für Verkehr, Bau und Stadtentwicklung leitet einen Teil seines Investitionshaushalts in die Altbausanierung um. Das deutsche Fernstraßennetz ist schon heute eines der engstmaschigen in Europa, künftig gibt es deshalb kein Geld mehr für den Neubau von Autobahnen, sondern nur noch für deren Wartung. Die eingesparten 2,2 Milliarden Euro pro Jahr werden genutzt, um die Förderprogramme der KfW zur Minderung des Kohlendioxid-Ausstoßes im Gebäudebestand aufzustocken. Künftig könnten zweieinhalbmal so viele Kredite vergeben werden wie bisher – dem Klima blieben Millionen Tonnen Treibhausgas erspart.

3. Die großen Hersteller von Dämmstoffen – wie BASF, Rockwool, Isover G+H – finanzieren gemeinsam eine Stiftungsprofessur für Energieeffizienz im Bauwesen, zum Beispiel an der RWTH Aachen. Einen solchen Lehrstuhl gibt es bis heute in Deutschland nicht.

12. Weniger Fleisch – und mehr Bio
Klimaschutz
geht durch den Magen

Die konventionelle Landwirtschaft fördert den
Treibhauseffekt: Kunstdünger verursachen
Kohlendioxid, bei der Tierhaltung wird massenhaft
Methan frei. Wenn die Verbraucher weniger Fleisch
kaufen und mehr Bio-Produkte, nützt das dem
Klima. Und der eigenen Gesundheit.

Die *Grüne Woche* ist die größte Landwirtschaftsschau
der Welt. Mehr als 400 000 Menschen schieben sich jedes Jahr Ende Januar durch die Messehallen am Berliner
Funkturm. Und weil man annehmen kann, dass die Aussteller wissen, was die Besucher mögen, bekommt man
hier einen ziemlich guten Einblick in die Essgewohnhei-
ten der Deutschen. Am Haupteingang, gleich rechts, findet sich die Halle der Centralen Marketing-Gesellschaft
der deutschen Agrarwirtschaft (CMA). Das Motto lautet:
»Deutschland schmeckt bunt«. Die ganze kulinarische
Vielfalt aus deutschen Landen wird hier ausgebreitet:
Die Bayern verkaufen Weißwurst und Leberkäs, die Rhein-
land-Pfälzer Spießbraten und Saumagen, die Thüringer
natürlich ihre Rostbratwurst. Baden-Württemberg präsentiert Schwarzwälder Schinken, Mecklenburg-Vorpommern Bauernleberwurst, Sachsen-Anhalt Halberstädter
Würstchen. Dazu wird jeweils das Bier einer lokalen Braue-
rei angeboten. Einzig am Stand von Schleswig-Holstein findet sich Gemüse: Hier gibt es Grünkohl – mit Knacker.

Der Rest der *Grünen Woche* sieht kaum anders aus. In
unzähligen Theken prangen unzählige Sorten Fleisch und
Wurst, die Menge der Käsesorten ist schon deutlich gerin-

ger, und frisches Obst oder Gemüse wird überhaupt nur an einem Ort gereicht: in Halle 6.2a, wo sich die Erzeuger von Bio-Produkten aufgebaut haben. Hier führen die Köche auf der Showbühne vor, wie man Basilikum-Chutney und einen Dipp aus Rosenblättern bereitet. Doch nur wenige Schritte weiter brutzeln wieder Spanferkel an den Ständen. Und in Halle 11.2, dem »Produktmarkt Fleisch/Wurst«, ist man wieder ganz unter sich. In einer Ecke macht da gerade ein wohlbeleibtes Ausstellerpaar Pause. Der Mann beißt in eine Bockwurst, die Frau in eine Brötchenhälfte mit rohem Hack. »Deutschland ist ein Wurstland«, sagt sie und streicht ihre fettigen Finger an der Kittelschürze ab. Nein, Gemüse gebe es an ihrem Stand nicht. »Das ist ja auch nicht so gesund wie Wurst.« Und dann lacht sie aus vollem Hals.

Nach China, den USA und Brasilien ist Deutschland der viertgrößte Fleischproduzent der Welt. Ein guter Teil des deutschen Fleisches wird exportiert. Aber auch hierzulande hat sich in den vergangenen fünfzig Jahren der Pro-Kopf-Verzehr mehr als verdoppelt – von 26,2 Kilogramm (1950) auf fast 61 Kilogramm (2004). Viele Jahre lang warb die CMA mit dem Slogan »Fleisch ist ein Stück Lebenskraft«. In Wahrheit ist Fleisch ein Stück Klimakollaps. Am menschengemachten Treibhauseffekt hat die globale Viehbranche laut einer Studie der Welternährungsorganisation FAO einen Anteil von 18 Prozent – mehr als der gesamte Transportsektor. Bei der Mast von weltweit mehr als 22 Milliarden Rindern und Schafen, Ziegen und Schweinen, Kamelen und Geflügel werden gigantische Mengen an Treibhausgasen freigesetzt – am gefährlichsten davon ist Methan, das die Atmosphäre mehr als zwanzigfach so stark aufheizt wie die gleiche Menge Kohlendioxid.

Für das Methan sind vor allem die 1,5 Milliarden Rinder verantwortlich, die weltweit in Ställen stehen und auf

Weiden grasen. Ein Rind produziert in seinem Pansen, einem der vier Wiederkäuermägen, jeden Tag – je nach Tier und Fütterung – zwischen 140 und 600 Liter Methan.[124] Circa alle vierzig Sekunden entfährt ihm ein Furz oder ein Rülpser. Andere Haustiere verursachen erheblich weniger Methan, aber auch deren Mist oder Gülle dünstet das Klimagift aus, dazu Stickstoffverbindungen wie Ammoniak. Und dann ist da noch das Kohlendioxid: Allein durch die Atmung der globalen Viehherden entstehen jährlich 3,1 Milliarden Tonnen. Weiteres Kohlendioxid wird bei der Brandrodung der tropischen Regenwälder frei, wo Viehweiden entstehen oder auch Sojafelder, auf denen Futter für die Ställe im Norden angebaut wird. All das macht die globale Viehindustrie zu einem der größten Naturzerstörer überhaupt, schrieb die FAO im November 2006 in einer 400 Seiten dicken Studie: »Bei allen wichtigen Umweltproblemen rangiert die Tierzucht in der Liste der Verursacher auf einem der ersten drei Plätze.«[125]

In vielen Entwicklungsländern stellt die Haltung von Ziegen oder Schafen oftmals die einzige Möglichkeit dar, den kargen Böden überhaupt etwas abzutrotzen. Aber die Rinderheere in Europa und auf dem amerikanischen Kontinent führen eher zu Übergewicht als zu Sättigung. Weltweit ist Fleischverzehr ein Statussymbol: Wo immer der Wohlstand steigt, essen die Menschen mehr davon. Die FAO rechnet deshalb in den nächsten Jahrzehnten mit einer Verdoppelung der globalen Produktion (von 229 Millionen Tonnen im Jahr 1999 auf 465 Millionen Tonnen 2050). Dabei ist die Tiermast eine beispiellose Verschwendung von Nahrungsmitteln, denn für die Gewinnung einer Kalorie Fleisch müssen drei- bis zehnmal so viele pflanzliche Kalorien verfüttert werden.[126]

Von solchen Dingen ist auf der *Grünen Woche* nur vereinzelt die Rede. Mit dem Alltag der industrialisierten Landwirtschaft hat die Schau wenig zu tun. In Messehalle 25 liegt eine zartbraune Mutterkuh mit niedlichem Kalb auf frischem gelben Stroh. Über den Boxen der Tiere hängen Namensschilder: »Billy«, »Soraya«, »Poldi« und »Elfi«. Am Stand des Brandenburger Schafzuchtverbandes sitzen zwei ältere Frauen mit Spinnrad und Webstuhl. Einen der größten Stände überhaupt hat die Landesvereinigung der Milchwirtschaft Niedersachsen aufgebaut. Halogenstrahler tauchen ihn in gleißendes Licht, ganz oben auf dem hallenhohen Stahlgerüst thront eine lebensgroße Plastikkuh. Schlanke Bardamen schenken Milchcocktails aus. Neben ihnen laden junge Männer mit viel Gel im Haar zu einem Quiz, bei dem gesunde Inhaltsstoffe der Milch abgefragt werden. Gerade drängt sich eine schnatternde Schulklasse vor dem Tresen. Dahinter hängt ein riesiges Poster (»Die Kuh – einfach wunderbar«), das die Milchentstehung erklären soll: Fünfzehn Wassereimer und einige Haufen Futter sind um eine Kuh herum abgebildet, unter ihr 22 Tetrapak-Tüten – so viele Liter Milch gibt ihr Euter pro Tag. Mist oder Gülle dagegen oder gar das Klimagift Methan tauchen auf dem Hochglanzplakat nicht auf. Die verschiedenen Mägen des Wiederkäuers sind im Schaubild einzeln beschriftet – aber einen Ausgang hat das Verdauungssystem dort nicht, der Darm endet diskret unter dem Schwanz.

Die Frage, wie viel Gülle denn eine Milchkuh pro Tag produziere, verblüfft den jungen Standbetreuer. »Keine Ahnung«, sagt er und verschwindet hinter der Dekoration, um seine Kollegen zu konsultieren. Nach wenigen Sekunden kehrt er zurück, hat sein professionelles Lächeln wieder aufgesetzt und sagt: »Mit dieser Frage haben wir uns noch nicht beschäftigt.« Man möge doch bitte einen Bauern fragen. Bei den Mitgliedern des niedersächsischen Milchverbandes stehen derzeit 720 000 Rinder in den Ställen, da kommen jedenfalls riesige Gülle-Seen zusammen. In ganz Westeuropa, so hat es die Welternährungsorganisation FAO errechnet, verursacht die Gülle aus den Milchkuh-Fabriken jährlich 1,16 Millionen Tonnen Methan. Zum Vergleich: Die Emissionen der Milchkühe des gesamten afrikanischen Kontinents schaffen gerade mal ein Zehntel.

»Mit der zunehmenden Intensivierung treten die negativen Umweltwirkungen der Landwirtschaft in den Vordergrund«, formulierte schon 1994 ein Bericht der Enquetekommission des Bundestages »Schutz der Erdatmosphäre« das Problem lapidar. Im Auftrag des Parlaments erarbeitete damals Ulrich Köpke, Agrar-Professor an der Universität Bonn, akribische Studien zu den Klimaauswirkungen der Landwirtschaft. Wenn man ihn heute anruft, seufzt er. »Ich bin dieses Thema leid«, sagt er: Man könne reden, reden, reden, ohne dass es Folgen habe. Zwanzig Jahre seien mittlerweile vergangen, seit er an seiner Universität die ersten Seminare zum Thema gab. Im Bericht an den Bundestag rechnete er dann aus, dass allein die Tierhaltung für 85 Prozent des Klimaeffekts der deutschen Landwirtschaft verantwortlich ist. Aber auch der konventionelle Pflanzenbau trage deutlich zum Treibhauseffekt bei. Pro Hektar Ackerfläche, ergaben Köpkes Studien, verursachen konventionelle Bauern zweieinhalb Mal so viel Kohlendioxid wie Bio-Bauern.[127]

Daran ist der häufige Einsatz von Maschinen und Pflanzenschutzmitteln in der konventionellen Landwirtschaft schuld, vor allem aber der reichliche Gebrauch von Kunstdünger. Die Erfindung synthetischer Stickstoffdünger revolutionierte im 20. Jahrhundert den Ackerbau, seit 1950 versechsfachte sich die in Deutschland eingesetzte Menge.[128] Das ließ die Erträge rasant steigen, wegen des energieintensiven Herstellungsverfahrens aber auch den Ausstoß von Treibhausgasen. Ein durchschnittlicher deutscher Bauer verursacht laut Köpke allein über die Produktion der von ihm ausgebrachten Düngemittel pro Hektar

480 Kilogramm Kohlendioxid im Jahr. Bio-Bauern aber verzichten vollständig auf Kunstdünger, und auch ihr generell schonender Umgang mit den Äckern trägt zur positiven Klimabilanz der ökologischen Landwirtschaft bei: »Längerwährende Bodenruhe und die Zufuhr von Stallmist« führe beispielsweise dazu, dass sich mehr Humus bildet – und Humus ist nichts anderes als in der Erde gebundener Kohlenstoff.[129] Etwas besser mögen die Werte für die industrielle Landwirtschaft in den vergangenen Jahren geworden sein, sagt der Professor, weil auch dort inzwischen sparsamer mit Kunstdünger und Diesel umgegangen wird. Aber der prinzipielle Unterschied sei geblieben. Die Sache ist für Köpke so klar, dass er irgendwann aufhörte, sich damit zu beschäftigen, und sich spannenderen Fragen zugewandt hat.

Für den Deutschen Bauernverband dagegen sind die Landwirte nicht Teil des Klimaproblems, sondern Teil der Lösung. Der Lobbyverband propagiert den Anbau von Energiepflanzen wie Raps oder Mais in riesigen Monokulturen – und hat dabei auch nichts gegen den Einsatz von Gentechnik. Auf der *Grünen Woche* in Halle 3.2, wo der Bauernverband einen »ErlebnisBauernhof« aufgebaut hat, parkt ganz in der Mitte als Blickfang ein großer Traktor mit der Aufschrift: »Ich fahre mit Bio-Diesel.« Um die dunkle Seite der Landwirtschaft zumindest zu erahnen, muss man es bis in die hinterste Ecke der Halle schaffen. Dort liegt eine Rotte Ferkel in einer kleinen Schweinebucht, sie dösen unter roten Wärmelampen, ab und zu steht eines auf, um an die Tränke zu stolpern, und bringt dabei die ganze Gruppe in Aufruhr. Neben dem Stall steht ein Metallcontainer mit einem Luftfilter, der Methan und Ammoniak aus Gülle und Stallluft absaugen soll. Doch er nützt nicht viel. Die Hallenluft war schon nach wenigen Tagen so stickig, dass die Salat- und Porree- und Blumenkohlpflanzen, die vorn in der Halle von der Supermarkt-Kette Lidl als Attraktion gepflanzt worden waren, gelbe Blätter bekamen und – wie einer der Standbetreuer erzählt – über Nacht erneuert werden mussten.

Rechnet man den Klimavorteil der ökologischen Landwirtschaft auf die Endprodukte um, ergeben sich frappierende Unterschiede: Pro Kilogramm benötigt zum Beispiel konventionell angebauter Winterweizen fast doppelt so viel Energie wie Bio-Weizen. Bei Winterroggen beträgt die Differenz ein Drittel, bei Kartoffeln knapp 20 Prozent. Die Bilanzierung tierischer Produkte ist komplizierter, weil die längere Lebenszeit von Öko-Schweinen und -Rindern zu höheren Treibhausgas-Emissionen pro Kilogramm Fleisch, Wurst oder Butter führt als bei den konventionellen Hochleistungstieren. Trotzdem ergibt sich bei Bio-Schweinefleisch immer noch eine Einsparung von circa 20 Prozent. Bei Rindfleisch und Molkereiprodukten schmilzt die Differenz wegen der besonderen Klimaschädlichkeit von Methan weiter; bewertet man Bio-Milch ausschließlich nach dem Treibhausgas-Ausstoß, ist sie nur noch minimal besser als konventionelle Milch.[130] »Hier ist also aus Klimaschutzsicht«, so das Fazit des Umweltbundesamtes, »nicht die Umstellung auf weniger intensive Wirtschaftsweisen, sondern eine Verringerung des Konsums tierischer Produkte notwendig.«[131]

Alle Experten wissen, wie eine klimaschonende Landwirtschaft in Deutschland aussehen müsste: Sie sollte erstens viel weniger Fleisch und Milch erzeugen. Und zweitens konsequent den Regeln des Bio-Landbaus folgen, also auf Pestizide und Kunstdünger verzichten und insgesamt naturnah wirtschaften. Schon vor mehr als zehn Jahren berechnete die Enquetekommission zum Schutz der Erdatmosphäre, dass »durch die Umstellung auf ökologischen Landbau die klimaschädlichen Emissionen um etwa 40 Prozent beim Energieverbrauch und um mindestens 15 Prozent bei den weiteren Emissionen (CH_4, N_2O, NH_3 – also Methan, Lachgas Ammoniak) gesenkt« werden könnten.

Eine Klima-Abgabe auf jedes Rind und Schwein – zur Förderung von Biogas-Anlagen

Ein Ausbau der Biogas-Nutzung in Deutschland könnte den besonders klimaschädlichen Methanausstoß weiter verringern. In solchen Anlagen wird aus dem Schadstoff in der Gülle ein wertvoller Rohstoff. Ganze Gemeinden könnten sich dadurch mit Energie versorgen oder sogar noch überschüssigen Strom ins öffentliche Netz einspeisen. Jühnde zum Beispiel, knapp 20 Kilometer südwestlich von Göttingen, wurde vor ein paar Jahren zum Biogas-Dorf: Fast alle Anwohner schlossen sich zu einer Genossenschaft zusammen und investierten in ein Biogas-Kraftwerk und eine Fernwärmeleitung. Stolz zeigt Bürgermeister August Brandenburg die Anlage ein paar hundert Meter außerhalb des Dorfes. Die Auffahrt ist akkurat gepflastert, ein Angestellter überwacht alles von seiner Schaltwarte in einem piekfeinen Blockhaus, der schmale Metallschornstein über dem Heizkraftwerk glänzt in der Sonne. Das Herzstück der Anlage ist ein rundes Reaktorbecken, von einem acht Meter hohen Zeltdach überspannt. Sechs Jühnder Milchbauern liefern ihre Gülle. Aus der Umgebung wird Mais- und Weizensilage zugekauft. Bei 38 Grad Celsius vergärt das Gemisch zu Biogas, das dann ein kleines Heizkraftwerk betreibt. Den Strom verkauft die Jühnder Genossenschaft an den örtlichen Energiekonzern, mit der Abwärme heizen die Mitglieder billig ihre Häuser. »Als Eon von unserem Projekt hörte, boten die uns an: Wir machen es euch«, erzählt Brandenburg und grinst breit. »Aber wir haben von Anfang an gesagt, *wir* wollen die Anlage betreiben.« Mit seinem Projekt wurde Jühnde weltbekannt, sogar aus

Japan kommen inzwischen Besuchergruppen und bestaunen das energieautarke Dorf.

Gut fünf Millionen Euro hat die Anlage gekostet, etwa ein Viertel davon Subventionen, die vor allem für den Bau der Nahwärmeleitungen bewilligt wurden. Ein groß angelegtes Förderprogramm könnte in ganz Deutschland viele Dörfer wie Jühnde schaffen. Das Geld dafür ließe sich durch eine Klimaabgabe aufbringen, die auf Rinder und Schweine erhoben wird – so lange, bis es genügend Biogas-Anlagen für die Gülle aller deutschen Großviehanlagen gibt. Um die extensive Landwirtschaft zu fördern, könnte die Regierung die Tiere von der Zahlungspflicht ausnehmen, die auf Weiden grasen oder deren Ställe mit Stroh ausgestreut sind – fester Mist dünstet schließlich weniger Treibhausgase aus als flüssige Gülle, weil das Stroh die klimagiftigen Substanzen besser bindet. Eine solche Abgabe wäre verwaltungstechnisch nicht einmal kompliziert: Bis vor ein paar Jahren nämlich zahlte die Europäische Union den Bauern eine Kopfprämie von 200 Euro für jeden Mastbullen – das System bräuchte bloß reaktiviert und der Geldfluss umgekehrt werden. Die sinnvollste Nutzung des massenhaft erzeugten Biogases wäre aber nicht die Verbrennung vor Ort, weil es auf dem Lande nicht genügend Wärmeabnehmer gibt, sondern die Einspeisung in das allgemeine Erdgasnetz, was nach einer wenig aufwendigen Reinigung und Verdichtung problemlos möglich ist. Eine Studie im Auftrag der bündnisgrünen Bundestagsfraktion kam zu dem Ergebnis, dass – im günstigsten Fall – der gesamte EU-Verbrauch an fossilem Erdgas bis zum Jahr 2020 durch Biogas ersetzt werden könnte.[132]

Man sollte meinen, die Agrarpolitik in Deutschland und der Europäischen Union würde den von allen Experten als vorteilhaft erkannten Öko-Landbau fördern. Doch das Gegenteil ist der Fall, die Umstellung wird durch das bisherige Subventionssystem sogar behindert. Jedes Jahr schüttet Brüssel mehr als 40 Milliarden Euro an die Bauern aus, aber ausgerechnet der Teil der Förderprogramme, mit denen unter anderem der Bio-Landbau gefördert wird (die sogenannte »Säule 2«), wurde bei der letzten Agrarreform 2005 nicht etwa ausgebaut, sondern um 25 Prozent gekürzt. Und nachdem Horst Seehofer (CSU) das Agrarministerium übernahm, wurden die Zuschüsse für einen Fördertopf um 50 Millionen Euro gesenkt, aus dem auch Öko-Bauern unterstützt werden. Bei seinem Antrittsbesuch auf der *Grünen Woche* erklärte er die besondere Förderung der biologischen Landwirtschaft durch seine Vorgängerin Renate Künast offiziell für beendet.

»Die dickste Kohle für die reichsten Bauern«, überschrieb das Magazin *Stern* im März 2006 einen Artikel zum Thema Agrarsubventionen. Kleine Höfe bekommen in Deutschland im Durchschnitt ganze 4030 Euro pro Jahr, zusammen genommen fließen an sie gerade vier Prozent der milliardenschweren EU-Direktzahlungen. Die großen Agrarfabriken dagegen erhalten oft hunderttausende Euro. Obwohl sie nur 1,4 Prozent der 340 000 landwirtschaftlichen Betriebe in Deutschland stellen, streichen sie fast ein Drittel des ganzen Fördertopfes ein. Sie beackern mit wenigen Angestellten und großen Maschinen riesige Flächen, pro Arbeitsplatz kassieren sie ein Vielfaches der Zuschüsse, die an kleine Bauernhöfe gehen.

Die Öffentlichkeit erfährt davon wenig. Zwar erlaubt die Europäische Union seit einigen Jahren, dass die Mitgliedsstaaten die Empfänger der Agrarsubventionen offenlegen, Dänemark, Estland und Großbritannien zum Beispiel tun das längst. Deshalb wissen die Engländer, dass Prinz Charles im Jahr 2004 für seine Güter in Cornwall und Highgrove rund 990 000 Euro aus Brüssel erhielt. Ein Bündnis von 34 deutschen Organisationen aus dem Umwelt- und Agrarbereich fordern dasselbe für Deutschland, aber das Landwirtschaftsministerium von Horst Seehofer bremst.

Lutz Ribbe von der Umweltstiftung Euronatur sagt, die öffentliche Debatte »wäre schlagartig eine andere, wenn jeder wüsste, wer wie viel von den EU-Milliarden bekommt«. Dann würde nicht nur bekannt, welcher Bauernfunktionär profitiert. Sondern auch, dass der Kohlekonzern Rheinbraun 600 000 Euro Direktzahlungen von der EU erhält oder der Zuckerkonzern Südzucker 2,8 Millionen. Dann würde, hofft Ribbe, endlich über Sinn und Unsinn des Subventionssystems debattiert.

Die Nutznießer der gegenwärtigen Politik aber sind gut vernetzt. »Da gibt es zum Beispiel Seehofers Chefberater Folkhard Isermeyer«, schrieb der *Stern* in seiner Reportage. »Er leitet das Institut für Betriebswirtschaft der Bundesforschungsanstalt für Landwirtschaft und ist zugleich Chef des Wissenschaftlichen Beirats des Landwirtschaftsministeriums.« Isermeyer halte nicht viel von der Idee, die Namen der Empfänger von Agrarsubventionen öffentlich zu machen. »Das ist zufälligerweise ziemlich genau die Meinung von Harald Isermeyer. Er ist Folkhard Isermeyers Bruder, Mitglied im Vorstand der Deutschen Landwirtschaftsgesellschaft und Miteigentümer von Latifundien, die zu den größten Subventionsempfängern in Deutschland gehören.« Zusammen mit dem Vize-Chef des sachsen-anhaltischen Bauernverbands besitze er eine große Agrarfabrik in Oschersleben bei Magdeburg, die pro Jahr schätzungsweise 740 000 Euro EU-Gelder erhalte. Für ein anderes Gut, das von Isermeyer mitkontrolliert wird, flössen noch einmal 2,3 Millionen.

Die Agrarpolitik, sagt Lutz Ribbe, werde von denen geprägt, »die die Zeit dazu haben«. Es klinge vielleicht banal, aber es sei so simpel: »Wenn man ein kleiner Bauer ist, der morgens in den Stall geht und den ganzen Tag schuftet, dann hat man abends gar keine Zeit mehr, in der Kreisbauernschaft seine Interessen zu vertreten.« Und dieses Prinzip setze sich im Bauernverband durch »bis ganz nach oben«.

Wenn das Agrarministerium die ökologische Landwirtschaft und damit den Klimaschutz fördern wollte, müsste sie vor allem auf EU-Ebene eine andere Politik vertreten: 2008 wird die Verteilung der Agrarsubventionen überprüft, und das wäre der ideale Zeitpunkt, sich vehement für eine Umverteilung zugunsten des Öko-Landbaus einzusetzen. Warum kann nicht über zehn Jahre lang – und damit für alle Bauern langfristig kalkulierbar – jeweils ein Zehntel der Brüsseler Agrargelder umgeschichtet werden, aus der so genannten »Ersten Säule« in die »Zweite Säule«? Dann gäbe es auch wieder mehr Geld für die Programme der Bundesländer zur Förderung der Umstellung auf Öko-Landbau, die sie seit 2005 zusammengestrichen haben. Mit diesen Zahlungen wird die zweijährige Wartefrist überbrückt, während der die angehenden Öko-Bauern ihre Ware noch nicht mit dem neuen Siegel vermarkten dürfen.

Auch weil diese Hilfen fehlen, steigt seit einigen Jahren der Anteil ausländischer Ware in deutschen Bio-Regalen. Denn die Verbraucher sind hierzulande mittlerweile weiter als Bauern und Landwirtschaftpolitiker, sie kaufen mehr und mehr Bio-Produkte. Derzeit liegt die Quote bei knapp drei Prozent, aber der Markt boomt mit jährlich zweistelligen Wachstumsraten. 2006 gaben die Bundesbürger rund 4,5 Milliarden Euro für Bio-Essen aus, zwölf Prozent mehr als im Vorjahr. Innerhalb von sechs Jahren verdoppelte sich damit das Umsatzvolumen. 90 Prozent aller Haushalte haben 2005 mindestens einmal ein solches Produkt gekauft, möglich wurde dies durch den Einstieg der großen Supermärkte in das Geschäft. Inzwischen kann die Nachfrage nur noch durch Importe gedeckt werden, aus Dänemark und Polen zum Beispiel, aber auch aus Indien, China oder Neuseeland. Lange Transportwege aber, die bisweilen sogar mit Cargo-Flugzeugen zurückgelegt werden, machen die Klimavorteile von ökologisch erzeugter Ware wieder zunichte.

Wie eine flächendeckende Öko-Landwirtschaft aussehen könnte und dass sie funktioniert, lässt sich knapp
hundert Kilometer nordöstlich von Berlin besichtigen. Auf
den geschwungenen Endmoränen im Bio-Sphärenreservat
Schorfheide-Chorin liegt Brodowin. 400 Menschen wohnen hier, und als nach dem Ende der DDR auch die örtliche LPG in die Brüche ging, gründete eine bunte Truppe
aus Ost- und Westdeutschen einen Bio-Großbetrieb. Mit
1200 Hektar bewirtschaftet das »Öko-Dorf Brodowin«
die zwanzigfache Fläche eines Durchschnitts-Hofes in
Süddeutschland – aber streng nach den Richtlinien des
besonders strengen Anbauverbandes Demeter. 600 Rinder werden artgerecht auf Stroh gehalten und von einer
homöopathischen Tierärztin betreut. Eine eigene Meierei
füllt die Milch ab und produziert Kümmelkäse und Moz-
zarella. Jede Woche rollen tausend Kisten mit Bio-Gemüse
direkt zu Abonnenten im nahen Berlin. »Damit schaffen
wir ein persönliches Verhältnis zu den Kunden«, sagt Peter Krentz, einst LPG-Bereichsleiter und Agrarchemie-
Ingenieur, heute einer der Geschäftsführer des mehrfach
preisgekrönten Bio-Betriebs. Umgekehrt kommen ständig Städter zu Besuch und besichtigen Äcker und Ställe.
Längst ist das »Öko-Dorf Brodowin« der größte Arbeitgeber weit und breit. Mehr als zwanzig Prozent beträgt
hier in der Uckermark die durchschnittliche Arbeitslosen-
quote, in Brodowin sind es weniger als fünf.

Wurst und Milch schaden dem Klima – Veganer sind also doch die besseren Menschen

Ulrike Eberle ist Wissenschaftlerin beim Freiburger Öko-
Institut. Drei Jahre lang hat sie ein Forschungsprojekt mit
dem Titel »Ernährungswende« geleitet. Es war noch von
Rot-Grün gestartet worden, und es hat detaillierte Klima-
bilanzen für den Bereich Essen und Trinken erarbeitet.

Ein deutscher Durchschnittshaushalt, so das Resultat, verursacht dadurch pro Jahr 4360 Kilogramm Kohlendioxid (etwa 16 Prozent seiner gesamten Emissionen) – dabei sind neben der Lebensmittelerzeugung auch der Energieverbrauch zum Beispiel von Herd und Geschirrspüler, Einkaufsfahrten mit dem Auto und gelegentliche Restaurantbesuche mitgerechnet.[133]

Wenn man das Thema Ernährung und Klima ganzheitlich betrachte, sagt Eberle, dann sei die Sache gar nicht so einfach. Zum Beispiel bringe die Anschaffung eines energiesparenden Kühlschrankes für die gesamte Klimabilanz eines Haushalts sicherlich mehr als der Wechsel zu ökologisch erzeugter Milch. Und der Energieaufwand beim Zubereiten einer Mahlzeit, erklärt sie, ist oft höher als der für die Produktion der Zutaten. Aber einige Faustregeln lassen sich aus Eberles Studien schon ableiten: Wer das Klima schützen will, sollte Fleisch, Wurst und Molkereiprodukte meiden – irgendwie sind Veganer also doch die besseren Menschen. Fertigmahlzeiten aus der Tiefkühltruhe haben eine extrem schlechte Energiebilanz. Pommes frites aus dem Gefrierfach zum Beispiel sind fast so schlimme Klimakiller wie Fleisch (fast sechs Kilogramm CO_2-Äquivalente pro Kilogramm Essen). Dagegen werde der Energieaufwand für den Lebensmitteltransport oft überschätzt. Natürlich sei es gut und richtig, vor allem regionale Produkte zu kaufen – doch ebenso müsse man auf die Jahreszeiten achten. Wer im späten Frühjahr Äpfel aus dem Umland kaufe, tue dem Klima nichts Gutes, weil die lange Lagerung im Kühlhaus den Vorteil in der Energiebilanz wieder aufgebraucht habe. Jedenfalls solange die Äpfel etwa aus Südafrika mit dem Schiff und nicht mit dem Flugzeug nach Deutschland gebracht wurden.[134]

»Eigentlich müsste man die Empfehlung geben, aus Klimaschutzgründen auf Hartkäse zu verzichten«, sagt Eberle, denn der enthalte die meiste Milch und damit die höchste Methanemission pro Kilogramm Endprodukt. Aber darüber muss sie selbst lachen, denn solche Ratschläge sind zwar »korrekt, aber doch irgendwie absurd«. Erstens werde in einer Mahlzeit nicht ein Kilo Fleisch durch ein Kilo Parmesan ersetzt. Und zweitens – auch das ein wichtiges Ergebnis ihres Forschungsprojektes – müssten Ratschläge für Menschen verständlich und annehmbar sein.

Aber auch dann wird es schwer sein, die Deutschen von ihrem geliebten Fleisch abzubringen. Tief ist im kollektiven Gedächtnis noch immer das Trauma zweier Weltkriege verankert. Wenn kein Braten auf den Tisch kommt, wird das immer noch eher mit Not und Entbehrung assoziiert als mit Genuss und Freude. Bis heute raten Großmütter ihren Enkeln, doch etwas mehr von der »guten Butter« zu nehmen. Seit 1950 stieg der Verzehr von Fleisch in beiden Teilen des Landes stetig. Im Westen war es ein Symbol für das Wirtschaftswunder, im Osten oft der Ersatz für andere Konsumgüter.

Eine erfolgreiche Werbung für fleischarme Ernährung muss positiv daherkommen. Schon vor Jahren empfahl deshalb das Umweltbundesamt, die italienische Küche als Leitbild zu propagieren. Denn viele typisch italienische Gerichte haben eine bessere Klimabilanz als deutsche: Olivenöl ist besser als Butter, Nudeln mit Pesto und Salat verursachen viel weniger Treibhausgase als Schweinebraten und Kartoffelklöße aus der Tüte. Eine klimaschonende Ernährung sei außerdem gesünder, schrieb die Enquetekommission des Bundestages schon 1994. Die »volkswirtschaftlichen Folgekosten der ernährungsbedingten Krankheiten (50 Milliarden DM/Jahr)« würden durch eine Senkung des Fleischkonsums »erheblich reduziert«.[135]

So weit die Vernunft. Klaus Hahlbrock, ehemaliger Vizepräsident der Max-Planck-Gesellschaft, sagt zu möglichen Änderungen der deutschen Ernährungsgewohnheiten: »Die Realisierbarkeit dürfte wohl am ehesten von der Härte des Zwangs durch die Realitäten abhängen.«

Ulrike Eberle und ihre Forscherkollegen kamen zu dem Ergebnis, dass nicht Unwissen, sondern vor allem Zeitnot und Alltagsstress die Gründe für falsche Ernährung sind. Denn bei Lebensmitteln müsse jeden Tag aufs Neue richtig entschieden werden, beim Kauf eines Computers dagegen reiche einmal die Auswahl eines energiesparenden Gerätes. Sie wünscht sich in den Medien rationalere Diskussionen über Ernährungsrisiken.

Ulrich Köpke, der Professor aus Bonn, sagt, er sei »eigentlich positiv gestimmt, es geht ja voran«. Die Konsumenten müssten einfach lernen, wie man sich mit Bio-Produkten unkompliziert und kostengünstig ernährt. Er selbst, sagt er, tue das, er schaffe ein Drei-Gänge-Menü in dreißig Minuten und er könne Kurse darin geben. Von der Regierung wünscht er sich vor allem eines, dass sie umstellungsbereiten Bauern langfristige Sicherheit gebe und klare Signale.

Die Signale, die von deutschen Spitzenpolitikern auf der *Grünen Woche* gegeben werden, sind ziemlich klar: Der Thüringer Ministerpräsident Dieter Althaus posiert dort lachend neben der Thüringer Wurstkönigin, Harald Ringstorff aus Mecklenburg-Vorpommern steht mit einem riesigen Messer vor einem ganzen Schwein. Der Hesse Roland Koch lässt sich mit einem Teller voller Wursthäppchen fotografieren, und Wolfgang Böhmer aus Sachsen-Anhalt mit Schnaps und gleich einer ganzen Handvoll Salami.

Dies muss in den nächsten zwölf Monaten passieren:

1. Die Centrale Marketing-Gesellschaft der deutschen Agrarwirtschaft (CMA) – die eigentlich aufgelöst gehört – stampft zumindest ihre Fleisch-Werbebroschüren (Slogan:»Kleine Schweinerei gefällig?«) ein. Stattdessen startet sie eine Kampagne:»Sonntag ist Bio-Tag«. Am Wochenhöhepunkt, so die Idee, solle man sich nur etwas wirklich Gutes gönnen. Wenn auch nur für einen Tag der Woche ökologisch erzeugte Produkte eingekauft würden, hätten sie schon einen rechnerischen Marktanteil von einem Siebtel – eine Vervierfachung des heutigen Werts.

2. Die Bundesregierung gibt den Forderungen der »Initiative für Transparenz bei EU-Agrarsubventionen« nach, zu der sich 34 deutsche Organisationen zusammengeschlossen haben (im Internet unter *www.wer-profitiert.de*). Noch in diesem Jahr und nicht erst wie geplant 2009 veröffentlicht das Agrarministerium einen Bericht mit den Namen der hundert größten Empfänger.

3. Und Sie selbst, liebe Leserin, lieber Leser, essen künftig nur noch halb so viel Fleisch und kaufen doppelt so viele Produkte aus ökologischer Landwirtschaft.

13. Bäume pflanzen

»Und wenn ich wüsste, dass morgen die Welt unterginge ...

... würde ich noch heute ein Bäumchen pflanzen.« –
Wer das Klima retten will, sollte genau dies tun.
In Deutschland ebenso wie auf der ganzen Erde.
Und er nutzt einheimisches Holz
als Bau- und Rohstoff, wo immer möglich.
Denn Holz speichert Kohlendioxid.

Christine Fürst kann lesen. Bäume lesen. Die 32-Jährige kniet vor einer Buche, die in der Dübener Heide nahe Leipzig dem Orkan Kyrill zum Opfer gefallen ist. Forstarbeiter haben sie in Stücke geschnitten, nun analysiert die Wissenschaftlerin die Jahresringe. »Hier sind sie ziemlich dick. Das heißt, in diesen Jahren ging es dem Baum ganz prächtig.« Dann zeigt sie auf eine Delle: »Hier gab es einen Konkurrenten, hier verjüngen sich die Ringe, sind ausgesprochen dünn.« Ein paar Jahre lang muss rechts von der Buche ein anderer Baum gestanden haben, der ihr das Licht nahm. Christine Fürst ist eine große Frau mit dichtem schwarzen Haar und mittelfränkischem Dialekt. Sie ist Bodenkundlerin an der Universität Dresden, und wenn man mit ihr in die Dübener Heide fährt, in einen der Testwälder ihres Instituts, dann kann man eine Menge über den Klimawandel erfahren.

Bis hierher handelte dieses Buch vor allem von der Vermeidung von Kohlendioxid. Gegen den Treibhauseffekt kann man aber auch etwas ganz anderes tun: Kohlendioxid lässt sich einsperren, zum Beispiel in Holz. Der Photosynthese sei Dank. Mit dem Chlorophyll in ihren Blättern fangen Grünpflanzen das Sonnenlicht auf und wandeln mit dieser Energie Kohlenstoff-Dioxid und Wasser um in Sauerstoff und Glukose. Aus diesem Traubenzucker bauen die Bäume ihre Stämme. Wälder sind somit gigantische Kohlendioxid-Vernichter. Pro Hektar Fläche bilden deutsche Wälder etwa 300 Kubikmeter Holz. Getrocknetes Holz enthält pro Kubikmeter schätzungsweise eine halbe Tonne Kohlenstoff, was etwa 1,85 Tonnen Kohlendioxid entspricht. In den Wäldern der Erde sind schätzungsweise 1000 Milliarden Tonnen Kohlenstoff gespeichert, ein Wunder der Natur.[136]

Dummerweise aber auch ein Problem, jedenfalls wenn Wälder abgeholzt werden. Seit Jahrzehnten und unbeeindruckt von allen Rettungskampagnen gehen im Amazonasgebiet oder in Südostasien riesige Flächen in Flammen auf. Jedes Jahr wird eine Fläche halb so groß wie die Bundesrepublik abgebrannt, wo dann Rinderweiden oder Plantagen entstehen, auf denen Fleisch für europäische, japanische oder amerikanische Mägen produziert wird oder Futter für die dortigen Viehfabriken. Betrachtet man die Brandrodungen in Asien, Afrika und Südamerika zusammen, verschwindet jede Sekunde ein Fußballfeld Wald. Jetzt. Und jetzt. Und jetzt das nächste. Der im Wald gespeicherte Kohlenstoff wird auf einen Schlag wieder zu Kohlendioxid, und langfristig fehlt der Erde wieder ein Stück ihrer grünen Lunge – pro Jahr werden so mehr als zwei Milliarden Tonnen des Treibhausgases frei. Die Brandrodung ist damit der schlimmste Klimakiller überhaupt. Und künftig könnte es noch schlimmer kommen: Wissenschaftler gruselt es vor der Vorstellung, was mit dem Weltklima passiert, wenn im Zuge der zunehmenden Erderwärmung die Tropen deutlich trockener werden und die boreale Klimazone auf der Nordhalbkugel wärmer wird. Denn wenn die Wälder Amazoniens, Sibiriens und Nordamerikas kollabieren, dann wird die Welt nicht mehr wiederzuerkennen sein.

Bevor die umgestürzte Buche in der Dübener Heide zu Asche und Kohlendioxid werden kann, soll sie noch weiter erzählen. »Anfangs ging es unserem Baum ganz wunderbar«, sagt Christine Fürst. 140 Jahre alt ist er geworden, und die inneren Jahresringe bezeugen pralles Leben. Wasser muss er jede Menge gehabt haben, Licht sowieso und Nährstoffe auch. »Das ist ein guter Standort hier.« Doch dann kommen plötzlich zehn extrem dünne Jahresringe. »Bedingt durch Klimaänderungen hatte der Baum extremen Stress«, sagt Fürst. Das war ab dem 79. Lebensjahr des Baumes, die Zeitrechnung der Menschen zeigte 1946. Wo, bitte schön, soll denn da Klimawandel herkommen? »Durch den Zweiten Weltkrieg«, sagt die Wissenschaftlerin. Aus brennenden Städten war so viel Ruß und Staub in die Atmosphäre aufgestiegen, dass das lokale Klima durcheinandergeriet. »Es gab extrem trockene Jahre damals, mit schlimmen Missernten, 1947 zum Beispiel und zu Beginn der 50er Jahre. Und es gab extrem feuchte Jahre, auch mit Hochwassern: 1957 etwa oder 1958.« Die Jahresringe legen davon Zeugnis ab.

Wer das Klima retten will, der pflanzt Bäume. Durch die Pflege bestehender oder das Anlegen neuer Wälder, so die Idee, lässt sich der Kohlenstoff-Speicher der Natur vergrößern. Jeder Mensch kann also ganz einfach der Atmosphäre Treibhausgas entziehen: mit einem Baum.

»Einen Baum zu pflanzen ist die eine Sache«, sagt Wangari Maathai, »sein Überleben zu sichern eine andere.« Die Kenianerin hat gemeinsam mit einer Handvoll anderer Frauen 1977 angefangen, in ihrer Heimat Bäume zu pflanzen. Bald wurde eine ganze Bewegung daraus, die sich »Green Belt Movement« (Grüner-Gürtel-Bewegung) nennt. »Mit dem Pflanzen beginnt das Leben erst«, sagt Maathai. »Du musst dich um den Baum auch kümmern! Und das ist gut so: Wir haben uns zu sehr entfernt von der Natur. Wir wissen in unserer technisierten Welt viel zu wenig über das Wunder Leben. Wer einen Baum pflanzt und sich um ihn kümmert, der wird die Natur wieder entdecken.« Maathai gründete ihre Bewegung ursprünglich, um Wüstenbildung und Landflucht in Kenia zu verhindern. Langfristig ging es ihr aber auch darum, Brenn- und Bauholz für arme Familien zu produzieren. In dem einst waldreichen Land sind heute gerade noch 1,7 Prozent mit Bäumen bedeckt. Für Wangari Maathai sind Umwelt und Frieden nicht zu trennen: »Je knapper die Ressourcen werden, umso verbitterter wird um den Rest gekämpft«, sagte sie. Noch ein Grund, einen Baum zu pflanzen: Frieden schaffen, Bäume gegen Waffen.

Noch vor 200 Jahren war Holz auch hierzulande wichtigster Energieträger. Jahrhundertelang wurden auch in Europa die Wälder gerodet. Bis zum 7. Jahrhundert war der Kontinent zu 70 bis 80 Prozent mit fast unberührtem Urwald bedeckt gewesen, Bevölkerungsvermehrung und Industrialisierung machten dem ein Ende.[137] Doch seit einigen Jahrzehnten wächst in Deutschland die Holzmenge in den Wäldern wieder. Pro Jahr werden dadurch mehr als 20 Millionen Tonnen Kohlendioxid gebunden – aber das ist weniger als ein Vierzigstel der im gleichen Zeitraum in Deutschland ausgestoßenen Menge.

Drei Viertel der Weltbevölkerung gewinnt heute noch ihre Energie aus Holz, ein Viertel hat nicht einmal Zugang zu anderer Energie. Was ein Problem ist: Die Menschheit wächst schneller als die Bäume. Holz ist vielerorts auf dieser Welt knapp, neuerdings auch wieder in Deutschland. Der Boom von Holzpellet-Heizungen sorgte dafür, dass der Preis des Rohstoffs innerhalb eines Jahres in manchen Gegenden um über 50 Prozent stieg. Der Bundesverband der holzverarbeitenden Industrie forderte bereits einen »höheren Einschlag in den Wäldern«, was aber keine so gute Idee ist, es sei denn, es wächst noch mehr Holz nach. Denn im Ofen wird das gespeicherte Kohlendioxid ja wieder frei – Heizen mit Holz ist nur dann klimafreundlicher als der Einsatz von Gas, Öl oder Kohle, wenn mindestens genauso viel wiederaufgeforstet wird und der Kohlenstoff-Kreislauf geschlossen ist.

Ein »Holzgroschen« würde den klimafreundlichen Baustoff billiger machen

»Statt es zu verbrennen müssen wir Holz wieder länger nutzen«, sagt Christine Fürst. Brücken, Häuser, Zäune aus Holz, alles ist möglich. Konzertsäle, Supermärkte, Kindergärten, Sporthallen – »es gibt keinen vernünftigen Grund, immer nur mit klimaschädlichen Baumaterialien zu arbeiten«, so die Bodenkundlerin. Im Gegenteil: Holz hält sogar oft länger als Ziegel und Zement. Und ist mindestens so schön.

Frau Fürst, was ist denn an Ziegeln und Zement klimaschädlich? »Die Energie«, antwortet sie. Beide Baustoffe sind in der Herstellung extrem energieintensiv, was bei der gegenwärtigen Art der Energieerzeugung auch einen hohen Ausstoß an Kohlendioxid bedeutet. Heidelberg-Cement zum Beispiel, größter Baustoffproduzent der Bundesrepublik und zweitgrößter Zementhersteller Europas, meldet auf seiner Internetseite stolz, dass die Kohlendioxid-Emission pro Tonne Zement in den vergangenen Jahren auf 708 Kilogramm gesenkt worden sei. Weltweit ist die Zementindustrie aber immer noch für fünf Prozent des gesamten Kohlendioxid-Ausstoßes verantwortlich. »Ein Baum dagegen«, so Fürst, »vernichtet Kohlendioxid, wenn er den Baustoff Holz herstellt. Ein Kubikmeter Fichtenholz speichert knapp 0,7 Tonnen Kohlendioxid.« Grob überschlagen entzieht eine Tonne Holz der Erdatmosphäre anderthalb Tonnen des Klimagases, während eine Tonne Zement ihr mehr als 700 Kilogramm davon hinzufügt.

Im Auftrag des Bundestages errechneten Wissenschaftler vor Jahren, welchen Klimavorteil es hätte, eine gewöhnliche Industrielagerhalle aus Holz zu errichten: Die bislang übliche Metall-Leichtbauweise beansprucht demnach allein für die Stahlproduktion fast das Doppelte des Energieaufwandes, verglichen mit Stahlbeton sogar das Zweieinhalbfache. Durch den Einsatz von Holz könnten demnach, bei nur einer einzigen Lagerhalle, etwa 150 bzw. 240 Tonnen Kohlendioxid eingespart werden.[138]

Es gibt nur einen triftigen Grund, stattdessen mit Stahl, Ziegeln oder Zement zu bauen: der Preis. Kalksandstein, Beton oder Gipskartonplatten zum Beispiel könnten praktisch überall durch Holzspanplatten ersetzt werden. Nur tut das niemand. Den Grund sieht jeder Heimwerker im Baumarkt. Eine Holzspanplatte ist dort etwa doppelt so teuer wie eine Bauplatte aus Gipskarton. Dagegen gäbe es ein einfaches Mittel, einen »Holzgroschen«: Jeder Ziegel, jedes Kilogramm Gips oder Zement wird ab sofort um zehn Cent teurer. Mit dem Geld könnte umgekehrt Bauholz verbilligt werden oder ein Förderprogramm für Holzbau-Projekte aufgelegt werden – oder man könnte damit ganz direkt Wiederaufforstungen finanzieren. Bisher wird die Ziegel- und Zementindustrie in Deutschland gegenüber anderen Branchen sogar bevorzugt. Obwohl sie das Klima besonders stark schädigt, ist sie vom bestehenden Emissionshandelssystem ausgenommen, dessen ausdrückliches Ziel die Verteuerung und damit Minderung von Kohlendioxid-Emissionen ist.

»Die Schwierigkeit wird sein«, vermutet Christine Fürst, »die Herkunft des verbauten Holzes aus einheimischen Wäldern sicherzustellen.« Denn der Einsatz von Tropenholz aus Südamerika, Afrika oder Asien wäre wenig klimaschonend, schon wegen der Energie, die für den Ferntransport notwendig ist. Abachi, Bangkirai, Meranti, Palisander, Teak – vielerorts heizt die Nachfrage des weißen Mannes die Abholzung der Regenwälder erst richtig an.

Zum Glück gibt es seit fast fünfzehn Jahren den »Forest Stewardship Council« – kurz FSC. Diese internationale, nichtstaatliche Organisation hat sich zum Ziel gesetzt, die Wälder durch eine umweltgerechte, sozial verträgliche und wirtschaftlich tragfähige Bewirtschaftung zu erhalten. Sie vergibt ein Gütezeichen, das FSC-Siegel, das nur Hersteller auf ihre Produkte drucken dürfen, die zehn international verbindliche Kriterien erfüllen. Zum Beispiel müssen sie sich an das Nachhaltigkeitsprinzip halten, demzufolge einem Wald nur so viel Holz entnommen wird, wie im selben Zeitraum nachwächst. Sie müssen außerdem die Rechte von Ureinwohnern anerkennen, die biologische Vielfalt schützen, ebenso die Böden und die Wasserressourcen. Greenpeace sagt genau wie Robin Wood oder viele andere Umweltverbände: Tropenholz ist nur in Ordnung, wenn es das FSC-Siegel trägt. Die Stiftung Warentest untersuchte im Jahr 2002 verschiedene Gütezeichen für Waldbewirtschaftung auf Inhalt und Glaubwürdigkeit, das FSC-Label erhielt neben dem heimischen Naturland-Siegel als einziges die Note »sehr gut«.

Bei IKEA in Berlin-Tempelhof aber kennt niemand das Zeichen des FSC. Beim Möbelmarkt Rahaus gibt es sehr schmucke Mahagoni-Betten. »Das mit dem Siegel ist Quatsch«, sagt der Verkäufer, denn illegal geschlagenes Holz dürfe sowieso nicht nach Deutschland eingeführt werden – was leider nicht stimmt. Bei einem asiatischen Möbelladen sagt die Verkäuferin ganz offen: »Natürlich bekommen Sie ein Siegel! Der Chef wird Ihnen das Zertifikat persönlich anfertigen.« Immerhin, beim Versandhaus Neckermann wird der klimabewusste Kunde fündig. »Seit Jahren bauen wir die Palette an FSC-zertifizierten Produkten kontinuierlich aus, auf inzwischen über hundert Artikel«, sagt Vorstandsmitglied Reinhard Dirks.

Mit einem Urwaldschutz-Gesetz könnte Deutschland zumindest gegen die schlimmsten Regenwaldfrevel vorgehen. Einen Entwurf dazu hatten die Bündnisgrünen erarbeitet,[139] im Bundestag stand er für die letzte Sitzung vor der Sommerpause 2006 auf der Tagesordnung. Besitz und Handel von illegal geschlagenem Holz hätte das Gesetz unter Strafe gestellt. Firmen sollten außerdem verpflichtet werden, die Herkunft ihrer Hölzer eindeutig nachzuweisen. Doch aus Zeitmangel gab es nicht einmal eine Debatte darüber, die Fraktionen gaben ihre Redebeiträge schriftlich an die Stenografen. Eine ganz große Koalition aus CDU, CSU, SPD und FDP lehnte den Gesetzentwurf im Oktober 2006 schließlich ab.

Der Hauptverband des Deutschen Einzelhandels begrüßte das umgehend. Ein solches Urwaldschutz-Gesetz wäre nämlich eine »schwerwiegende Belastung« für »folgende Handelsbranchen: Möbel-/Küchenhandel (Möbel aller Art), die Baumarktbranche (Hölzer, Holzwerkstoffe und Holzprodukte verschiedenster Art, Holzkohle), den Bürofachhandel (Büromöbel, Papier verschiedenster Art), den Lebensmittelhandel (Hygienepapiere, Schreibpapiere, Haushaltspapiere, Holzkohle etc.), den Spielzeugfachhandel (Kindermöbel, Holzspielzeug), Handel mit Geschenkartikeln (Schmuckkästen, Ziergegenstände), Handel mit Glas/Porzellan (Servietten, Besteckkästen)«. Dankenswerterweise hat der Lobbyverband damit auch einmal zusammengefasst, wo überall sich skrupellose Händler bisher mit illegal geschlagenem Holz eine goldene Nase verdienen können. Nach Erhebung der Umweltorganisation WWF exportiert allein Indonesien jedes Jahr Holz aus illegalen Quellen im Wert von 150 Millionen Euro nach Deutschland. Legt man einen Handelspreis von 100 Euro je Festmeter zugrunde, sind deutsche Verbraucher damit in Indonesien für die Vernichtung einer Waldfläche etwa der Größe Schleswig-Holsteins verantwortlich. Jahr für Jahr, wohlgemerkt.[140] Christine Fürst drückt es so aus: »Die Menge entspricht etwa 14 Prozent der Waldfläche Deutschlands. Liefe das Geschäft andersrum, hätten uns die Indonesier nach sieben Jahren den letzten Baum geraubt.«

Ein Internationaler Waldfonds muss das Roden stoppen und Aufforstungen fördern

»Wir sind die Generation, die es noch schaffen kann, den Klimawandel aufzuhalten«, sagt die Kenianerin Wangari Maathai. »Wir müssen nur endlich damit anfangen!« Aus ihrer lokalen Bewegung ist inzwischen eine pan-afrikanische geworden. Heute ist das »Green Belt Movement« in 13 Ländern aktiv und hat etwa 600 Baumschulen gegründet, in denen mehrere Zehntausend Frauen ein bescheidenes Auskommen finden. Die 67-Jährige wird zu Hause »Mama Mici« genannt, die Mutter der Bäume. Im Laufe der Jahre hatten die Machthaber Kenias die unbequeme Frau immer wieder ins Gefängnis gesteckt, im Jahr 2004 dann erhielt sie den Friedensnobelpreis, als erste Frau Afrikas. »Jeder Mensch auf dieser Welt kann zeigen, dass sich Klimaschutz nicht nur auf den Gängen vor den Verhandlungsräumen von Regierungsgipfeltreffen abspielt: indem er einen Baum pflanzt.«

Leider ist das in der wohlgeordneten Bundesrepublik Deutschland nicht ganz einfach. Einen Baum zu pflanzen, vor seiner Haustür, am Straßenrand, im Stadtpark, das ist nicht erlaubt. Nach deutscher Rechtslage muss man dafür der Eigentümer des Bodens sein, und mancherorts reicht noch nicht einmal das. Die Kommunen nämlich erlassen Grünordnungspläne, die vorschreiben, wo Natur erlaubt ist und wo nicht. Auf dem flachen Land braucht man fürs Bäumepflanzen eine »Aufforstungsgenehmigung« – könnte ja sein, dass aus einem Acker ein Wald wird, was in Deutschland natürlich nicht ohne behördliche Genehmigung passieren darf.

»Die Regierung muss etwas tun«, fordert deshalb Waldexpertin Fürst. Bund, Länder und Kommunen könnten Flächen für Bürgerwälder ausweisen. Schrumpfende Städte könnten so Platz für neue Parks bieten. In Ostdeutschland gibt es etliche rekultivierte Flächen ehemaliger Braunkohletagebaue, aber auch im Westen mangelt es selten an ungenutzten Brachen. »Damit jeder Deutsche einen Baum pflanzen kann, braucht man 2000 Quadratkilometer Fläche«, rechnet Fürst vor. Das ist ungefähr die Fläche des Nationalparks Bayerischer Wald. Auch im Ausland könnte die Bundesregierung ganz schnell die Wiederaufforstung fördern, zum Beispiel durch den Beitritt zu einem noch zu gründenden Internationalen Waldfonds. Für eine solche Institution gäbe es unzählige Aufgaben: Zuschüsse für Neupflanzungen natürlich, aber zum Beispiel auch Programme für Kleinbauern im Amazonas, damit sie den Wald nutzen statt ihn zu zerstören, oder die Gründung einer weltweiten Forest Trading Police, einer Polizeibehörde, die illegalen Raubbau und Handel mit Holz verfolgt.

Der Bodenkundlerin fallen weitere Hausaufgaben für Politiker ein, zum Beispiel bei der Waldprivatisierung. »Von Schleswig-Holstein bis nach Bayern – überall soll Staatswald verkauft werden«, berichtet sie. Private Eigentümer, so die Befürchtung, könnten den Wald stärker ausbeuten, sprich, mehr Holz entnehmen. Klimapolitisch wäre es dagegen wichtig, die Holzmenge pro Hektar zu steigern. Und eine Nutzung des Waldes, die das sicherstellt, könne der Staat am besten garantieren, wenn er selbst Eigentümer bleibt.

»Unser Baum«, sagt Fürst, vor der 140-jährigen Buche in der Dübener Heide kniend, »hatte die Klimakrise des Zweiten Weltkriegs Anfang der sechziger Jahre überwunden.« Sie zeigt auf etwa dreißig dicke Jahresringe, die sich den dünnen anschließen. »Und dann sieht man die harten Jahre«, liest sie die Buche zu Ende. »Ab Mitte der neunziger Jahre werden die Jahresringe immer enger.« Die letzten fünf sind kaum noch zu erkennen, dem Baum ging es gar nicht gut. Schon heute ist der beginnende Klimawandel in Deutschland an trockenen Sommern und insgesamt höheren Temperaturen spürbar, und die hier heimischen Baumarten kommen damit nur schwer zurecht. »Wenn sie großen Stress haben, schalten Bäume auf Sparbetrieb um: Sie produzieren dann mehr Samen und weniger Holz.« Im Umkehrschluss heißt das: Sie binden weniger Kohlendioxid. Und wenn der Wald weniger Kohlendioxid bindet, bleibt mehr davon in der Atmosphäre – wo es dafür sorgt, dass die Erde noch wärmer wird. Was den Bäumen neuen Stress bereitet. Irgendwie ist es zum Verzweifeln.

Dies muss in den nächsten zwölf Monaten passieren:
1. Horst Seehofer, als Bundesminister für Ernährung, Landwirtschaft und Verbraucherschutz auch für die Forste zuständig, erarbeitet einen Gesetzentwurf zur Einführung des »Holzgroschens«. Um den Anbau und die Nutzung heimischer Hölzer zu fördern, werden energieintensive Baustoffe wie Ziegel oder Zement mit einer Umlage von 0,10 Euro pro Stück bzw. Kilogramm belastet. Nach der Zustimmung in Bundestag und Bundesrat könnte das Gesetz zum 1. Januar 2008 in Kraft treten. In einer zweiten Stufe werden zu einem späteren Zeitpunkt Baustoffe wie Aluminium und Stahl einbezogen.

2. Bundeskanzlerin Angela Merkel schlägt in der UN, der EU und im Kreis der G7-Gruppe der führenden Industrieländer die Gründung eines Internationalen Waldfonds vor. Deutschland gibt dafür 500 Millionen Euro pro Jahr – so viel könnte der Staat durch die Versteigerung der Kohlendioxid-Emissionsrechte an die Industrie einnehmen. Im Moment werden sie einfach an die Industrie verschenkt (die sich sehr darüber freut, weil es eine einmalige Gelddruckmaschine ist: Stromkonzerne zum Beispiel lassen den Börsenpreis der Verschmutzungsrechte in die Energierechnungen ihrer Kunden einfließen, obwohl sie selbst überhaupt nichts dafür zahlen mussten). Wenn die Bundesregierung aber – wie es die EU ausdrücklich erlaubt – ein Zehntel aller Kohlenstoff-Zertifikate unter den Betreibern von Industrieanlagen versteigert, könnten leicht 500 Millionen Euro zusammenkommen.[141] Jedes Jahr.

3. Evangelische und katholische Kirche entdecken den Klimaschutz ebenso wie der Humanistische Verband Deutschlands: Als Teil der Konfirmations-, Firmungs- oder Jugendweihe-Zeremonien pflanzt künftig jeder junge Mensch einen Baum. Täte dies jeder Deutsche, dann werden nach hundert Baum-Lebensjahren der Atmosphäre 132 Millionen Tonnen Kohlendioxid entzogen sein.

14. Klimadiplomatie neu erfinden

Gespräche über Gespräche über Gespräche

Die jährlichen Weltklimakonferenzen gleichen einem
schier unüberschaubaren Basar, sie bringen viele
schöne Worte und nur selten Ergebnisse.
Die Klimadiplomatie braucht deshalb neue
Strukturen – und mehr globale Gerechtigkeit.

Plötzlich war alles vorbei. »Die Sitzung ist geschlossen«,
verkündete Tagungspräsident Kivutha Kibwana. Die Uh-
ren zeigten exakt halb zehn an diesem Abend, 2000 Dele-
gierte aus der ganzen Welt hatten gerade über den letzten
Punkt der Tagesordnung abgestimmt. Es war nichts mehr
zu tun auf diesem zwölften Klimagipfel in Nairobi. »Cop
12« – so hieß die Weltklimakonferenz 2006 im Fachjar-
gon – ging damit in die Geschichtsbücher ein: als Gipfel
der Pünktlichkeit.

Von einem Moment auf den anderen fiel von Nicole
Wilke die ganze Anspannung ab. Zwölf Tage lang hatte
die oberste deutsche Klimadiplomatin sich und ihre Delegation durch die Positionen von 189 Staaten navigiert.
Zwölf Tage voller Argumente von Wirtschaftslobbyisten,
Umweltschützern, Wissenschaftlern, voller Suche nach
Kompromissen, voller Abstimmungen mit Berlin, wie
weit sie gehen dürfe. Bis zum Schluss war der 43-Jähri-
gen nicht klar, wie tragfähig die zwölf Tage lang ausgehan-
delte Schlusserklärung sein würde. Wilke hatte mit dem
Schlimmsten gerechnet: mit einer Nachtsitzung. Einer jener Verhandlungsrunden, die unter Klimadiplomaten als
»Nacht der langen Messer« firmieren. Mit einem Konfe-
renzfinale nach dem Motto »friss oder stirb«: Entweder

der Verhandlungspartner schluckt die Kröte – oder man selbst. Natürlich gibt es immer auch eine dritte Möglichkeit, das Scheitern. Aber diese Möglichkeit hat sich die Referatsleiterin für internationalen Klimaschutz im Bundesumweltministerium verboten. Nicole Wilke war also auf alles vorbereitet. Stattdessen bedankt sich der Tagungspräsident. »Nie ging eine Weltklimakonferenz so pünktlich zu Ende« sagt Kivutha Kibwana. »Das zeigt, wie gut die Atmosphäre in Nairobi war.« Draußen zirpten Grillen. Ein lauer Wind lockte in einen afrikanischen Abend. Der pünktliche Gipfelschluss zeigte wieder einmal, wie sehr die globale Klimadiplomatie auf der Stelle tritt.

Die Welt lässt sich nur retten, wenn die Welt gemeinsam etwas unternimmt gegen den Klimawandel. Auf dem Umweltgipfel von Rio de Janeiro hatten sich 1992 die Staaten eingestanden: Wir haben ein Problem. Dokumentiert ist das Problem in der Klimarahmenkonvention der Vereinten Nationen. In dieser »United Nations Framework Convention on Climate Change« (UNFCCC) verpflichteten sich die Länder der Welt, erstens, regelmäßig Daten zu den eigenen Emissionen von Treibhausgasen zu veröffentlichen. Zweitens wollten die 189 Vertragsstaaten die globale Erderwärmung verlangsamen und drittens die Folgen des Klimawandels mildern. Gemeinsam.

Seit Rio gibt es die weltweite Klimadiplomatie. Nach jährlich wiederkehrendem Muster: Sechs Monate lang versuchen die 189 Staaten auf Beamtenebene – nicht Politiker, sondern Ministerialdirigenten, Abteilungsleiter oder Sachverständige im Staatsdienst –, sich auf eine Tagesordnung zu verständigen. Fixiert wird diese jeweils auf einer Frühjahrskonferenz in Bonn. In die Hauptstadt der alten Bundesrepublik kommen die Diplomaten, weil dort das UN-Klimasekretariat sitzt. Helmut Kohl hatte die Welt einst mit dem Versprechen an den Rhein gelockt, dass Deutschland im Jahr 2005 ein Viertel weniger Treibhausgas verursachen werde als 1990. Im Zieljahr hatte die Bundesrepublik gerade einmal 18,7 Prozent geschafft, und den größten Anteil daran hatte der Zusammenbruch der DDR-Wirtschaft nach dem Einzug der freien Marktwirtschaft.

Nach dieser Frühjahrstagung haben die Diplomaten bis zum Herbst Zeit zu eruieren, wie sich die festgelegte Agenda abarbeiten lasse. Wer macht mit? Wer ist Bremser? Was muss zur Motivation Russlands getan werden? Kann Punkt 42 überhaupt angegangen werden, bevor Punkt 53 entschieden ist? So wird die Tagesordnung immer weiter verfeinert, bevor deren Abarbeitung schließlich auf der Weltklimakonferenz beginnt. Alljährlich treffen sich im Spätherbst die zuständigen Klimapolitiker der Unterzeichnerstaaten, um einen neuen Weltklimapakt zu besiegeln. Nach einem ziemlich sperrigen Procedere: Punkt für Punkt wird die Tagesordnung im Plenum verlesen, also vor allen 2000 Delegierten. Dann darf jedes Land dazu etwas sagen. Ergriffen alle 189 Staaten nur für drei Minuten das Wort – bei Diplomaten eine kaum vorstellbare Kürze – dauerte allein das knapp zehn Stunden. Nach dieser »Aussprache« werden die einzelnen Themen dann an Fachausschüsse verwiesen. Gut 30 solcher Verhandlungsgruppen gab es in Nairobi. Wie berechnet man – wurde dort beispielsweise diskutiert – die Klimawirkung von Wald? Speichert mitteleuropäischer Wald mehr oder weniger Kohlendioxid als brasilianischer?

»Da tauchen Themen auf«, gibt Nicole Wilke zu, »von denen ich kaum ein Wort verstehe.« Muss sie auch nicht: Deutschlands oberste Klimadiplomatin hatte in Nairobi einen 20-köpfigen Stab von Fachleuten um sich, die sich bis ins kleinste Detail hinein auskennen. Was aber ist mit armen Staaten wie Mosambik? Oder mit kleinen wie Albanien? Die haben nur einen Bruchteil des Personals, das in den meisten Fällen auch noch schlechter ausgebildet ist. Man darf deshalb mit gutem Grund daran zweifeln, dass auf den Klimagipfeln immer alle Beteiligten überhaupt verstehen, worum es gerade geht.

189 Staaten haben die Klimarahmenkonvention unterschrieben, sie alle sind geladen zur »Conferenz of Parties« – kurz Cop. Oberstes Prinzip der Klimadiplomatie ist, dass sich alle 189 einig sind. Ist auch nur irgendein Staat in irgendeiner Arbeitsgruppe gegen irgendeinen Schritt, irgendeine Entscheidung, irgendein Projekt, dann wird das Plenum am Ende der Konferenz keinen Beschluss fassen. Deshalb wird meistens sehr lange diskutiert.

Am Anfang durchaus mit großem Erfolg. Cop 1 zum Beispiel – die Zahl steht für die erste Verhandlungsrunde 1995 – entwarf in Berlin ein »Gesetz über völkerrechtlich verbindliche Emissionsreduktionen von treibhauswirksamen Gasen«. Auf Cop 3 im japanischen Kyoto 1997 – daher der Name »Kyoto-Protokoll« – wurde dieses Gesetz von allen Vertragsstaaten beschlossen, übrigens auch von den USA und Australien. Cop 7 im marokkanischen Marrakesch beschloss die Durchführungsbestimmungen zum Kyoto-Protokoll. Jetzt mussten nur noch die jeweiligen Parlamente der Cop-Staaten das Protokoll anerkennen. Und zwar in so vielen Ländern, wie für 55 Prozent des weltweiten Kohlendioxid-Ausstoßes verantwortlich sind. Jahre vergingen. Zähe Verhandlungen. Mit Offerten, Schmeicheleien, Drohungen. Die USA, allein für ein Viertel der weltweiten Kohlendioxid-Emissionen verantwortlich, verweigerten sich genauso wie Australien. Das Kyoto-Protokoll drohte zu scheitern, bevor es überhaupt hatte wirksam werden können. Im Februar 2005 war es endlich so weit, mit der Unterschrift Russlands wurde das Quorum erreicht. Nach 13 langen Jahren trat das Kyoto-Protokoll in Kraft.

Heute ist klar, dass dieser Vertrag allenfalls ein Anfang für den weltweiten Klimaschutz sein kann. 39 Industriestaaten haben sich in ihm verpflichtet, bis 2012 insgesamt 5,2 Prozent weniger Treibhausgase auszustoßen als 1990.

Doch nicht einmal dieses bescheidene Versprechen werden sie erfüllen, stattdessen wird ihr Ausstoß zum Ende der Kyoto-Periode um circa zehn Prozent gestiegen sein. Die Europäische Union, die sich gern als Vorreiter im Klimaschutz feiert, ist von ihrem Ziel, acht Prozent Treibhausgase einzusparen, weit entfernt – fünf Jahre vor dem Stichtag hat sie gerade 0,9 Prozent Reduzierung geschafft. Und weil in Schwellenländern wie China, Mexiko, Indien oder Brasilien die Wirtschaft geradezu explosionsartig wächst, wird die Erdatmosphäre im Jahr 2012 voraussichtlich etwa 30 Prozent mehr Kohlendioxid enthalten als 1990. Trotz Kyoto.

In Nairobi hat Nicole Wilke an diesem Novemberabend dann doch noch eine knifflige Aufgabe zu erledigen: Interviews geben. Ihr Chef, Bundesumweltminister Sigmar Gabriel, sitzt längst im Flugzeug nach Deutschland und überlässt die politische Bewertung von Cop 12 seiner Chefunterhändlerin. Nicole Wilke steht am Rand des Pressezentrums, einem Zelt, das vollgestopft ist mit Computern, Übertragungstechnik und Hektik. Frau Wilke, fragt da die deutsche Presse, wie erfolgreich war der Klimagipfel von Nairobi? Die Oberregierungsrätin fixiert die Mikrophone, strafft ihren Körper wie eine Hürdenläuferin direkt vor dem Startschuss und sagt dann mit gewinnendem Lächeln: »Erst einmal war Nairobi ein Zwischenschritt. Wir hatten geringere Erwartungen als wir nun tatsächlich Ergebnisse vorweisen können. Wir wussten, im Anpassungsbereich müssen wir eine Menge abräumen. Das ist uns gelungen. Der Gipfel hat gute Basisarbeit geleistet.«

Aus der Diplomatensprache übersetzt verrät diese Antwort, dass nicht viel Greifbares herausgekommen ist in Kenias Hauptstadt. Deshalb die Nachfrage: Welche konkreten Ergebnisse hat der Gipfel für die Zeit nach dem Kyoto-Protokoll erbracht? Dieser Vertrag, das ist der Hintergrund der Frage, gilt nämlich nur für wenige Jahre, von

2008 bis Ende 2012. Was danach kommt, ist völlig offen. Die Industrieländer, so die Forderung der restlichen Welt, sollen ihren Ausstoß bis 2020 deutlich stärker senken als bislang. Die Industrieländer wollen, dass die USA mitmacht. Die USA wollen, dass auch Länder wie China oder Indien einsteigen. Die Europäische Union fordert, dass auch die Entwicklungsländer über Klimaschutz nachdenken. Diese wiederum fordern Gegenleistungen dafür. Ein kaum entwirrbares Knäuel unterschiedlicher Interessen ist das. Und ein Zeitproblem: Fünf Jahre lang dauerten allein die Verhandlungen für das Kyoto-Protokoll, acht weitere Jahre, bis es in Kraft trat. Braucht die Welt für den nächsten Vertrag genauso lange, wäre der im Jahr 2019 fertig. Gebraucht wird die Anschlussregelung aber bereits 2013, sechs Jahre vorher.

Konkret, Frau Wilke, was hat der Gipfel für die Zeit nach Kyoto gebracht? Die 43-Jährige schüttelt ihr gewelltes Haar, als wolle sie die Frage abschütteln. »Ich habe vor Nairobi formuliert, ein Verhandlungsmandat für ein Post-2012-Regime wäre mein Traumergebnis dieser Konferenz. Realistisch betrachtet war es dafür zu früh, wir haben dieses Verhandlungsmandat nicht erhalten. Viele Punkte der politischen Agenda, die uns schon lange begleiten und die immer wieder für schlechte Stimmung gesorgt haben, konnten wir hier in Kenia aber mit vergleichsweise guten Ergebnissen zu Ende diskutieren. Die Stimmung in Nairobi war gut. Und das ist ein wichtiges Signal: Beim nächsten Gipfel bekommen wir das Mandat.«

Umweltschützer wie Gerhard Timm sind erbost über solche Einschätzungen. »Täglich liefert die Wissenschaft neue Schreckensszenarien, immer neue Fakten über den Stand der Erderwärmung«, sagt der Geschäftsführer des Bundes für Umwelt und Naturschutz Deutschland. Timm war eigens nach Nairobi gefahren, um sich ein Bild über die Verhandlungen zu machen. Und ist ernüchtert. »Die

Bedrohung wird immer dramatischer, und was machen die Klimadiplomaten? Sie verhandeln, ob sie beginnen sollen, zu verhandeln, um etwas dagegen zu tun.« Dabei gab es schon wesentlich schlimmere Klimakonferenzen. Cop 10 zum Beispiel, 2004 in Buenos Aires, endete erst in den frühen Morgenstunden. Kernergebnis: »Die Konferenz bittet das Sekretariat, ein Seminar von Regierungsexperten in Bonn durchzuführen. Das Seminar wird einen informellen Austausch befördern über Handlungen in Bezug auf Emissionsminderung.«[142] Im Klartext: Dieser Gipfel ist vollkommen gescheitert.

»Natürlich, auch ich hätte es gern ein bisschen schneller«, hatte Sigmar Gabriel in einer Verhandlungspause in Nairobi gesagt. »Aber es gibt nun einmal bislang keine Alternative zu dieser Gipfeldiplomatie.« Nicole Wilke bezeichnet das Einstimmigkeitsprinzip als »eines der Hauptprobleme der Klimagipfel«. Zwar gibt es seit Jahren einen Entwurf für neue »Roules of Procedures«, zu neuen Abstimmungsregeln. Und zu Beginn jedes Klimagipfels werden diese auch immer wieder zur Abstimmung gestellt. »Wir bekommen für einen anderen Abstimmungsmodus aber leider keine Mehrheit«, sagt Wilke. Mehr Klimaschutz – das klingt wie ein schlechter Scherz – scheitert also schon an der Geschäftsordnung.

Wilkes »leider« ist allerdings auch schon wieder eine diplomatische Chiffre, denn Deutschland will wie die anderen Industrieländer nicht einfach eine Umstellung auf das Mehrheitsprinzip. Dazu wären die Entwicklungsländer nämlich bereit, weil sie in den Cop-Konferenzen wie in der UN-Vollversammlung zahlenmäßig in der Mehrheit sind. Was die Industriestaaten deshalb fordern, sind »qualifizierte Mehrheiten«. Das heißt, dass drei Viertel der Vertragsstaaten einem Beschluss zustimmen müssten. Einen solchen Modus wiederum fürchten die Entwicklungsländer wie die erschöpfte Antilope den Löwen, denn zu oft schon sind sie vom reichen Norden über den Tisch gezogen worden. Im Ergebnis finden alle Klimagipfel genau genommen *ohne* Geschäftsordnung statt. Und laut UN-Statuten bedeutet das: »Entscheidungen bedürfen der Einmütigkeit« – nicht alle müssen zustimmen, aber keiner der Verhandlungspartner darf dagegen sein.

Um die Klimaverhandlungen wenigstens etwas überschaubarer zu machen, haben sich Staaten mit ähnlichen Interessen zu informellen Fraktionen zusammengeschlossen. In der »Gruppe 77«, besser bekannt als G 77 (die aber inzwischen mehr als 77 Mitglieder hat), sind die Entwicklungsländer organisiert. Die Gruppe »Kleine Inselstaaten« vereint Regierungen, denen das Wasser schon jetzt bis zum Halse steht. Eine Gruppe, die sich als Vermittler profilieren möchte, nennt sich »Ehrlichkeit« – unter anderem gehören die Schweiz, Mexiko und Südkorea dazu. Die EU definiert sich als die Gruppe, die bei den Verhandlungen stets Vorreiter sein will. Nicht-EU-Industriestaaten wie Japan, die USA, Australien oder Kanada sind in der »Umbrella Group« vereint, also unter einem »Regenschirm«. Auch die Erdöl exportierenden OPEC-Staaten, die Klimaschutz als Bedrohung der eigenen Exportkraft empfinden, haben sich zusammengeschlossen. Wollte man die Klimagipfel vereinfachen, könnte man diese bereits jetzt vorhandenen Gruppen besser organisieren und ihnen einen formellen Fraktionsstatus geben. Dann müssten nicht mehr 189 Positionen formuliert und verhandelt werden, sondern vielleicht nur noch 20. Das Dumme daran ist: So etwas müsste eine Geschäftsordnung regeln ...

»Wir müssen weiter gehen«, sagte Frankreichs scheidender Präsident Jacques Chirac, als das UN-Klimaforschergremium IPCC Anfang Februar 2007 in Paris mit seinem vierten Bericht neue, schockierende Prognosen für das Weltklima vorstellte. »Wir müssen effizienter, schneller, konzentrierter und ambitionierter werden.« Als Instru-

ment dafür schlug Chirac die Aufwertung des UN-Um-
weltprogramms Unep zu einer eigenständigen Behörde
vor, der UNEO. Nach dem Vorbild der Weltgesundheits-
organisation WHO könnte UNEO die bisher zerstreuten
Kompetenzen bündeln und bräuchte nicht mehr für jedes
einzelne Projekt aufs Neue um Geld zu betteln.[143]

»Ein guter Vorschlag für die Umwelt«, sagt Hermann
Ott vom Wuppertal-Institut für Klima, Umwelt und Energie, ein ausgewiesener Kenner der internationalen Um-
weltdiplomatie. Für den Kampf gegen die Wüstenbildung
oder für Artenvielfalt, »gegen all die komplexen Umwelt-
probleme«, sei UNEO sicherlich eine feine Sache, so Ott.
»In Sachen Klimaschutz aber ist der Vorschlag wenig hilf-
reich. Weder UNEO noch Unep haben mit dem Klimaschutz etwas zu tun.« Zuständige Einrichtung ist besag-
tes UNFCCC-Sekretariat in Bonn, und das ist direkt dem
UN-Generalsekretär unterstellt. Auch wenn es gut ist,
dass sich Staatschefs plötzlich Gedanken über das Klimaproblem und Klimadiplomatie machen – manchmal ver-
raten solche Gedanken, wie wenig sie bislang davon verstehen.

»Wäre ich Delegierter aus den G-77-Staaten, würde
ich den Industriestaaten auch kein Wort mehr glauben«,
sagt Umweltminister Gabriel. Auch er hat einen Reform-
vorschlag parat: »Wenn uns der Klimawandel so wichtig
ist, warum ist er dann kein Thema für die Staatschefs?«
Schließlich sei die Bekämpfung der Erderwärmung kein
technisches Problem, »sondern ein Problem des politischen Willens«. Gabriel will, dass Bundeskanzlerin Angela
Merkel im Dezember 2007 mit zum nächsten Klimagipfel
nach Bali kommt. Doch auch davon hält Hermann Ott
wenig. Jedenfalls derzeit. Bevor die Staatschefs einbezogen werden, meint Ott, sollte der Klimagipfel erst einmal
Visionen entwickeln, die es zu diskutieren lohnt. Sigmar
Gabriel und die EU müssten etwa auf Cop 13 erst einmal

»einheizen« und »Druck im Kessel« erzeugen. »Wenn Merkel 2008 zur Klimakonferenz fährt, kommt sie auch noch rechtzeitig.« Ohnehin erwartet niemand, dass vor 2009 irgendein Durchbruch erzielt wird. »Bis dahin ist George W. Bush amerikanischer Präsident«, sagt Ott, »und der wird einen Teufel tun, sich von seiner Blockade des Kyoto-Protokolls abbringen zu lassen.«

Sinnvoller wäre, Angela Merkel machte sich als Chefin der G8-Gruppe der wichtigsten Industriestaaten für einen »Innovationspakt zur Dekarbonisierung« stark. Dieser Vorschlag stammt von einem honorigen Gremium, dem Wissenschaftlichen Beirat der Bundesregierung zu den Globalen Umweltveränderungen (WBGU). Die G8-Staaten, so die Idee, könnten den fünf wichtigsten Schwellenländern – also China, Indien, Brasilien, Mexiko und Südafrika – einen bevorzugten Technologie-Austausch vorschlagen. Zusammen verantworten diese 13 Länder zwei Drittel der weltweiten Treibhausgase. Wer dem Club beitritt, bekäme Zugang zu Innovationen und Patenten, was in besonders schnell wachsenden Ländern die Energieeffizienz steigern und den Kohlendioxid-Ausstoß senken würde.[144] »Ein interessanter Ansatz«, findet Sebastian Oberthür, Professor für Internationale Beziehungen in Brüssel. Denn die Schwellenländer bekämen über die Verpflichtung zum Klimaschutz Zugang zu technologischem Fortschritt. »Das wäre natürlich auch für China interessant.« Der asiatische Riese wird in drei oder vier Jahren die USA als weltgrößten Produzenten von Kohlendioxid ablösen. Allerdings sieht Oberthür ein Gerechtigkeitsproblem: »Wieso sollen denn nur die fünf größten Schwellenländer von so einem Pakt profitieren?«

Windräder, Solarkraftwerke, Geothermie – tatsächlich hatten die Entwicklungsländer schon auf dem Gipfel von Nairobi gefordert, Zugang zu modernen Energietechnologien zu erhalten. Sie verlangen Baupläne, Patente. Es könne doch nicht sein, sagte in Nairobi ein Delegierter aus der Dritten Welt, dass die Industriestaaten uns »zuerst das Klimaproblem exportiert haben, um uns nun ihre Windräder verkaufen zu wollen«. Bundesumweltminister Sigmar Gabriel hatte das mit den Worten quittiert: »Wer so etwas fordert, der weiß nicht, wie Kapitalismus funktioniert.« Aber genau das ist, was etwa die Afrikaner so misstrauisch macht: Der Kapitalismus des Nordens ist verantwortlich für das Klimaproblem und will nun auch noch Geld mit der Lösung verdienen.

»Moralisch«, sagt Christoph Bals, Geschäftsführer der Entwicklungsorganisation Germanwatch, »hat diese Argumentation natürlich etwas für sich. Allerdings ist die Frage der Patente kein rein moralischer, sondern ein moralisch-ökonomischer Komplex.« Schließlich sei es ebenso unmoralisch, geistiges Kapital von Unternehmern zu enteignen, die einst etwa die Solartechnik entworfen und vorangetrieben haben. Germanwatch präferiert deshalb ein Lizenz-Modell: Die reichen Industriestaaten könnten einen Fonds gründen, der die Gestattungsproduktion in der Dritten Welt finanziert. Windräder könnten dann in deutscher Lizenz beispielsweise in Mexiko gebaut werden, und die Lizenzgebühren bezahlt der Fonds. Bals ist sicher: »Bei den Zukunftsverhandlungen zum Kyoto-Protokoll wird die Frage des Technologietransfers eine zentrale Rolle spielen.«

Die Größe des Problems verlangt ein neues Gremium: den UN-Klima-Sicherheitsrat

Die Diplomatie also hat sich ziemlich verrannt, und irgendwie liegt das vielleicht sogar in der Natur der Sache. »Am Anfang des Kyoto-Prozesses ging es um Reduktion der Schadstoffe, das hatte Strahlkraft«, analysiert Reinhard Loske, der renommierteste Umweltpolitiker der Bündnisgrünen. »Danach ging es um Mechanismen zur Reduktion, das immerhin leuchtete noch ein. Darauf folgte eine Debatte um flexible Mechanismen zur Reduktion, was schon schwer vermittelbar war. Jetzt aber soll sich die Gipfeldiplomatie mit der Überprüfung der Mechanismen zur Reduktion befassen? Das versteht niemand mehr.«

Während sich die Probleme Jahr für Jahr zuspitzen, verirrt sich die Klimadiplomatie in immer kleineren Detailfragen. Dagegen hilft wahrscheinlich nur noch ein radikaler Neuanfang bei den Strukturen: die Gründung eines UN-Klima-Sicherheitsrates. Vorbild dafür ist der bestehende UN-Sicherheitsrat, der nach 24 I der Charta der Vereinten Nationen »die Hauptverantwortung für die Wahrung des Weltfriedens« und der internationalen Sicherheit« trägt. Zweifellos bedroht die Erderwärmung den Weltfrieden wie kaum eine andere Entwicklung. Schon heute werden um Wasser oder Erdöl Kriege geführt, in Palästina etwa, im Sudan oder in Nigeria. Längst fordert der Klimawandel mehr Todesopfer als der internationale Terrorismus. Selbst der 11. September 2001 forderte weniger Menschenleben als die Hurrikan-Saison 2005, die schwerste seit Beginn der Wetteraufzeichnung mit weit über 3000 Opfern. Seit 1990 warnt der UN-Klimarat IPCC in einem Bericht nach dem anderen vor den verheerenden Folgen des Klimawandels – doch der UN-Sicherheitsrat brauchte 17 lange Jahre, bevor er sich im April 2007 das erste Mal mit dem Problem befasste.

In den neuen UN-Klima-Sicherheitsrat könnten neun ständige Mitglieder berufen werden, die Sitze orientieren sich an den ohnehin bestehenden »Fraktionen« der Klimagipfel: 1. die G 77, die Länder, die am stärksten unter dem Klimawandel leiden werden; 2. die Gruppe der kleinen Inselstaaten; 3. die Afrikanische Union, um die speziellen Probleme Afrikas artikulieren zu können; 4. die Mercosur-Staaten in Mittel- und Südamerika; 5. der südostasiatische Zusammenschluss ASEAN; 6. die arabisch dominierte OPEC; 7. ein noch zu schaffendes Gremium für die einstige Sowjetunion, das die zerfallende Gemeinschaft Unabhängiger Staaten GUS beerbt; 8. die übrigen Staaten der »Umbrella-Group« um Japan, Kanada und die USA; 9. schließlich die Europäische Union. Natürlich bevorteilt eine solche Sitzverteilung den Süden. Aber das ist nur gerecht: Die Länder, die am wenigsten zum Problem beigetragen haben, leiden am stärksten unter dessen Folgen.

Mit Sicherheit werden jetzt die Russen aufschreien. Ebenso die Chinesen. Die USA sowieso. Sie sind nirgends in der ihnen angemessenen Gewichtung präsent. Deshalb gehören dem Klima-Sicherheitsrat noch fünf nichtständige Mitglieder an, auf diese Sitze entsenden die G-8-Staaten ihren Vertreter, außerdem die Schwellenländer (also China, Indien, Brasilien und Co.) und die indigenen Völker, die von der Eisschmelze in der Arktis bis zum Abholzen des Regenwaldes besonders betroffen sind. Ergänzt würde die Runde durch einen Vertreter des UNFCCC-Sekretariats in Bonn sowie den Umweltminister jenes Landes, das die nächste Klimakonferenz ausrichtet – er wird es nämlich sein, der diese Konferenz als Präsident leitet. Beide erhalten als Konferenz-Organisatoren einen Beraterstatus. Anders als im UN-Sicherheitsrat aber dürfte in dem neuen Klimarat niemand über ein Vetorecht verfügen.

Praktisch könnte die Arbeit des neuen Gremiums so aussehen: Russland ruft den UN-Klima-Sicherheitsrat an, weil Deutschland sein Kyoto-Ziel nicht schafft. Im Entwurf für die UN-Resolution K 72 wird Berlin ein Handelsembargo angedroht, falls nicht umgehend etwas unternommen wird. Oder Bolivien ruft den Rat an, weil Brasilien die Brandrodung des Amazonas-Regenwaldes nicht stoppt. In UN-Resolution K 73 wird daraufhin die Entsendung einer internationalen Schutztruppe beschlossen, falls die brasilianische Regierung das Problem innerhalb einer festgesetzten Frist nicht selbst löst.

Erste und wichtigste Aufgabe des UN-Welt-Klimarates ist es, einen Vorschlag zu erarbeiten, wie künftig die Klimaverhandlungen auf eine neue Grundlage gestellt werden können. In der Vergangenheit nämlich waren historische Besitzstände die Basis des Kyoto-Protokolls und aller anderen Gespräche (»Grandfathering« heißt das Prinzip unter Fachleuten). So verpflichteten sich die Industriestaaten zu Reduzierungen ihrer Emissionen von 1990 – und erwarteten dafür großes Lob. Woraus aber, fragen Entwicklungs- und Schwellenländern ihrerseits, woraus leiten 20 Prozent der Weltbevölkerung im reichen Norden eigentlich das Recht ab, mehr als sechzig Prozent des weltweiten Kohlendioxid-Ausstoßes zu verursachen? Oder, noch krasser: Wie kann sich die USA mit nur fünf Prozent der Weltbevölkerung anmaßen, rund ein Viertel des weltweiten Kohlendioxids zu emittieren?

»Klimaschutz braucht mehr Gerechtigkeit«, fordert die kenianische Friedensnobelpreisträgerin Wangari Maathai. Sie hat auf dem Gipfel von Nairobi eine Partnerschaft mit der Weltbank unterschrieben, um kenianische Wälder als Kohlendioxid-Speicher zu schützen. Pro eingefangener Tonne Klimagas soll Kenia künftig vier Dollar erhalten. In Europa und Nordamerika, beklagt Maathai, wurde zum selben Zeitpunkt an den Handelsbörsen eine Tonne Kohlendioxid auf 16 Dollar taxiert. »Ich frage Sie: Wie kommt das? Wieso soll eine in Afrika eingesparte Tonne Kohlendioxid nur ein Viertel so wertvoll sein wie eine Tonne, die in Europa eingespart wird? Das ist eine dieser Ungleichheiten, die es uns so schwer machen, zu glauben, dass es die Industriestaaten gut mit uns meinen.«

Zahlreiche Entwicklungsländer, aber auch Klimaexperten oder Umweltökonomen wie der Berliner Professor Lutz Wicke[145], fordern deshalb ein neues Grundprinzip für künftige Verhandlungen und Verträge: Jeder Erdenbürger muss das gleiche Recht auf die Nutzung der Atmosphäre haben.

Anders ausgedrückt: Jeder Mensch darf gleich viel Kohlendioxid produzieren. Wicke schlägt beispielsweise fünf Tonnen pro Kopf und Jahr vor: Wer – wie die Menschen der Industriestaaten – mehr in Anspruch nimmt, könnte in einer Art globalem Emissionshandel zusätzliche Rechte von Menschen aus den Entwicklungsländern kaufen. Die nämlich schöpfen ihr Kontingent noch lange nicht aus. Ein solches System ist hochattraktiv für den Süden, weil er Geld aus dem Norden bekäme und das nicht einmal Almosen wären. »Wir glauben nicht«, sagte der damalige indische Ministerpräsident Vajpajee schon 2002 auf der Cop-8-Konferenz in Neu Delhi, »dass der Geist der Demokratie irgendeine andere Norm rechtfertigen kann als das gleiche Recht aller Menschen auf die ökologischen Ressourcen der Welt.«

In seinem Bericht zur Reform des UN-Sicherheitsrates schrieb der damalige UN-Generalsekretär Kofi Annan: »Die Wahrung des Weltfriedens hängt ganz wesentlich davon ab, dass ein gemeinsames, weltweites Verständnis und eine gemeinsame weltweite Akzeptanz dafür vorhanden ist, wann die Anwendung von Gewalt sowohl rechtmäßig als auch legitim ist.«[146] Was für den Weltfrieden gelten soll, ist für das Weltklima genauso richtig. Ohne ein gemeinsames, weltweites Verständnis dafür, wie die Nutzungsrechte an der Erdatmosphäre sowohl rechtmäßig als auch legitim verteilt sind, werden die Blockaden bei künftigen Klimaverhandlungen kaum zu lösen sein.

Sehr schnell dagegen – das ist Aufgabe zwei des UN-Klima-Sicherheitsrats – muss eine Judikative entwickelt werden. So, wie es etwa einen Internationalen Seegerichtshof in Hamburg gibt oder den Internationalen Strafgerichtshof in Den Haag, so braucht die Welt einen Internationalen Klimagerichtshof. Dessen Rechtsgrundlage müssten vom Welt-Klimarat erarbeitete Statuten sein, dann kann der Gerichtshof strittige technische Fragen der Klimadiplomatie entscheiden. Denn nie wieder soll ein Weltklimagipfel über Fragen wie diese debattieren müssen: Tragen Eukalyptus-Plantagen in Spanien in gleichem Maße wie Teakholz-Plantagen in Indonesien zum Klimaschutz bei? Auf den ersten Blick eine Lappalie. Auf den zweiten Blick aber durchaus wichtig, weil sich Spanien und Indonesien diese Plantagen auf ihre Versprechen zur Reduktion von Treibhausgasen anrechnen dürfen.

Denn darum muss es dem UN-Klimarat als Drittes gehen: die jährlichen Klimagipfel von den zähen Detailfragen zu entlasten. Ob und wie man ein internationales meteorologisches Austauschsystem einrichtet, wer es mit prozentual welchem Anteil finanziert – dazu bedarf es keiner jährlichen Weltklimakonferenz. Diese Konferenzen werden stattdessen das demokratische Zentrum der Weltklimapolitik. Dort bekommen künftig nur noch Staats- und Regierungschefs Zutritt, denn aller Erfahrung nach entwickeln solch hochrangige Runden eine ganz andere Dynamik als die bisher üblichen Treffen von Staatssekretären und Fachministern, von Referats- und Unterabteilungsleitern.

Bisher nämlich verliefen Klimagipfel so: Drei Tage vor Konferenzende flogen in Nairobi aus aller Herren Länder die Umweltminister ein. Im schönsten Saal des Tagungszentrums hielten sie ihre Reden, einer nach dem anderen, zwei Tage lang. Da stand dann zum Beispiel Sigmar Gabriel und gab seine große Besorgnis zu Protokoll, gepaart mit typisch deutschem Eigenlob als Klimavorreiter und der Ankündigung, dass die Bundesrepublik Deutschland 40 Prozent ihrer Treibhausgase bis 2020 einspart, falls sich die EU auf ein 30-Prozent-Ziel festlegt. Solche Reden werden allerdings nicht gehalten, um der Konferenz neue Impulse zu geben. Solche Reden sind gedacht für die Fernsehteams aus den jeweiligen Heimatländern.

Das Klima – das Klima auf dem Gipfel von Nairobi war gut. In jedem Falle besser als die Ergebnisse.

Dies muss in den nächsten zwölf Monaten passieren:

1. Klimadiplomatie darf nicht länger von einem Unterabteilungsleiter und einer Referatsleiterin des Bundesumweltministeriums betrieben werden. Deutschland braucht einen Staatsminister oder eine Staatsministerin für Klimaschutz – und er oder sie sollte nicht im Umweltministerium angesiedelt sein, sondern direkt beim Kanzleramt. Mit einer einfachen Organisationsverfügung könnte Angela Merkel einen solchen Posten innerhalb weniger Tage schaffen. Sie müsste diesem Staatsminister dann aber auch politische Rückendeckung geben: Klimaschutz muss Chefsache werden.

2. Der Botschafter der Bundesrepublik bei den Vereinten Nationen startet eine Initiative zur Einrichtung eines UN-Klima-Sicherheitsrates – und um die deutsche Glaubwürdigkeit zu erhöhen, sagt er gleich die Finanzierung eines Gerichtshofes für Klimastreitigkeiten zu. Das würde nur wenige Millionen Euro kosten, ließe sich aber durch eine Verkleinerung der deutschen Delegation auf Weltklimagipfeln refinanzieren.

3. Siemens, RWE, Solarworld und Co. gründen einen Technologiefonds. Ab sofort gehen ein Prozent des jährlichen Gewinns nach Steuern in einen Topf, aus dem Lizenzen für eine Gestattungsproduktion moderner Energietechnologie in Entwicklungsländern finanziert werden. Nutznießer sind die Firmen selbst: Sie reduzieren dadurch das Risiko klimawandelbedingter Einbußen ihrer eigenen Geschäftstätigkeit. Ein Rechenbeispiel: RWE fuhr 2006 einen Profit von 3,8 Milliarden Euro ein. Dem Fonds kämen somit 38 Millionen Euro zugute.

Wir Klimaretter
Ausblicke

Das ist jetzt ziemlich genau eine Milliarde Jahre her:
Die Atmosphäre der Erde enthielt fast keinen Sauerstoff,
aber etwa fünfzehn Prozent Kohlendioxid – 400-mal
so viel wie heute. In diesem Treibhaus war es um
die 50 Grad heiß, höhere Lebewesen konnten nicht
existieren.

Dann aber bildeten sich die Meere, und einzellige Orga-
nismen, die Vorläufer der heutigen Pflanzen, machten
sich auf, es zu besiedeln. Ihr Stoffwechsel nutzte das
Licht der Sonne und das reichlich vorhandene Kohlendioxid, um – durch Photosynthese – Kohlenstoff zu
produzieren für das Wachstum des eigenen Organismus.
Nebenher wurde Sauerstoff frei, und langsam, ganz langsam ging die Konzentration von Kohlendioxid in der
Atmosphäre zurück.

Das war wichtig für die Temperatur auf der Erdober-
fläche. Ein Drittel jener Energie, die die Sonne auf die
Erde strahlt, wird reflektiert – vom Meer etwa oder von
Schnee. Kohlendioxid wirkt in der Stratosphäre – also
15 bis 30 Kilometer über dem Boden – wie ein Hitzeschild: Es lässt die reflektierte Energie nicht in den Welt-
raum, sondern schickt sie zurück auf die Erde. Und je
dichter der Hitzeschild in der Stratosphäre, desto mehr
Wärmestrahlung kommt zurück auf den Boden. Es wird
wärmer.

Aber Millionen von Jahren passierte erst einmal das Gegenteil: Weil immer mehr Pflanzen immer mehr Kohlendioxid verbrauchten, sank dessen Konzentration – und

*damit die Temperatur. Jetzt war die Erde nur noch
20 Grad warm, und dank des reichlich vorhandenen
Sauerstoffs konnte das Leben einen neuen Entwicklungs-
schritt gehen:* Tiere entstanden.

*Über die Jahrmillionen pendelte sich ein Gleichgewicht
ein – Pflanzen verbrauchen Kohlendioxid, Tiere fressen
Pflanzen, und wenn sie atmen, wird das Kohlendioxid
wieder freigesetzt. Nach dem Tod verrottet alles zusammen – es wird wieder zu Kohlendioxid, ein Teil aber
lagert sich ab als Kohle, Öl und Erdgas. Der Kohlendioxid-Gehalt der Atmosphäre sank weiter, die sauerstoff-
reiche Luft bekam angenehme 15 Grad, gerade richtig
für die Entwicklung einer hochempfindlichen Säugetier-
art:* Homo sapiens.

*Der aber kam irgendwann auf eine ziemlich dumme
Idee. Er begann, die Kohlenstoff-Lager aus Millionen
von Jahren auszugraben und zu verbrennen. Mit Kohle,
Öl und Gas treibt er seine Maschinen an, heizt seine
Häuser, und er will immer mehr und mehr und mehr.
Das Ende ist bekannt: Die Kohlendioxid-Konzentration
in der Atmosphäre steigt wieder an, die Erde erwärmt
sich.*

Absehbar, dass sie bald für Homo sapiens *ziemlich unge-
mütlich werden wird.*

15. Anpassung an das Unvermeidliche
Höhere Deiche – und ein Asylrecht für Klimaflüchtlinge

Selbst wenn ab sofort kein einziges Gramm
Kohlendioxid mehr in die Atmosphäre käme, würde
sie sich trotzdem weiter aufheizen. Zu lange
haben die Industriestaaten gesündigt.
Deshalb müssen sie sich auf die Folgen einstellen.
Und dem Rest der Welt dabei helfen.

Nairobi im November 2006: Es ist einer jener schwülwarmen Tage, nach denen man sich im März so heftig sehnt. Die Klimaanlage schafft es kaum, das Pressezentrum wenigstens erträglich zu temperieren. Schweiß rinnt unanständig, Journalisten mit weißer Haut krempeln Ärmel hoch, dunkelhäutige Kolleginnen fächern sich mit bekritzelten Zetteln Luft ins Gesicht. Henri Djombo, der Umweltminister des Staates Kongo-Brazzaville, hat zur Pressekonferenz geladen. Endlich ist dem Klimagipfel ein Erfolg gelungen, nach schier endlosen Verhandlungen wurde die Gründung eines Fonds zur Anpassung an den Klimawandel beschlossen.

Plötzlich fängt es an zu regnen. Sanft zunächst. Schnell aber stärker. Bald trommelt es zum Himmelangstwerden gegen die Kunststoffhaut des Pressezeltes. Irritiert legen die Journalisten ihre Notizblöcke aus der Hand. Die Personenschützer, sichtlich irritiert, schirmen mit ihren Körpern den Minister ab. Schließlich prasselt das Wasser derart laut auf die Zeltwand, dass kein Wort mehr zu verstehen ist. Entfesselte Natur. Ein Drama wird geboren. Einige Stunden später stürzen sich die Wassermassen auf die kenianischen Küstenprovinzen. Und verschlingen Straßen, Brücken, Häuser, Kinder. Während der Klimagipfel in Nairobi Halbzeitpause macht, wird das Gastgeberland vom schwersten Unwetter seit Jahrzehnten heimgesucht – ein schicksalhaftes Zusammenfallen, das sich kein Gott im Himmel besser hätte ausdenken können.

Der Klimawandel nämlich ist längst da. Egal was geschieht, der Mensch hat das Wetter schon aus dem Takt gebracht. Britische Forscher haben 2006 simuliert, was passieren würde, wenn die Welt plötzlich vernünftig würde – und ab sofort kein einziges Molekül Kohlendioxid mehr in die Atmosphäre bliese. Die Computer des *Tyndall Center for Climate Change Research* spuckten ernüchternde Ergebnisse aus: Noch mindestens bis Mitte des Jahrhunderts würde die Erderwärmung weitergehen – zwischen 0,2 und 0,6 Grad pro Jahrzehnt. Denn Kohlendioxid ist träge, es braucht eine Weile, bis es sich in den hohen Schichten der Atmosphäre verteilt und seine Treibhauswirkung entfaltet. Und es dauert noch länger, bis sich der Klimakiller zersetzt – mindestens einhundert Jahre. Selbst wenn alle Projekte, die dieses Buch in den vorherigen Kapiteln vorgestellt hat, ohne Verzögerung und weltweit umgesetzt würden – wir müssten bis zum 22. Jahrhundert warten, bevor der Kohlendioxid-Gehalt der Erdatmosphäre wieder zu sinken begänne.

Die Kohlendioxid-Konzentration in der Luft wird von der Wissenschaft in »parts per million« (ppm) gemessen, in »Teilchen pro Million Luftpartikel«. Die ältesten Aufzeichnungen stammen vom »Mauna Loa«, dem »Langen Berg« auf Hawaii. Seit 1834 werden dort die Aktivitäten des 4170 Meter hohen Vulkans genauestens dokumentiert. Weil »Mauna Loa« weitab jeder industriellen Emissionsquelle liegt, sind die Werte besonders aufschlussreich: Die Kohlendioxid-Kurve beschreibt ein regelmäßiges Zickzack, im Sommer sinkt sie, im Winter steigt sie – aber in jedem, wirklich jedem Sommer liegt sie etwas über dem des Vorjahres. Vor Beginn der Industrialisierung waren es 280 ppm, im Jahr 2005 wurden 381 ppm gemessen.

Bohrungen im Eis der Antarktis lassen noch viel längere Rückblicke zu. Sie zeigen deutliche Schwankungen der Kohlendioxid-Konzentration im Laufe der Erdgeschichte – aber niemals seit 350 000 Jahren lagen die Werte so hoch wie heute.[147] Ein Diagramm mit den Daten dieser Antarktis-Messungen ist auch der Anlass für die wohl eindrucksvollste Szene in Al Gores Dokumentarfilm »Eine unbequeme Wahrheit«. Der Mann, der einmal »der nächste Präsident der Vereinigten Staaten« war, steht da in einem Hörsaal, zeigt mit einem Stab auf die über Jahrtausende schwankende Kohlendioxid-Kurve, die Mitte des zwanzigsten Jahrhunderts plötzlich in die Höhe schießt. So hoch, dass die Tafel im Hörsaal nicht ausreicht. Gore muss auf einen hydraulischen Hubwagen steigen, wie ihn Fensterputzer benutzen, um die aktuellen Werte zeigen zu können.

Die Forschungsstation am »Mauna Loa« leitete in den sechziger Jahren ein Wissenschaftler namens Roger Revell. Er war zugleich Professor an der Harvard University, und seine Vorlesungen besuchte ab 1968 auch Al Gore als Student. »Für den kleinen Kreis seiner Studenten war damals offensichtlich, dass Revell selbst über den raschen Anstieg des Kohlendioxids beunruhigt war«, erinnert Al Gore sich in seinem oscargekrönten Film.[148]

Vierzig Jahre sind seitdem vergangen, der weltweite Energieverbrauch hat sich verdreifacht – und damit auch der Ausstoß von Kohlendioxid. Zuletzt nahm dessen Konzentration in der Atmosphäre um jährlich 2,5 ppm zu. Obwohl sich die Welt im Kyoto-Protokoll verpflichtete, den Treibhausgas-Ausstoß zu verringern (bis 2012 um fünf Prozent gegenüber 1990), sind die Emissionen bis 2005 um etwa 20 Prozent gestiegen.[149] Durch die dicker werdende Atmosphäre kann die Erde immer weniger Energie ins All abstrahlen, sie heizt sich auf. Alle Experten sind sich einig, dass der Anstieg auf zwei Grad Celsius beschränkt werden muss. Darüber, so drückt es Hans-Joachim Schellnhuber aus, der Direktor des Potsdam-Instituts für Klimafolgenforschung, »können wir nicht mehr garantieren, dass der Klimawandel noch beherrschbar sein wird«.[150] Dafür dürfe der Kohlendioxid-Gehalt der Atmosphäre einen Wert von 420 ppm nicht überschreiten – aktuell sind es, wie gesagt, 381 ppm. Ein völliger Stopp des Treibhausgas-Ausstoßes aber ist unvorstellbar, die bisherige menschliche Zivilisation basiert auf einem verschwenderischen Umgang mit Kohlendioxid. Egal ob bei Sekt oder Selters: Der »Plopp« beim Öffnen der Flasche und die aufsteigenden Perlen, all das ist pures Kohlendioxid. Als Lebensmittelzusatz trägt der Klimakiller die Bezeichnung E 290.

Wer also über das Morgen nachdenkt, der muss sich heute anpassen. Auch in Deutschland. Zum Beispiel wie Kai Pönitz. »Ich habe vor zehn Jahren zum ersten Mal etwas über die Erderwärmung gelesen«, sagt der Familienvater. Jetzt hat er sich im sächsischen Seifersdorf das Haus gegen den Klimawandel gebaut. Lehm und Holz – zum einen mit ausschließlich klimaverträglichen Materialien, zum anderen krisenfest. »Mein Haus soll auch noch von meinen Enkeln bewohnt werden«, sagt der heute 37-Jährige. Bei der Planung kalkulierte er zusätzliche Sicherheiten gegen Wetterextreme ein: »Wir haben den höchsten je im Dorf gemessenen Hochwasserpegel abgesteckt«, sagt Pönitz. Den gab es im August 2002, als eine sogenannte 5b-Wetterlage dem sächsischen Erzgebirge und seinem Vorland einen Regenrekord bescherte. Nicht nur Elbe und Mulde wurden innerhalb von Stunden zu reißenden Strömen, auch die sonst beschauliche Perze in Seifersdorf trat derart heftig über die Ufer, dass Autos weggschleppt und Grundmauern geschleift wurden. Hundert Prozent schlug Bauherr Kai Pönitz noch einmal auf vorgeschriebene Sicherheit drauf, er baute das Fundament höher und fester: »Die Experten sagten: So was gibt's bald öfter.«

»Die Zunahme der Naturkatastrophenschäden zählt zu den stärksten Indizien der globalen Umweltveränderungen, die der Mensch verursacht«, urteilt die Münchner Rück, einer der weltgrößten Versicherungskonzerne.[151] Höhere Fluten, extremere Trockenheiten, stärkere Orkane – die Frage, ob der Treibhauseffekt das Wetter verrückt gemacht hat, ist inzwischen zweifelsfrei beantwortet. Mit »Ja«. Das gilt für die Flutkatastrophe des Jahres 2002 (21 Tote in Deutschland, 11,5 Milliarden Euro Schaden) genauso wie für den Dürresommer 2003 (70 000 Hitzetote in Europa, davon allein 7000 hierzulande, 10 Milliarden Euro Schaden). »Das Jahr 2004 war wegen einer ungewöhnlichen Häufung von Wirbelstürmen das teuerste Jahr in der Geschichte der Versicherungswirtschaft«, erklärte damals Anselm Smolka, stellvertretender Leiter der GeoRisikoForschung der Münchner Rück. Um im Jahr darauf festzustellen, dass es noch schlimmer kommen kann: Die Hurrikansaison 2005 brach mit Stürmen wie »Katrina«, »Stan«, »Wilma« oder »Gamma« alle Rekorde. Nie gab es so viele Hurrikane, nie hatten sie eine solche Zerstörungskraft, nie solche Windgeschwindigkeiten. Und nie zuvor war ein Hurrikan auf Europa zugerast. Allerdings gilt es zu unterscheiden: Hurrikane wie »Katrina« sind Wetterextreme, die schon immer zum menschlichen Leben zählten. Bloß hängen Häufigkeit und Intensität solcher Ereignisse von den klimatischen Bedingungen ab: Hurrikane brauchen zu ihrer Bildung Meerwasser, das wärmer als 26 Grad ist. Und seit der Mensch die Erde aufheizt, liefert die Karibik immer öfter solche Bedingungen. Entsprechend häufiger gibt es extremes Wetter.

Oder Bad Reichenhall, Januar 2006. Dort war es kein Sturm und kein Regen, der eine Deckenkonstruktion aus den siebziger Jahren zum Einsturz brachte, sondern ganz viel Schnee. Heftiger Flockenwirbel türmte eine Extremlast auf das Flachdach einer Eissporthalle, die zusammenbrach und 15 Menschen unter sich begrub. Die Untersuchung ergab später, dass die Deckenkonstruktion spröde war. Sie ergab aber auch, dass das Dach für solche Schneelast gar nicht ausgelegt war. »Wir haben unser Dach verstärkt und seine Neigung erhöht«, sagt Kai Pönitz. Von einem steilen Dach rutscht selbst nasser Schnee viel eher runter. 320 Meter liegt Seifersdorf über dem Meeresspiegel, aber Pönitz richtete sich bei seiner Hauskonstruktion nach den Maßstäben des 700 Meter höher gelegenen Erzgebirgskammes. Im ganzen Land werden heftige Stürme, Wolkenbrüche, Temperaturextreme zunehmen, und die Deutschen müssen ihr Leben darauf einstellen. Unwetterwarnungen im Radio nehmen sie bislang selten ernst, doch mit dem hierzulande früher eher sanften Wetter ist künftig nicht mehr zu spaßen.

»Städte wie Rostock, Hamburg, Bremen oder Kiel haben langfristig keine Zukunft.«

»Wir müssen uns heute anpassen, um morgen nicht von den wirtschaftlichen und sozialen Folgen überrollt zu werden«, fordert Bundesumweltminister Sigmar Gabriel. Im Rahmen einer großen Pressekonferenz gab er im Herbst 2006 die Gründung eines »Kompetenzzentrums Klimafolgen und Anpassung« bekannt – kurz KomPass. Es ist Teil des Umweltbundesamtes und sitzt in Dessau, die Leiterin heißt Petra Mahrenholz. »Erst einmal geht es um das Sammeln von Daten«, erklärt die Meteorologin. Globale Klimamodelle nämlich rechnen mit einem Koordinatensystem, das 200 Kilometer lang und breit ist. Daraus lassen sich Entwicklungen für halbe Kontinente oder große Länder ableiten – nicht aber für das Allgäu, die Eifel oder die Uckermark. Dank immer leistungsfähigerer Com-

puter kann man die globalen Klimamodelle heute sehr
weit verfeinern. Gemeinsam mit dem Hamburger Max-
Planck-Institut für Meteorologie rechnen die Experten
von KomPass globale Daten auf ein Raster von zehn mal
zehn Kilometern herunter. Temperaturen, Niederschlags-
mengen, Wetterlagen, Winde – in der Tat unterscheiden
sich die Auswirkungen der Erderwärmung auf Deutschland von Region zu Region beträchtlich. »Die sommerliche Niederschlagsmenge im deutschen Südwesten wird in
der zweiten Jahrhunderthälfte bis zu 30 Prozent geringer
ausfallen als heute«, sagt Mahrenholz, »die im deutschen
Nordosten stellenweise sogar um bis zu 40 Prozent.« Ohne
Niederschlag aber veröden ganze Landstriche. Landwirt
in Vorpommern? Augenscheinlich kein Beruf mit großer
Zukunft.

Am wenigsten ändert sich das Klima laut den Prognosen des Umweltbundesamtes in der nordwestdeutschen
Tiefebene. »Dank des maritimen Einflusses wird es dort
wohl weit weniger Extreme geben als zum Beispiel im
Bayerischen Wald«, sagt KomPass-Chefin Mahrenholz.
Allerdings birgt die Nähe zur Nordsee auch Gefahren:
Die Wissenschaft ist sich darin einig, dass wegen des Klimawandels der Meeresspiegel in Zukunft stark ansteigen wird – unsicher ist nur noch, wie stark. Der jüngste
UN-Klimabericht spricht von bis zu einem halben Meter
bis Ende des Jahrhunderts. Allerdings wurde dabei das
mögliche Schmelzen des grönländischen Festlandeises
ausgeklammert – dies wäre katastrophal und würde den
Meeresspiegel um bis zu sieben Meter steigen lassen. Das
Abschmelzen der Antarktis würde den Meeresspiegel um
mindestens 60 Meter erhöhen. Der Kieler Klimaforscher
Mojib Latif: »Satellitenmessungen aus den letzten Jahren zeigen enorme Schmelzraten, die besorgniserregend
sind«.[152] In jedem Fall wird in Zukunft das Risiko von
Sturmfluten erheblich größer. In gar nicht ferner Zukunft

wird Deutschland vor der Frage stehen, ob weiterhin jeder Bürger – wie bisher – ein prinzipielles Recht darauf hat, dass der Staat sein Eigentum gegen Hochwasser schützt. Ob die Gesellschaft sich das noch leisten kann oder will. In den Niederlanden ist man von einem solchen Rechtsanspruch längst abgewichen. An den holländischen Küsten werden inzwischen Häuser auf schwimmenden Pontons gebaut, um für jede Zukunft gewappnet zu sein.

Der Klimaexperte Hermann Ott spricht das Unpopuläre aus: Wenn nicht schleunigst mehr gegen die Erderwärmung unternommen wird, haben am Meer gelegene Städte wie Rostock, Hamburg, Bremen oder Kiel keine Zukunft. »Natürlich kann man eine Zeitlang immer höhere Deiche bauen«, sagt der Wissenschaftler vom Wuppertal Institut für Klima, Umwelt und Energie. Irgendwann aber werde das zu teuer, auf lange Sicht müssten die Städte aufgegeben werden. »Natürlich ist das ein Horrorszenario. Und natürlich wäre das noch abwendbar. Aber dafür müssten Stralsunder, Wilhelmshavener, Hamburger selbst mit Klimaschutz beginnen. Und jede Woche für eine bessere Klimapolitik auf die Straße gehen.«

Der Hamgburger Christian Günner immerhin macht sich Gedanken. Zumindest seit 2003. Damals ging mitten im großen Hitzesommer in Hamburg ein heftiger Platzregen nieder, binnen 30 Minuten fielen 26 Millionen Kubikmeter Wasser auf die Hansestadt, so viel wie nie zuvor in so kurzer Zeit. »Außerhalb unserer Statistik«, sagt Günner – ein Ereignis, das dem Abteilungsleiter »Grundlagen- und Systementwicklung« der Hanseatischen Stadtentwässerung die Augen öffnete: »Ein Abwassernetz zu bauen, das solche Wassermassen aufnehmen kann – völlig unrealistisch.«[153] Ab 21 Millimetern Regen sind Hamburgs Röhren nach zwei Stunden dicht. Dann hat der Gully den Rachen so voll, dass er nicht mehr schlucken kann. »Wir sind auf jeden Fall in so 'ner Phase, wo es immer stärker regnet«, hat Günner festgestellt. Immer mehr Wasser in kürzeren Zeiträumen und dazu immer mehr versiegelte Fläche, das stellt die Stadtentwässerer vor enorme Probleme. Weshalb Günner »unkonventionelle Wege« gehen will: Teile Hamburgs will er für gezielte Überflutungen freigeben, Grün- und Sportanlagen etwa, die sich bei starkem Regen in Seen verwandeln sollen.

In den deutschen Mittelgebirgen sehen die Probleme anders aus. »Was wird, wenn es immer nur regnet, statt zu schneien? Das ist schon ein Thema bei uns«, sagt Ulrike Engel von der Tourist-Information in Altenberg im sächsischen Erzgebirge. Lagen hier in den siebziger Jahren noch durchschnittlich 112 Tage im Jahr mehr als zehn Zentimeter Schnee, waren es in den Neunzigern nur noch 94 Tage. Daran haben die Skilift-Besitzer schwer zu kauen. Nach Untersuchungen der Bergakademie Freiberg ist die Durchschnittstemperatur im Erzgebirge seit den fünfziger Jahren um zwei Grad Celsius gestiegen. Das Sächsische Landesamt für Umwelt und Geologie prognostiziert, dass es 2070 im Erzgebirge bis zu vier Grad wärmer ist – speziell im Winter. Eine Sommerrodelbahn ist gegenüber einem Skilift also definitiv das sicherere Investment. Selbst in den Alpen machte sich im Winter 2006/2007 der Schnee rar. Der zurückliegende Dezember war der wärmste in Deutschland seit 50 Jahren, und nie wurde in einem Januar eine so hohe Durchschnittstemperatur gemessen wie 2007. Seit Beginn der Wetteraufzeichnung war das Jahr 2000 das wärmste überhaupt, die Jahresdurchschnittstemperatur lag bei 9,9 Grad. Das Jahr 2007 schickt sich an, diesen Rekord zu brechen. Und das wird so weitergehen. In fünfzig Jahren, so sagen es die Wissenschaftler vom Umweltbundesamt voraus, werde man solche Werte in Deutschland schon für »kühl« halten.

Vom Tourismusmanager bis zum Lokalpolitiker, vom Häuslebauer bis zum Binnenschiffer – für jeden in Deutschland wird sich in den kommenden Jahrzehnten das Leben ändern. Selbst der beste Klimaschutz kann das nicht mehr verhindern, sondern allenfalls begrenzen. Klar ist aber: Ohne große Anstrengungen bei der Minderung von Treibhausgasen wird alles noch viel schlimmer.

Wer klug ist, sorgt schon heute vor, egal ob bei der Wohnungssuche (besser nicht so nah am Wasser) oder beim Berufswunsch (besser nicht Skilehrer im Thüringer Wald). KomPass will dabei helfen. »Wir stellen unsere Daten kostenfrei Kommunen, Behörden oder Unternehmen zur Verfügung«, sagt Petra Mahrenholz. Einzige Bedingung: Der jeweilige Nutzer muss die Ergebnisse, die er aus den Daten gewinnt, dem KomPass-Team zur Auswertung mitteilen. »Derart werden wir nach und nach die Steine für das Puzzle zusammenbekommen«, hofft Mahrenholz. Das Puzzle wiederum soll für Politik und Wirtschaft Entscheidungshilfe sein: Wo sind in Deutschland besonders verwundbare Regionen? In welchen Wirtschaftssektoren wird sich der Klimawandel besonders bemerkbar machen? Wie muss die nächste Gesundheitsreform aussehen, um die medizinischen Folgen des Klimawandels zu bewältigen?

Eine Studie des Kieler Instituts für Weltwirtschaft ergab, dass die Zahl der Hitzetoten in Deutschland in den Jahren 2071 bis 2100 jährlich um 15 000 steigen wird. Krankenhauseinweisungen infolge von Hitzewellen werden sich auf 150 000 pro Jahr versechsfachen. Allein das dürfte zusätzliche Kosten im Gesundheitswesen von 300 bis 700 Millionen Euro verursachen. Zusätzlich erwarten die Autoren der Studie einen deutlichen Produktivitätsverlust in der deutschen Wirtschaft. Ächzen Menschen unter Hitze, leisten sie weniger.[154] Ein anderes Wirtschaftsforschungsinstitut, das Deutsche Institut für Wirtschaftsforschung, erwartet, dass bei einem ungebremsten Klimawandel in Deutschland allein bis zum Jahr 2050 Schäden in

Höhe von 800 Milliarden Euro entstünden. Was danach kommt, sei unkalkulierbar.

»Bislang nicht heimische Insekten werden einige Mittelmeerkrankheiten nach Deutschland bringen«, sagt der Stuttgarter Infektologe Peter Kimmig voraus.[155] Die Heimat des Dornfingers zum Beispiel, einer Giftspinne, deren Bisse Ähnlichkeit mit den Stichen von Hornissen haben, lag ursprünglich in Südeuropa und Zentralasien. Immer häufiger wird das Insekt auch hierzulande gefunden und mit ihm eine parasitäre Infektionskrankheit. Die Giftspinne überträgt die Leishmaniose, auch »Dum-Dum-Fieber« oder »Bagdadbeule« genannt. Auch der deutsche Wald wird künftig stärker unter Schädlingen leiden. Die Borkenkäfer etwa vermehren sich dank längerer Sommer schneller, und milde Winter ohne strengen Dauerfrost lassen eine größere Zahl ihrer Larven überleben.

Bei alldem geht es den Deutschen noch vergleichsweise gut. »In wärmeren Regionen der Welt«, sagt die KomPass-Chefin Petra Mahrenholz, »wird der Klimawandel deutlich dramatischere Folgen haben.« In den Tropen zum Beispiel oder in den Subtropen werde das Trinkwasser knapper, weil bei größerer Hitze mehr verdunstet. »Andererseits werden sich extreme Niederschläge häufen, große Überschwemmungen wären die Folge.« Die Wissenschaftler des IPCC haben erschreckende Zahlen in ihren jüngsten Bericht geschrieben: Im Jahr 2020 würden bis zu 1,7 Milliarden Menschen unter Trinkwassermangel leiden, und 2080 könnten es schon 3,2 Milliarden sein. Und weil 80 Prozent der Menschheit an den Küsten der Kontinente lebt, liegt die Zahl der potenziellen Überschwemmungsopfer unvorstellbar hoch – im Jahr 2050 sollen es 6,9 Milliarden Menschen sein. Das sind mehr Menschen, als es heute insgesamt auf der Welt gibt.[156] Die Länder des Südens, die mit ihren relativ geringen Kohlendioxid-Emissionen nur wenig zum Klimawandel beitragen, haben am schlimmsten darunter zu leiden. Ganze Staaten werden in den steigenden Fluten versinken, und das größte Problem ist, dass es ihnen oft an Wissen und Geld für Anpassungsmaßnahmen mangelt.

Die Inuit haben die USA auf Schadenersatz für ihre dahinschmelzende Heimat verklagt

Nairobi 2006: Während die Klimadiplomatie tagt, stürzen Unmengen Wasser auf die Küstenprovinzen Kwale und Kifili nieder, binnen weniger Stunden so viel wie sonst im ganzen November. Und weil die Küstenprovinzen schon seit Jahren unter extremer Dürre leiden, hat das Wasser leichtes Spiel. Es donnert über hart gebrannte Böden und reißt alles mit, was im Wege steht. Die offizielle Opferstatistik der UN geht von mindestens 200 Toten und Schäden in Milliardenhöhe aus.

»Die Schäden, die der Klimawandel schon heute verursacht, kann Afrika allein nicht schultern«, sagt Henri Djombo, der Umweltminister aus Kongo-Brazzaville, als er endlich seine Pressekonferenz abhalten kann. Erfreut gibt er bekannt, dass der Gipfel die Gründung eines Anpassungsfonds beschlossen hat. Er soll in den ärmsten Ländern der Welt die Folgen des Klimawandels lindern. Seit der Klimakonferenz von Marrakesch im Jahr 2001 hatte es um diesen Fonds erbitterten Streit gegeben. Wer zahlt ein? Sind die Klimageschädigten Bittsteller? Oder haben sie einen Anspruch auf Zahlungen? Müssen die Industrieländer zum Beispiel Kenia die Klimaschäden zahlen – wo sie doch für mehr als 80 Prozent der Treibhausgase verantwortlich sind, die heute in der Atmosphäre sind und die Erde aufheizen?

Der Ton auf internationaler Ebene wird schärfer. Auf dem jüngsten Gipfeltreffen der Afrikanischen Union sagte der ugandische Präsident Yoweri Museveni an die Industriestaaten gerichtet: »Wir haben eine Botschaft für euch: Die von euch verursachte Erderwärmung ist ein Akt der Aggression uns gegenüber.«[157] Die Inuit, Ureinwohner aus dem Norden Kanadas, haben im Frühjahr 2007 die USA vor der Menschenrechtskommission der Organisation Amerikanischer Staaten (OAS) verklagt, denn das schmelzende Eis der Arktis entzieht ihrer jahrtausendealten Lebensweise buchstäblich die Grundlage. Und die USA allein verursachen mit weniger als fünf Prozent der Weltbevölkerung ein Viertel des globalen Kohlendioxid-Ausstoßes. In der amerikanischen Öffentlichkeit aber erregt das Schicksal der Eisbären Alaskas mehr Anteilnahme: Kürzlich sorgte eine Studie des US-Instituts für Geologie für Aufsehen, der zufolge nicht einmal mehr die Hälfte aller Bärenjungen das erste Lebensjahr überleben, weil das wärmere Klima das Treibeis an Alaskas Nordküste abschmelzen lässt und so die Fläche verkleinert, auf der die Bären jagen können.[158]

Der Fonds, den Henri Djombo in Nairobi als Vorsitzender der Afrikanischen Umweltministerkonferenz präsentierte, finanziert sich über die Projekte im Rahmen des sogenannten »Clean Development Mechanism« (CDM). Dieser »Mechanismus für Saubere Entwicklung« ist eines der wichtigsten Instrumente des Kyoto-Protokolls: Industrieländer oder Unternehmen aus dem Norden können ihre Kohlendioxid-Bilanz dadurch verbessern, dass sie etwa in Indonesien ein Solarkraftwerk finanzieren. Die Menschen dort bekommen dadurch saubere Energie, und die Geldgeber können das eingesparte Treibhausgas von den eigenen Emissionen abrechnen (ohne im eigenen Land irgendwelche Maßnahmen ergreifen zu müssen). Es gibt nur zwei Bedingungen: Die UN muss das Projekt als »richtig und gerecht« anerkennen, darüber hinaus muss der Finanzier zwei Prozent der Investitionssumme in den Anpassungsfonds einzahlen.

Im Februar 2007 genehmigten die Vereinten Nationen das fünfhundertste CDM-Projekt, einen Windpark im indischen Gujarat, der voraussichtlich 15 300 Tonnen Kohlendioxid jährlich sparen wird. Zwei Prozent der Investitionskosten, gehen an den Fonds, der sich auf diese Weise langsam füllt.

»Zu langsam«, wie auch der deutsche Umweltminister Sigmar Gabriel findet: »Die voraussichtlich 500 Millionen Dollar, die bis 2012 zusammenkommen, entsprechen dem Jahresbudget einer mittelgroßen deutschen Stadt.« Auch der Wissenschaftliche Beirat der Bundesregierung für Globale Umweltveränderungen (WBGU) kritisiert, dass der Fonds »keineswegs der Problemhöhe angemessen« ist.[159] Die Fachleute fordern deshalb, ein »internationales Kompensations- und Anpassungsregime«, das neben genügend Geld auch Strategien zur Anpassung an den Klimawandel liefert. Die Berater der Bundesregierung haben auch schon mal gerechnet: Bis »Ende des Jahrhunderts sind tausende von Milliarden Euro« notwendig. Tausende von Milliarden Euro wohlgemerkt, die eigentlich von den Industrieländern als Hauptverursacher der Schäden bezahlt werden müssten.

»Der WBGU regt an, dass die Bundesregierung die Initiative für ein international konzertiertes Leuchtturmprojekt ergreift.« Wie ein solches aussehen soll, wissen die Experten aber offenbar auch nicht. Die gewaltigen Summen können wahrscheinlich nur aufgebracht werden, wenn der Fonds statt durch freiwillige Zahlungen durch eine Pflichtabgabe auf alle Treibhausgase gefüllt würde. Jeder Verursacher würde zum Beispiel pro Tonne Kohlendioxid eine kleine Prämie an eine Art Weltklimaversicherung zahlen. Schon bei wenigen Cent pro Tonne kämen sehr bald große Summen zusammen, die dann von einem UN-Gremium verteilt werden könnten. Dieser Fonds wäre auch ein guter Empfänger für die viel diskutierte Klimaabgabe auf Flugtickets. Oder für die Tobin-Steuer auf internationale Finanztransaktionen, die von Globalisierungskritikern wie Attac seit langem gefordert wird und viele Milliarden Euro beitragen könnte.

Jedenfalls ist – anders als in den Industriestaaten – in den besonders vom Klimawandel betroffenen Ländern des Südens kaum jemand gegen Schäden versichert. »Strukturen in Entwicklungsländern lassen sich nicht mit Strukturen in Industrieländern vergleichen«, formuliert es zurückhaltend Anselm Smolka, der Geo-Risikoforscher von der Münchner Rück. Der Tsunami von Weihnachten 2004 war für die Versicherungswirtschaft ein überschaubares Ereignis, weil laut Smolka »im gesamten Krisengebiet nur etwa 10 bis 20 Prozent der Gesamtschäden versichert waren«. Deutsche Winterstürme wie Kyrill, Dürren in Brandenburg, Vorpommern oder Sachsen oder eine Sturmflut in Hamburg werden für die Branche sicherlich erheblich teurer – auch wenn die Zerstörungswut eines Tsunami hundertfach größer ist als bei diesen Ereignissen.

Mehr Großzügigkeit könnte auch aus Gründen der Sicherheit und der Terrorismusvorsorge eine gute Idee sein. Neben finanziellen Hilfen sollten die Industrieländer beispielsweise ein Asylrecht für Klimaflüchtlinge einführen. Denn steigende Wasserstände, fortschreitende Wüstenbildung sowie Nahrungsmittel- und Wassermangel in Folge der Erderwärmung werden zu steigenden Flüchtlingsströmen führen. Und womöglich, warnt etwa John Mitchel, der Chefwissenschaftler des britischen Meteorologischen Dienstes, radikalisiere das die Betroffenen und bereite so einen Nährboden für Terroristen. Mitchel verwies auf den »Brief an das amerikanische Volk«, den Osama bin Laden im Jahr 2002 veröffentlichte: »Mehr als jede andere Nation in der Geschichte habt ihr die Natur mit eurem Industriemüll zerstört«, schrieb der Chef des islamistischen Terrornetzwerks Al-Qaida da. »Trotzdem weigert ihr euch, das Kyoto-Abkommen zu unterzeichnen, damit ihr euren gierigen Firmen die Profite sichert.«

16. Treibhausgas-Ausstoß halbiert
»Wir Klimaretter« – die Bilanz

Welche Folgen hätte es für den deutschen Ausstoß
an Treibhausgasen, wenn die in diesem Buch vorgestellten Projekte Wirklichkeit würden? Eine Halbierung des deutschen Beitrags zum Klimawandel
wäre damit innerhalb von 13 Jahren erreichbar

Pläne, Visionen, Utopien – alles schön und gut. Auch Politiker übertreffen sich gegenseitig mit Versprechen. Die
Bundesregierung will den deutschen Kohlendioxid-Ausstoß bis 2020 um mindestens dreißig Prozent senken, hat
für den Weg dorthin aber noch nicht mehr vorgelegt als
eine grobe »Roadmap«.

Dieses Buch ist mehr. Es beschreibt detailliert, welches die wichtigsten Projekte und Maßnahmen sind, um
Deutschland auf den Weg in eine kohlenstoffarme Zukunft
zu bringen. Sie werden fragen, was das alles unterm Strich
bringen würde. Deshalb baten die Autoren Ecofys, eines
der größten Beratungsunternehmen in den Bereichen Klimapolitik und erneuerbare Energien, die Effekte unserer
Vorschläge abzuschätzen.[160] Ergebnis: »Das Maßnahmen-
paket würde bewirken, dass die Treibhausgas-Emissionen
von Deutschland im Jahre 2020 bei weniger als fünfzig Prozent des Niveaus von 1990 lägen. Mehr als *500 Millionen
Tonnen* Kohlendioxid (bzw. anderer Klimagase)[*] könnten

* Für die Kalkulation wurde – wie in der Klimapolitik üblich – die
Erderwärmungswirkung der anderen relevanten Treibhausgase in die
entsprechende Menge Kohlendioxid umgerechnet. Beispielsweise schädigt Methan das Klima 21-mal so stark wie Kohlendioxid, weshalb
zur besseren Vergleichbarkeit der Emissionen jede Tonne ausgestoße-
nes Methan als 21 Tonnen Kohlendioxid gezählt wurde. Auf diese Art

eingespart werden. Wenn nach 2020 die Emissionen weiter signifikant gesenkt würden (auf ein Viertel bis 2050), wäre Deutschland damit auf dem richtigen Weg, seinen fairen Teil dazu beizutragen, den Klimawandel auf zwei Grad Celsius zu beschränken.«

Und das sind die Effekte der einzelnen Maßnahmen:

Persönliche Kohlendioxid-Konten mit Zertifikatehandel einführen

Ein privates Emissionshandelssystem (Kapitel 4) ist keine technische Maßnahme, die direkt eine Verringerung des Kohlendioxid-Ausstoßes bewirkt. Es ist ein Instrument, das Anreize schafft für Einsparungen – und zwar ein sehr effizientes, wie beispielsweise Sir Nicholas Stern in seinem Klimabericht für die britische Regierung feststellte. »Die nächsten zehn bis zwanzig Jahre werden eine Zeit des Übergangs sein aus einer Welt, in der Kohlenstoff-Preissysteme in den Kinderschuhen stecken, zu einer Welt, wo die Kosten von Kohlendioxid ganz automatisch bei Entscheidungen aller Art berücksichtigt werden.«[161]

Für das private Handelssystem wird vom Staat oder einer »Klimazentralbank« die Gesamtmenge der für alle Teilnehmer zur Verfügung stehenden Zertifikate verbindlich und lange im Voraus festgelegt. Auf diese Weise kann die insgesamt zu erbringende Reduzierung der Kohlendioxid-Emissionen sehr präzise gesteuert werden. Wie viel man selbst einspart oder ob man lieber anderswo weitere (möglicherweise ziemlich teure) Zertifikate hinzukauft, dass kann dann jeder selbst entscheiden.

ergibt sich die Maßeinheit »Kohlendioxid-Äquivalente«. – Das Kyoto-Protokoll bezieht sich neben Kohlendioxid (CO_2) noch auf die folgenden Treibhausgase: Methan (CH_4), Distickstoffoxid (N_2O), teilhalogenierte Fluorkohlenwasserstoffe (H-FKW, engl.: HFC), perfluorierte Kohlenwasserstoffe (FKW, engl.: PFC) und Schwefelhexafluorid (SF_6).

➡ Jährliches Einsparvolumen: nicht bezifferbar (weil von den politischen Vorgaben abhängig)

Energie effizienter nutzen

Weniger Energie zu verbrauchen (Kapitel 8) ist die billigste – und schnellste – Art des Klimaschutzes. Ein privater Emissionshandel (Kapitel 4) wird dazu führen, dass in den Haushalten viel bewusster als bisher mit Energie umgegangen wird. Mit einer Fülle von Maßnahmen zum Stromsparen können bis 2020 im privaten Haushaltssektor **30 Millionen Tonnen** Kohlendioxid pro Jahr eingespart werden.

Auch die Industrie wird künftig – wenn die Preise weiter steigen und das EU-Emissionshandelssystem endlich funktioniert – noch stärker auf den Energieverbrauch achten. Bei einer Verbesserung der Energieeffizienz um drei Prozent pro Jahr würden hier (selbst bei deutlichem Wirtschaftswachstum von jährlich zwei Prozent) am Ende des nächsten Jahrzehnts Emissionsreduktionen von etwa **60 Millionen Tonnen** Kohlendioxid möglich sein. Weitere **10 Millionen Tonnen** brächten andere technologische Innovationen in der Industrie (zum Beispiel der Ersatz von fluorierten Treibhausgasen durch weniger klimaschädliche Chemikalien unter anderem in Klimaanlagen, Sprühdosen und Dämmstoffen).

Eine signifikante Verdrängung traditioneller energieintensiver Baumaterialien wie Beton, Ziegel, Stahl oder Aluminium durch Holz wird für 2020 nicht prognostiziert, weil die – klimapolitisch wünschenswerte – vermehrte Sanierung von Altbauten zu einem starken Zusatzbedarf verschiedenster hochwertiger Baumaterialien führen wird, der diese Verdrängung mit hoher Wahrscheinlichkeit überkompensieren wird.

➡ **Jährliches Einsparvolumen: 100 Millionen Tonnen**

Eine neue Energieversorgung – dezentral, regenerativ, gestützt durch Öko-Strom-Importe

Knapp 40 Prozent der deutschen Treibhausgas-Emissionen fallen in der Energiewirtschaft an – dort sind Klima-Reformen deshalb besonders dringend und besonders wirksam. Kohlekraftwerke stoßen pro erzeugter Kilowattstunde Strom das meiste Kohlendioxid aus, der schlimmste Klimakiller ist die Braunkohle. Bevor die Energiekonzerne die angekündigte CCS-Technologie zum Auffangen und unterirdischen Lagern von Kohlendioxid nicht einsatzfähig haben, dürfen ihnen deshalb keine weiteren Braunkohlekraftwerke genehmigt werden (Kapitel 6). Das würde Emissionsreduktionen von bis zu **90 Millionen Tonnen** Kohlendioxid pro Jahr bringen.

Eine wirklich konsequente Förderung von Wind- und Wasserkraft, von Biogas, Erdwärme und Solarenergie (Kapitel 5) kann bis 2020 alle Braunkohlekraftwerke (und die ohnehin auslaufenden AKW) überflüssig machen. Gemeinsam mit beginnenden Importen von Solarstrom aus der Sahara decken erneuerbare Quellen dann etwa 40 Prozent des (zuvor durch Energieeinsparungen deutlich gesunkenen) Bedarfes. Bis 2050 kann die deutsche Stromversorgung sogar fast vollständig auf erneuerbare Quellen umgestellt werden.

Als Übergangsenergie kommt Erdgas zum Einsatz, in hocheffizienten Block-Heizkraftwerken kann damit zugleich Strom und Wärme erzeugt werden. Dezentrale Anlagen (Kapitel 7) ermöglichen es, dass jeweils genügend Wärmeabnehmer in der Nähe sind – und weil die dann nicht mehr selbst zu heizen brauchen, kann ein Mehrverbrauch an Gas weitgehend vermieden werden. Solche »Doppelkraftwerke« können gegenüber einer räumlich getrennten Strom- und Wärmeerzeugung etwa **60 Millionen Tonnen** Kohlendioxid bei Privathaushalten, Kleingewerbe und Industrie einsparen. Nebeneffekt der dezentralen Kraftwerkstruktur und einer Modernisierung der Stromnetze: geringere Leitungsverluste und dadurch **5 Millionen Tonnen** Kohlendioxid weniger.

➡ **Jährliches Einsparvolumen: 155 Millionen Tonnen**

Sparsame Autos und weniger Verkehr

Weiterentwicklungen in der Fahrzeugtechnologie, ein Tempolimit auf Autobahnen und der dadurch leichtere Wechsel zu kleineren und sparsamen Autos (Kapitel 9) sparen selbst bei konservativer Annahme unveränderter Flottengröße und Fahrleistungen[162] bis 2020 etwa **75 Millionen Tonnen** Kohlendioxid. Gelingt darüber hinaus eine Reduktion der zurückgelegten Kilometer um zwanzig Prozent (durch Verhaltensänderungen infolge von Benzinverteuerung und privaten Kohlenstoff-Konten, durch einen Ausbau des öffentlichen Nahverkehrs und nachhaltige Siedlungsstrukturen), brächte das pro Jahr weitere **10 Millionen Tonnen**. Eine stärkere Verlagerung des Güterverkehrs auf Bahn und Schiff spart beim Lkw-Verkehr etwa **30 Millionen Tonnen**, der zunehmende Einsatz von Treibstoffen aus Bio-Masse insgesamt **9 Millionen Tonnen**. Darüber hinaus würden als Folge eines gesunkenen Benzinverbrauchs die Raffinerieemissionen bis 2020 um **10 Millionen Tonnen** pro Jahr reduziert.

Langfristig könnte der Kohlendioxid-Ausstoß durch den Umstieg auf Elektroautos, die ihre Energie aus erneuerbaren Quellen beziehen, noch viel weiter sinken. Deren Markteinführung hätte im Jahr 2020 aber gerade erst begonnen, weshalb der Klimaeffekt von heute aus betrachtet unmessbar ist.

➡ **Jährliches Einsparvolumen: 134 Millionen Tonnen**

Weniger fliegen

Kein Verkehrsbereich ist in den letzten Jahren so stark gewachsen wie der Luftverkehr (Kapitel 10). Jeder Bundesbürger – vom Baby bis zur Oma – kommt pro Jahr statistisch bereits auf 1,3 Flüge von jeweils 2000 Kilometern. Eine Halbierung dieser Flugleistung zum Beispiel durch eine drastische Verteuerung der Ticket-Preise und ein klimabewusstes Reiseverhalten hätten eine Reduktion von **30 Millionen Tonnen Kohlendioxid** pro Jahr zur Folge. In dieser Kalkulation ist nur der Kerosinverbrauch berücksichtigt, weil die anderen Klimaschäden des Flugverkehrs (zum Beispiel durch Kondensstreifen) schwer zu beziffern sind.

⇒ **Jährliches Einsparvolumen: 30 Millionen Tonnen**

Niedrig-Energie-Städte bauen

In privaten Haushalten werden drei Viertel der Energie fürs Heizen verwandt.[163] An wenigen Stellen sind die Einsparpotenziale so groß (Kapitel 11), und an wenigen Stellen sind sie so einfach zu verwirklichen: Bessere Fenster, dickere Wärmedämmung, neue Heizkessel und die Nutzung regenerativer Energien etwa durch Sonnenkollektoren oder Erdwärmepumpen vermeiden bis 2020 pro Jahr etwa **50 Millionen Tonnen** Kohlendioxid. (In diese Zahl ist der Effekt einer vermehrten Nutzung von Fernwärme aus Block-Heizkraftwerken nicht eingeflossen, weil sie bereits beim Punkt Energieversorgung berücksichtigt wurde. Auch die Effekte einer verkehrsvermeidenden Infrastruktur bleiben vorsichtshalber außer Acht.)

⇒ **Jährliches Einsparvolumen: 50 Millionen Tonnen**

Klimaschonende Landwirtschaft
und Aufforstung der Wälder

Es ist äußerst schwierig zu berechnen, welchen direkten Effekt die Halbierung des Fleischverzehrs hierzulande (Kapitel 12) hätte, weil überschüssige Fleischmengen der deutschen Mäster vermutlich in den europäischen Nachbarländern (und durch die EU-Exportsubventionen zu Niedrigstpreisen auch auf dem Weltmarkt) abgesetzt werden würden. Eine reduzierte Fleischproduktion könnte den Ausstoß von Treibhausgasen aus der Massentierhaltung aber um etwa **15 Millionen Tonnen** Kohlendioxid-Äquivalente senken (für diese Zahl wurde die Klimaschädlichkeit des anfallenden Methans und Lachgases umgerechnet in die Menge Kohlendioxid, die dieselbe Erwärmungswirkung für die Erdatmosphäre hätte). Die sinkenden Futtermittelimporte zum Beispiel von brasilianischem Soja würden zu weiteren Reduktionen führen, die aber vor allem im Ausland anfallen würden und deshalb hier nicht berücksichtigt werden sollen.[164]

Ein vermehrter Konsum von regional erzeugten Lebensmitteln und Bio-Produkten hätte mit Sicherheit eine Verringerung des Kohlendioxid-Ausstoßes zur Folge. Beispielsweise ist der Maschineneinsatz im ökologischen Landbau geringer, wodurch Diesel gespart würde. Der Verzicht auf Kunstdünger und Pestizide, deren Herstellung sehr energieintensiv ist, führt in der Chemieindustrie zu geringeren Kohlendioxid-Emissionen. Solche Effekte sind schwer zu beziffern und bleiben vorsichtshalber unberücksichtigt.[165] Mit Sicherheit aber könnten jährlich **5 Millionen Tonnen** Kohlendioxid-Äquivalente vermieden werden, wenn das in der Düngemittelproduktion frei werdende extrem klimaschädliche Lachgas (N_2O) durch Katalysatoren unschädlich gemacht würde.

Ein schonender Umgang mit Böden und Wäldern sowie

eine verstärkte Aufforstung (Kapitel 13) können die Kohlendioxid-Emissionen schätzungsweise um weitere **15 Millionen Tonnen** senken. Die Potenziale wurden hier eher niedrig veranschlagt, da es bei stark ausgedehntem Einsatz von Bio-Masse in der Energieversorgung zu einem zusätzlichen Druck hin zu einer intensiveren Bewirtschaftung von Wald- und Ackerflächen kommen dürfte.

➡ Jährliches Einsparvolumen: 35 Millionen Tonnen

Eine neue Klimadiplomatie

Wenn sich Deutschland auf internationaler Ebene für mehr Klimaschutz einsetzt (Kapitel 14), könnte das große Auswirkungen auf den weltweiten Ausstoß von Treibhausgasen haben. Eine direkte Quantifizierung ist aber nicht möglich.

Zusammenfassung

Laut Umweltbundesamt wurden im Jahr 2004 – dem letzten, für das offiziell bestätigte Zahlen vorliegen – in der Bundesrepublik Deutschland 886 Millionen Tonnen an Treibhausgasen ausgestoßen. Nach Prognosen von Ecofys werden die deutschen Emissionen künftig wieder steigen, bis 2020 auf etwa 1100 Millionen Tonnen jährlich, selbst unter Berücksichtigung aller bisherigen Klimaschutz-Maßnahmen der Bundesregierung. Die in diesem Buch vorgestellten Projekte könnten diesen Ausstoß um **504 Millionen Tonnen** Kohlendioxid-Äquivalente verringern: Er läge dann unter 600 Millionen Tonnen pro Jahr.

Seit der Formulierung des Kyoto-Protokolls ist 1990 das Basisjahr, auf das alle Reduktionen von Treibhausgasen bezogen werden. Für Deutschland schlugen damals 1248 Millionen Tonnen Kohlendioxid-Äquivalente zu Buche. Die von diesem Buch vorgeschlagenen Schritte verringern den Ausstoß auf unter 600 Millionen Tonnen. Damit wäre eine **Halbierung der deutschen Treibhausgas-Emissionen** klar erreicht.

17. Ihr Zehn-Punkte-Plan
So werden Sie Klimaretter

In diesem Buch war bis jetzt viel von Wirtschaft,
Politik, Wissenschaft und Gesellschaft die Rede.
Jetzt sind Sie dran!

Eine Halbierung der deutschen Treibhausgas-Emissionen
ist also möglich – dafür braucht es mutige Entscheidungen der Politik und tief greifende Änderungen in der Wirtschaft. Und jeden Einzelnen – also Sie.

Werden Sie Klimaretter! Es ist gar nicht schwer. Auf
der Internetseite zum Buch (*www.wir-klimaretter.de*) finden Sie einen Rechner für Ihre ganz persönliche Kohlendioxid-Bilanz. Sie werden überrascht sein, wie viele Tonnen
pro Jahr zusammenkommen. Jede Glühbirne bedeutet
jährlich 29 Kilogramm Kohlendioxid. Ein typischer Kühlschrank schlägt mit 138 Kilogramm zu Buche. Ein Jahr
Autofahren verursacht mindestens 2000 Kilogramm. Pro
Kopf kommen für jeden Deutschen etwa zehn Tonnen zusammen.

Hier sind die ersten zehn Schritte, mit denen Sie Ihr
Konto entlasten können – ohne auf irgendetwas oder ir-
gendjemanden warten zu müssen.

1. Wechseln Sie den Stromanbieter

Vor der Liberalisierung des Strommarktes erklärten
60 Prozent der Deutschen in Umfragen, sie würden auf
Öko-Strom umsteigen. Heute, acht Jahre später, bezieht
noch nicht einmal ein halbes Prozent aller Verbraucher
saubere Elektrizität. Hätte nur die Hälfte der Befragten
ihre Pläne umgesetzt – die Stromkonzerne würden sich

ihre Baupläne für neue Braunkohlekraftwerke gut überlegen. Dreißig Prozent Öko-Strom, und RWE und Eon hätten längst ihren dritten Offshore-Windpark ans Netz geschaltet – statt neue Kohlekraftwerke zu planen.

Derzeit gibt es vier überregionale Anbieter, die fast kohlendioxidfreien Strom offerieren: Lichtblick, die Elektrizitätswerke Schönau (EWS), GreenpeaceEnergy und Naturstrom. Nur diese vier Anbieter verkaufen tatsächlich grünen Strom: Der Öko-Tarif Ihres örtlichen Energieversorgers ist nur ein Trick, um Sie vom Klimaschutz abzuhalten. Während nämlich die vier Öko-Strom-Anbieter ihren Gewinn in neue Anlagen investieren, landet Ihr vermeintliches Öko-Tarif-Stromgeld beim örtlichen Energieversorger in derselben Kasse wie das Kohle- und Atomstromgeld. Aus dieser Kasse tätigt Ihr regionaler Stromanbieter dann seine Neuinvestitionen. ÖkoPur heißt zum Beispiel in Berlin der Öko-Tarif von Vattenfall. Jetzt will der Konzern kein neues Windrad, sondern ein neues Steinkohlekraftwerk in der Hauptstadt bauen. Ab 2012 soll es zwei Millionen Tonnen Steinkohle pro Jahr verfeuern.

40 neue Kohlekraftwerke wollen die Stromkonzerne in den nächsten Jahren nach Angaben der Bundesnetzagentur in Deutschland bauen. 40 neue Klimakiller also sollen mit Ihrem Stromgeld finanziert werden. Machen Sie den Energiekonzernen Dampf! Wechseln Sie zu einem Öko-Strom-Anbieter! Unter *www.wir-klimaretter.de/energiewende* finden Sie Details zu den Anbietern und Anträge zum Wechseln. Ausdrucken, ausfüllen, abschicken, fertig. Dauert höchstens fünf Minuten.

2. Verdienen Sie sich Geld – durch Stromsparen

Es ist höchste Zeit, eine hundert Jahre alte Technik ins Museum zu verbannen: die Glühbirne. Lediglich zehn Prozent der eingesetzten Energie verwandelt sie in Licht.

Wechseln Sie deshalb zu Energiesparlampen! Den höheren Kaufpreis haben Sie schon innerhalb des ersten Jahres über den eingesparten Strom wieder eingespielt. Außerdem hält eine Sparlampe zehn- bis zwanzigmal so lange wie die konventionelle Birne, spart über ihre gesamte Lebensdauer mehr als das Zehnfache ihres Anschaffungspreises an Stromkosten. Eine solche Rendite bietet nicht einmal der höchst spekulative Aktienfonds.

Mehr solcher lukrativen Tipps zum Geldverdienen finden Sie unter: *www.wir-klimaretter.de/stromsparen*

3. Fliegen Sie nicht – oder zumindest klimaneutral

Eine Flugreise ist der größte Klimafrevel, den Sie überhaupt begehen können. Kein Verkehrsmittel ist so schädlich für die Atmosphäre wie das Flugzeug, auch wenn Reiseveranstalter neuerdings mit niedrigem Kerosinverbrauch werben. Denn in 10 000 Metern Höhe richten die Abgase viel mehr Schaden an als am Boden. Einmal Frankfurt-Teneriffa und zurück verursacht so viel Klimaschaden wie ein ganzes Jahr Autofahren. Sparen Sie sich deshalb Ihren nächsten Wochenend-Trip nach London. Und nehmen Sie im Inland den Zug.

Müssen Sie dennoch nach New York oder Indonesien – weil Ihr Bruder heiratet oder Sie unbedingt einmal im Leben den tropischen Regenwald sehen müssen –, dann neutralisieren Sie auf jeden Fall das dadurch verursachte Kohlendioxid. Die Firma Atmosfair berechnet exakt, wie viel Treibhausgas Sie mit Ihrem Flug verursachen – und sagt Ihnen, wie viel Sie spenden müssen, damit der Klimaschaden an anderer Stelle ausgeglichen werden kann. Atmosfair finanziert mit diesen Spenden beispielsweise Solarkocher für Großkantinen in Indien. So wird das Kohlendioxid der bisher verwandten Dieselherde eingespart, und Sie machen den von Ihnen verursachten Klimaschaden ein bisschen wieder gut.

Unter *www.wir-klimaretter.de/reisen* finden Sie Atmosfair und Hinweise auf Reiseveranstalter, die Ihnen schon bei der Reisebuchung einen Ausgleich für den Klimaschaden anbieten.

4. Heizen Sie sparsam

80 Prozent ihrer Energie verbrauchen die Privathaushalte fürs Heizen. Wie viel Kohlendioxid durch modernes Bauen und die Sanierung von Altbauten eingespart werden kann, haben Sie im Kapitel 11 gelesen. Es geht aber noch simpler und schneller. Stehen Sie einfach von Ihrem Sofa auf und drehen Sie den Thermostat der Heizung einen Strich herunter. Ja, jetzt. Sofort! Die Absenkung der Raumtemperatur um ein einziges Grad Celsius spart ca. sechs Prozent der Heizenergie!

Falls Sie gerade unter sommerliche Hitze ächzen – der nächste Winter kommt bestimmt, trotz Klimawandel. Bis dahin haben Sie genug Zeit für eine gründlichere Planung Ihres Heizenergieverbrauchs. Eine kleine Isolierschicht zum Beispiel, direkt hinter den Heizkörpern auf die Wand aufgebracht, nützt bereits viel. Weitere Tipps unter: *www.wir-klimaretter.de/heizen*

5. Pflanzen Sie einen Baum …

Wangari Maathai, die Friedensnobelpreisträgerin aus Kenia, sagt: »Jeder kann ein Loch graben und einen Baum pflanzen, dafür braucht man nicht mal ein Diplom.« Bäume speichern Kohlendioxid. Bäume pflanzen ist deshalb bester Klimaschutz. Wangari Maathai hat sich zum Ziel gesetzt, dass – bevor sie stirbt – es eine Milliarde neuer Bäume auf der Welt gibt. Wangari Maathai ist 67 – ohne Ihre Hilfe wird sie dieses Ziel nicht erreichen.

Ihren gepflanzten Baum registrieren Sie übrigens unter *www.wir-klimaretter.de/bäume*. Sie werden staunen: Schon Millionen Menschen helfen Wangari Maathai.

6. ... und bauen Sie mit Holz

Damit das Kohlendioxid, das die Bäume einfangen, nicht wieder in die Atmosphäre entweicht, sollte Holz nicht verbrannt, sondern genutzt werden. Das Küchenbrett, das Regal, das Eigenheim – wo immer möglich, verwenden Sie Holz. Natürlich, Produkte aus Plastik sind oft billiger, eine Trockenbauwand aus Holz kostet mehr als eine aus Gipskarton. Aber Kunststoffe und die üblichen Baumaterialien verursachen bei ihrer Herstellung Kohlendioxid, ein Regal aus Holz dagegen ist ein wahrer Kohlestoffspeicher. Unter *www.wir-klimaretter.de/bauen* finden Sie Hinweise und Produkte.

7. Investieren Sie Ihr Geld in Klimaschutz

Wissen Sie eigentlich, was Ihre Bank mit Ihrem Geld macht? Egal ob Sie nur ein bisschen Geld auf dem Sparbuch haben oder etwas mehr in Aktiendepots oder Rentenfonds anlegen – den meisten Finanzverwaltern ist das Klima egal. Sie investieren, wo der größte Gewinn lockt.

Inzwischen aber erwirtschaften ökologische, klimaschonende Geldanlagen oftmals mehr Rendite als einfache Sparkonten oder die Aktien von Stromkonzernen und Autoherstellern. Der Aktienindex *NAI*, in dem 30 vorbildliche Unternehmen zusammengefasst sind, brachte seit 1997 ein Plus von 306 Prozent, das sind 15,6 Prozent pro Jahr. Der Aktienindex *MSCI Welt*, in dem die weltweit wichtigsten Unternehmen zusammengefasst sind, stieg in derselben Zeit nur um 6,7 Prozent pro Jahr. Fragen Sie also Ihre Bank nach ökologischen oder ethischen Geldanlagen – entziehen Sie klimaschädlichen Firmen das Geld und investieren Sie in Solarfirmen oder Eisenbahnunternehmen. Unter *www.wir-klimaretter.de/Geld* erfahren Sie mehr.

8. Halbieren Sie Ihren Fleischkonsum

Gönnen Sie sich ökologisch erzeugtes Fleisch, es schmeckt viel besser als die Produkte aus den Tierfabriken. Wenn Sie künftig nur noch halb so viel Fleisch essen wie bisher, sparen Sie unterm Strich sogar noch Geld. Und schützen das Klima, denn die weltweite Viehwirtschaft trägt nach Berechnungen der Welternährungsorganisation FAO mit 18 Prozent zum menschengemachten Treibhauseffekt bei. Rezepte finden Sie unter:

www.wir-klimaretter.de/fleischlos

9. Geben Sie dieses Buch weiter

Je mehr Leute über den Inhalt nachdenken, umso mehr Ideen und Taten für den Klimaschutz werden geboren. Sie können aber ruhigen Gewissens auch ein weiteres Exemplar kaufen und verschenken, denn dieses Buch ist klimaneutral hergestellt – die bei Recherchen, Druck und Vertrieb entstanden Kohlendioxid-Mengen wurden an anderer Stelle wieder eingespart. Dafür haben Verlag und Autoren mit Abgaben an die Kohlendioxid-Ausgleichsagentur Atmosfair gesorgt. Und die beiden Autoren schrieben dieses Buch auf Computern und unter Schreibtischlampen, deren Strom von den Öko-Anbietern »Lichtblick« und »EWS Schönau« kam.

**10. Werden Sie akiv.
Bringen Sie andere auf Trab!**

Lesen allein hilft dem Klima nicht – dieses Buch und auch die vorherigen neun Ratschläge sind nur ein Anfang zur Rettung der Welt. Sie müssen aktiv werden – und andere dazu drängen, ebenfalls aktiv zu werden. Ihre Nachbarn, Ihren Chef, die Bundeskanzlerin. Die notwendigen Veränderungen in Politik und Wirtschaft werden nicht von ganz allein Wirklichkeit – Sie müssen mithelfen, Druck ausüben.

Auf der Internetseite zum Buch (*www.wir-klimaretter. de*) finden Sie weitere Informationen, zum Beispiel Hinweise auf klimaschonende Produkte oder politische Protestaktionen. Dort können Sie auch eigene Ideen und Erfahrungen mit anderen Lesern teilen. Machen Sie mit! Werden Sie ein Klimaretter!

Anmerkungen

Einleitung

1 IPCC: Climate Change 2007. The Physical Science Basis. Summary for Policymakers. Paris 2007, S. 5 bzw. S. 2

2 Sachs, W.: Climate Change and Human Rights. In: Scripta Varia (The Pontifical Academy of Sciences, Vatican City), vol. 106 (2006), p. 349–369. Das Umweltprogramm der UN kam für die Zeit von 1880 bis 1988 auf einen Anteil der Industrieländer von 83,7 Prozent (u. a.: 33,2 Prozent Nordamerika und 26,1 Prozent Westeuropa), eine detaillierte Aufstellung findet sich in: Bund/Misereor: Zukunftsfähiges Deutschland. Ein Beitrag zu einer global nachhaltigen Entwicklung. Basel 1996, S. 127

3 laut *www.atmosfair.de* (bei Jahresfahrleistung von ca. 12 000 km in einem Mittelklassewagen)

4 Stern Review on the Economics of Climate Change, p. XXVII

Kapitel 1. Wirtschaft

5 Jahrbuch für den Berg und Hüttenmann, 1890, O. Hüppner: »Über die Erbauung der hohen Esse …«

6 Stern Review on the Economics of Climate Change. Summary. London 2006, p.1

7 Marx, K.: Das Kapital. Band 1. Berlin 1966, S. 193

8 Die Zeit, Nr. 4/2007, S. 39

9 von Weizsäcker, E-U.: Erdpolitik. Darmstadt 1990, S. 215

10 die tageszeitung vom 26. September 2006, S. 4

11 von Weizsäcker, E-U.: Erdpolitik. Darmstadt 1990.

12 Der Freiberger Bergbau. Leipzig 1988, S. 256

13 Meadows, D.: Die Grenzen des Wachstums. München 1972, S. 34

14 George, S.: Change It! Anleitung zum politischen Ungehorsam. München 2006, S. 64 und 66

15 Rogall, H.: Bausteine einer zukünftigen Umwelt- und Wirtschaftspolitik. Berlin 2000, S. 71

Kapitel 2. Politik

16 Die Zeit, Nr. 47/2006, Fritz Vorholz: Sind die Menschen noch zu retten?

17 Bild vom 23. Februar 2007, S. 1

18 Handelsblatt, 2. April, S. 3

19 Chemie Ingenieur Technik 2007, 79, No. 1–2, S. 30

20 die tageszeitung vom 3. April 2007, S. 4

21 Schmidt-Bleek, F.: Nutzen wir die Erde richtig? Fischer-Verlag, Frankfurt/Main 2007, S. 151

22 Der Spiegel, Nr. 36 vom 5. 9. 2005 S. 114–116

23 Schmidt-Bleek, F.: Nutzen wir die Erde richtig? Frankfurt/Main 2007, S. 58 f.

24 Umweltbundesamt: Wirkungen der Ökologischen Steuerreform auf Innovation und Marktdurchdringung. Berlin 2005

25 Böll-Thema: Grüne Marktwirtschaft, Ausgabe 1/2007, S. 14

26 die tageszeitung vom 28. Januar 2006, S. 3, Süddeutsche Zeitung, 3. März 2007, S. 5

27 Tuchman, Barbara: Die Torheit der Regierenden. Fischer-Verlag, Frankfurt/Main 2006, S. 480 ff.

28 Die Zeit, Nr. 47/2006, Fritz Vorholz: Sind die Menschen noch zu retten?

29 Berliner Zeitung, 17. März, S. 3

30 The Fraser Institute: Independent Summary for Policy Makers. IPCC Fourth Assessment Report. Vancouver 2007, S. 8 und S. 25

31 *http://www.exxonsecrets.org/html/listorganizations.php*

32 GVSt: Die deutsche Steinkohle. Fakten-Analysen-Argumente. Essen 2007, S. 1

33 die tageszeitung, 16. Februar 2006, S. 12

Kapitel 3. Gesellschaft

34 zit. nach Süddeutsche Zeitung vom 11. Dezember 2006, S. 11

35 zit. nach IPCC: Climate Change. Mitigation. Genf 2001. Kap. 5.3.8.4 – *www.grida.no/climate/ipcc_tar/wg3/201.htm*

36 Süddeutsche Zeitung vom 6. November 2006, S. 13

37 In seinem Rundbrief »Informationen und Meinungen« 2/2003 freute sich der Bundesverband Braunkohle später über eine »breite öffentliche Resonanz« auf die Aktion.

38 *http://eteam.ncpa.org/issues/?c=bi-weekly-global-warming-updates* – die Ausgabe vom 15. Dezember 2006 verweist auf einen zwanzig Jahre alten Text der Zeitschrift *Nature*, der aber schon in der Überschrift ein Fragezeichen enthielt: »Industrial age leading to the greening of the Earth?« (Nature 320, 22 vom 6. März 1986)

39 Los Angeles Times vom 2. Juli 2006

40 zit. nach Eggebrecht, W./Manhart, K.: Fatale Logik. Egoismus oder Kooperation in der Computersimulation. In: c't 6/1991, S. 144 ff. – Axelrods Buch auf Deutsch: Die Evolution der Kooperation. München 1987

41 Bundesumweltministerium: Umweltbewusstsein in Deutschland 2006. Ergebnisse einer repräsentativen Bevölkerungsumfrage. Berlin 2006, S. 64 bzw. S. 30

42 Goldstein, N./Cialdini, R./Griskevicius, V.: A Room with a Viewpoint. Using Normative Appeals to Motivate Environmental Conservation in a Hotel Setting. Unveröffentlichtes Manuskript für das Journal of Consumer Research. 2007

43 Bild vom 5. März 2007, S. 1

44 Scherhorn, G.: Zur Messung des Wohlstands. In: Hartard, S./Stahmer, C.: Magische Dreiecke. Berichte für eine nachhaltige Gesellschaft. Bd 3. Marburg 2002. S. 267–288, hier S. 270

45 Erhardt, L.: Wohlstand für alle. Düsseldorf 1957, S. 222 f. – zit. nach BUND/Misereor: Zukunftsfähiges Deutschland. Ein Beitrag zu einer global nachhaltigen Entwicklung. Basel 1996, S. 202

46 Wuppertal-Institut: Fair Future. Begrenzte Ressourcen und globale Gerechtigkeit. München 2005, S. 163 f.

47 laut einer Umfrage des BAT-Freizeitforschungsinstituts von 2006

48 siehe: *www.stopclimatechaos.org* und *www.hier.nu*

49 Brown, L. R./Flavin, C./Postel, S.: Zur Rettung des Planeten Erde. Strategien für eine ökologisch nachhaltige Weltwirtschaft. Frankfurt/Main 1992, S. 14 – Die Textpassagen zum Untergang der *Titanic* basieren auf der dortigen Darstellung, auf der deutschen und englischsprachigen Wikipedia-Ausgabe sowie auf Kreutz, H.: Das Überleben des Untergangs der Titanic. Eine nichtreaktive Messung sozialer Ungleichheit. In: Angewandte Sozialforschung 22 (2002), Nr. 1/2, S. 9–20

Kapitel 4. Kohlenstoff einen Preis geben

50 Stern Review: The Economics of Climate Change. Executive Summary. London 2006, S. XyII

51 ZeitWissen, 2/2007, S. 21

52 Daten laut VCD: VW Touareg 3.6 V6 FSI = 329 g/km, Polo BlueMotion = 102 g/km

53 3074 kWh (dt. Durchschnittshaushalt lt. VDEW) x 516 g CO_2/kWh (für deutschen Strommix 2005)

54 auf der Basis von 53 g/kWh (bei EWS Schönau)

55 David Fleming stellt sein Modell auf der Homepage *www.teqs.net* detailliert vor.

56 Rede am 19. Juli 2006 – *www.defra.gov.uk/corporate/ministers/ speeches/david-miliband/dm060719.htm*

57 Starkey, R./Anderson, K.: Domestic Tradable Quotas. A policy instrument for reducing greenhouse gas emissions from energy use. Manchester 2005

58 Rahmstorf, S./Schellnhuber, H.-J.: Der Klimawandel. München 2006, S. 119

59 Roberts, S./Thumim, J.: A Rough Guide to Individual Carbon Trading. London 2006, S. 8

60 Wicke, L./Spiegel, P./Wicke-Thüs, I.: Kyoto Plus. So gelingt die Klimawende. München 2006, S. 81

61 Drucksache 16/3293 vom 8. November 2006, S. 6

62 WBGU: Neue Impulse für die Klimapolitik. Die Chancen der deutschen Doppelpräsidentschaft nutzen (Politikpapier 5). Berlin 2007, S. 9

Kapitel 5. Auf erneuerbare Energien umsteigen

63 DLR: Trans-Mediterraner Solarstromverbund. Zusammenfassung. Stuttgart 2006, S. 7 und S. 1 – die Studie im Wortlaut unter *www. dlr.de/tt/trans-csp*

64 Bericht des BMU »Entwicklung der erneuerbaren Energien im Jahr 2006 in Deutschland« vom 21. Februar 2007, S. 3

65 *www.udel.edu/PR/UDaily/2006/nov/solar110205.html*, siehe auch: Sonne, Wind, Wärme 11/2006, S.79

66 *www.tagesschau.de/aktuell/meldungen/0,,OID6426482_EF1,00. html*

67 Scheer, H.: Solare Weltwirtschaft. Strategie für die ökologische Moderne. München 1999/2002, S. 281 f.

68 Scheer, H.: Jenseits von Kohle und Atom. Denkschrift zu mehr Handlungsmut für erneuerbare Energien. Berlin 2007

69 Sonne, Wind & Wärme, 2/2007, S. 29

70 Czisch, G.: Interkontinentale Stromverbünde – Perspektiven für eine regenerative Stromversorgung. Kassel 2001, S. 53 und S. 57

71 Oliven, O.: Europas Großkraftlinien. Vorschlag eines europäischen Höchstspannungsnetzes. In: Zeitschrift des Vereines Deutscher Ingenieure. 74, 25.06.1930, S. 875–879

72 DLR: Trans-Mediterraner Solarstromverbund. Zusammenfassung. Stuttgart 2006, S. 4

73 Interview in der Frankfurter Rundschau vom 11. März 2007

74 DLR: Trans-Mediterraner Solarstromverbund. Zusammenfassung. Stuttgart 2006, S. 2 bzw. S. 9

75 *http://europa.eu/scadplus/leg/de/lvb/i23022.htm*

76 WBGU: Neue Impulse für die Klimapolitik. Chancen der deutschen Doppelpräsidentschaft nutzen. (Politikpapier 5). Berlin 2007, S. 8

Kapitel 6. Kohlekraftwerke verbieten

77 UBA: Klimaschutz und Investitionsvorhaben im Kraftwerksbereich. (Publikationsreihe Climate Change 02/2006). Dessau 2006

78 IPCC: Special Report Carbon Dioxide Capture and Storage. Summary for Policymakers and Technical Summary. Genf 2005. S. 3

79 Fischedick, M. (u. a.): Strukturell-ökonomisch-ökologischer Vergleich regenerativer Energietechnologien mit Carbon Capture and Storage. Wuppertal/Stuttgart/Potsdam 2007, S. 13

80 Financial Times Deutschland vom 10. Januar 2007

81 Ploetz, C.: Sequestierung von CO_2: Technologien, Potenziale, Kosten und Umweltauswirkungen. Berlin/Heidelberg (WBGU-Materialien) 2003, S. 13/23

82 Umweltbundesamt: Technische Abscheidung und Speicherung von CO_2 – nur eine Übergangslösung. (Publikationsreihe Climate Change 07/2006) Dessau 2006, S. 62 bzw. S. 68

83 ebd., S. 65

84 Socolow, R.: Können wir das Klimaproblem begraben? Spektrum der Wissenschaft 3/2006, S. 74. Ähnlich alarmierend ist das Fazit einer 192-seitigen Studie des Massachusetts Institute of Technologie (MIT): »Wir glauben, dass die Nutzung der Kohle in jedem vorhersehbaren Szenario steigen wird, da sie billig und reichlich vorhanden ist.« (zit. nach *www.spiegel.de/wissenschaft/mensch/0,1518,471930,00.html*)

85 Fischedick, M. (u. a.): Strukturell-ökonomisch-ökologischer Vergleich regenerativer Energietechnologien mit Carbon Capture and Storage. Wuppertal/Stuttgart/Potsdam 2007, S. V

Kapitel 7. Energieversorgung dezentralisieren

86 Öko-Institut Darmstadt, zit. nach Der Spiegel 11/07, S. 18; Eine Studie der britischen Oxford Research Group kommt auf Kohlen-

dioxid-Werte von 84 bis 122 Gramm pro Kilowattstunde Atomstrom –
Tendenz steigend. (*www.oxfordresearchgroup.org.uk/publications/brie-
fing_papers/secureenergy.php*)

87 Reuters, REU9095 06. März 2007 11:20

88 die tageszeitung vom 26. Januar 2006, S. 7

89 Eon: 34 %; RWE: 27 %; Vattenfall: 11 %; EnBW: 7 %

90 In: Petermann, J.: Sichere Energie im 21. Jahrhundert. Hamburg
2006, S. 383

91 Matthes, F. C: Stromwirtschaft und deutsche Einheit, edition energie + umwelt. 2000, S.161

92 Energiezukunft, EnBW, 2005, S.91

Kapitel 8. Energie klüger nutzen

93 Die Zeit, Nr. 13 vom 23. März 2006

94 Umweltbundesamt: 21 Thesen zur Klimaschutzpolitik des 21. Jahrhunderts und ihre Begründung. Berlin 2005, S.100

95 Jürgen Petermann: Sichere Energie im 21. Jahrhundert, Hoff-
mann und Campe, S.111 ff

96 WBGU, »Energiewende zur Nachhaltigkeit«, 2003, S. 90

97 Weizsäcker in: Jürgen Petermann: Sichere Energie ...., S. 129

98 Süddeutsche Zeitung, 9. März 2007, S. 18

99 Die Zeit, Nr. 18 vom 28. April 2005

Kapitel 9. Sparsame Autos fahren

100 Fischedick, M./Nitsch, J. (u. a.): Langfristszenarien für eine nachhaltige Energienutzung in Deutschland. Kurzfassung. Berlin 2002 (For-
schungsbericht 200 97 104 des Umweltbundesamtes). S. 59

101 Transport&Environment: How clean is your car brand? The car
industry's commitment to the EU to reduce CO_2 emissions: a brand-
by-brand progress report. Brüssel 2006, S. 6

102 UBA: CO_2-Minderung im Verkehr. Ein Sachstandsbericht des
Umweltbundesamtes. Beschreibung von Maßnahmen und Aktualisie-
rung von Potenzialen. Berlin 2003, S. 2

103 DIW-Wochenbericht 9/2007, S. 133

104 Diekmann, J. (u. a.): Endbericht zum Forschungsvorhaben Politikszenarien für den Klimaschutz – Langfristszenarien und Handlungs-
empfehlungen ab 2012 (UBA-Forschungsbericht 201 41 142). Berlin/
Jülich/Karlsruhe 2004, S. 405

105 *www.spiegel.de/wissenschaft/natur/0,1518,471268,00.html*

106 OECD: Environmentally Sustainable Transport (EST) – Phase 3: Policy Instruments for Achieving EST. Vol. 2. Case study: provided by Germany. (ENV/EPOC/PPC/T(99)6/FINAL/ANN3). Paris 2001, S. 16

107 Berliner Zeitung vom 8. Februar 2007, S. 11

108 DIE ZEIT 7/07 vom 8. Februar 2007, S. 27

109 *www.heise.de/tr/artikel/print/78056*

110 *www.manager-magazin.de/life/auto/0,2828,458596,00.html*

111 Heuer, S.: Rollende Kraftwerke. In: Technology Review. Oktober 2004. Heise Verlag, S. 105

Kapitel 10. Weniger fliegen

112 Beim Energieverbrauch pro Passagierkilometer ist der Abstand weniger groß, aber die in großen Höhen ausgebrachten Flugzeugabgase schädigen das Klima überproportional stark.

113 taz magazin vom 27. Januar 2007

114 ild vom 9. Februar 1995, S. 2

115 Deutsche Flugsicherung: Mobilitätsbericht 2006, S. 7, S. 14

116 NFO Infratest, Monitor Group Analyse – zit. nach Greenpeace-Magazin 5/2006, S. 36

117 *www.germanwatch.org/rio/bpflug03.pdf*

118 Clearing the Air – The Myth and Reality of Aviation and Climate Change, T&E 2/2006, S. 7

119 Neue Energie, 11/2006, S. 66 und S. 67

120 20. Subventionsbericht der Bundesregierung, Bundestags-Drucksache 16/1020, S. 242

121 Der Flugbegleiter, 01/2007, S. 67

Kapitel 11. Niedrig-Energie-Städte bauen

122 Passivhausinstitut Darmstadt, zit. nach Neue Energie 11/2006, S. 33

123 UBA: Klimaschutz in Deutschland bis 2030. Berlin 2005, S. 90

Kapitel 12. Weniger Fleisch – und mehr Bio

124 Enquete-Kommission »Schutz der Erdatmosphäre« des Deutschen Bundestages (Hrsg.): Schutz der Grünen Erde. Klimaschutz durch umweltgerechte Landwirtschaft und Erhalt der Wälder. Bonn 1994, S. 99 ff.

125 FAO: Livestock's long shadow. Rom 2006, S. 96 ff.

126 Hahlbrock, K.: Kann unsere Erde die Menschen noch ernähren? Frankfurt/Main 2007, S. 283 f.

127 Haas, G./Geier, U./Schulz D./Köpke, U.: Vergleich Konventioneller und Organischer Landbau – Teil I: Klimarelevante Kohlendioxid-Emission durch den Verbrauch fossiler Energie. In: Berichte über Landwirtschaft 73, Hrsg.: Landwirtschaftsverlag Münster-Hiltrup 1995. S. 401–415, hier S. 412; außerdem: Schlussbericht der Enquete-Kommission »Schutz der Erdatmosphäre«, Teil D, S. 625, BT-Drs. 12/8600

128 Burdick, B.: Klimaänderung und Landbau. Die Agrarwirtschaft als Opfer und Täter. Heidelberg 1994, S. 89 f.

129 Köpke, U./Haas, G.: Vergleich Konventioneller und Organischer Landbau – Teil II: Klimarelevante Kohlendioxid-Senken von Pflanzen und Boden. In: Berichte über Landwirtschaft 73, Hrsg.: Landwirtschaftsverlag Münster-Hiltrup 1995, S. 416–434, hier S. 431

130 Enquete-Kommission (Hrsg.): Schutz der Grünen Erde, Bonn 1994, S. 183; Schlussbericht der Enquete-Kommission »Schutz der Erdatmosphäre«, Teil D, S. 624, BT-Drs. 12/8600; Geier, U: Anwendung der Öko-Bilanz-Methode in der Landwirtschaft. Berlin 2000, S. 169

131 UBA: Die Zukunft in unseren Händen. 21 Thesen zur Klimaschutzpolitik. Dessau 2005, S. 145 f.

132 Institut für Energetik: Möglichkeiten einer europäischen Biogas-Einspeisungsstrategie. Leipzig 2007

133 Wiegmann, K./Eberle, U. (u. a.): Umweltauswirkungen von Ernährung – Stoffstromanalysen und Szenarien. Darmstadt/Hamburg (Öko-Institut) 2005, S. 25 f. und S. 33

134 Burdick, B./Blanke, M.: Energiebilanzen für Obstimporte. Äpfel aus Deutschland oder Übersee? Erwerbsobstbau 47 (2006) 6, S. 143–148

135 Schlussbericht der Enquete-Kommission »Schutz der Erdatmosphäre«, Teil D, S. 628, BT-Drs. 12/8600

Kapitel 13. Bäume pflanzen

136 Süddeutsche Zeitung vom 27. Juni 2001, S. 10; ähnliche Zahlen in: BUND/Misereor: Zukunftsfähiges Deutschland. Basel 1996, S. 320 – Die tropischen Regenwälder sind gigantische Kohlenstoff-Speicher, aber noch mehr CO_2 ist in den Wäldern und Mooren der borealen Klimazone gebunden – also in Alaska und Kanada, Skandinavien und Sibirien. Dazu: Enquete-Kommission »Schutz der Erdatmosphäre« des Deutschen Bundestages (Hrsg.): Schutz der Grünen Erde. Klimaschutz durch umweltgerechte Landwirtschaft und Erhalt der Wälder. Bonn 1994, S. 550 ff.

137 Burdick, B: Klimaänderung und Landbau. Die Agrarwirtschaft als Täter und Opfer. Heidelberg 1994, S. 41

138 Enquete-Kommission »Schutz der Erdatmosphäre« des Deutschen Bundestages (Hrsg.): Schutz der Grünen Erde. Klimaschutz durch umweltgerechte Landwirtschaft und Erhalt der Wälder. Bonn 1994, S. 574 – Der Energieaufwand für den Bau der Halle liegt demnach mit dem Baustoff Holz bei 330 000 kWh, mit Stahl bei 630 000 kWh und mit Stahlbeton bei 826 000 kWh. Bei konservativer Berechnung (ca. 500 Gramm Kohlendioxid pro kWh Strom) ergäben sich daraus für Holz 165 Tonnen, Stahl 315 Tonnen und Stahlbeton 826 Tonnen des Treibhausgases – nur für die industrielle Herstellung der Baustoffe.

139 Bundestagsdrucksache 16/961 vom 15. März 2006

140 »Heiße Ware« Tropenholz, Studie des WWF vom 17. August 2005

141 Ab 2008 bekommt Deutschland von der EU Zertifikate über den Ausstoß von 453 Millionen Tonnen Kohlendioxid zugeteilt. Davon darf sie zehn Prozent versteigern. Bei einem Preis von elf Euro ergäben sich bereits 500 Millionen Euro an Einnahmen. Vermutlich wäre es sogar mehr, denn an der Leipziger Strombörse EEX werden Zertifikate für das Jahr 2008 bereits mit 17 Euro bewertet (Stand Mitte April 2007).

Kapitel 14. Klimadiplomatie neu erfinden

142 *http://germanwatch.org/kliko/k40cop.htm*

143 die tageszeitung vom 5. Februar 2007, S. 3

144 WBGU-Politikpapier Nr. 5: Neue Impulse für die Klimapolitik. Berlin 2007

145 Wicke, L: Kyoto Plus. So gelingt die Klimawende. München 2006, S. 82

146 Zumach, A.: Die kommenden Kriege. Köln 2005, S. 215

Kapitel 15. Anpassung an das Unvermeidliche

147 Rahmstorf, S./Schellnhuber, H. J.: Der Klimawandel. München 2006, S. 14

148 Gore, A.: Eine unbequeme Wahrheit. München 2006, S. 40

149 WBGU-Politikpapier Nr. 5: Neue Impulse für die Klimapolitik. Chancen der deutschen Doppelpräsidentschaft nutzen. Berlin 2007, S. 4

150 Financial Times Deutschland vom 2. Februar 2007, Forschungsseite

151 Münchner Rück (Hrsg.): Wetterkatastrophen und Klimawandel. München 2005, S. 99

152 Latif, M.: Bringen wir das Klima aus dem Takt? Fischer 2007, S. 163

153 die tageszeitung vom 17. November 2006, S. 14

154 Süddeutsche Zeitung vom 8. Februar 2007 und vom 15. März 2007, S. 5

155 Welt kompakt vom 28. Februar 2007, S. 11

156 IPCC-Arbeitsgruppe II, Climate Change 2007: Climage Change Impacts, Adaptation and Vulnerability. Technical Summary. S. 18

157 New York Times vom 1. April 2007 (»Poor Nations to Bear Brunt as World Warms« by Andrew C. Revkin)

158 USGS: Polar Bear Populations State in the Southern Beaufort Sea. Reston (Virginia) 2006

159 WBGU: Neue Impulse für die Klimapolitik (Politikpapier Nr. 5). Berlin 2007, S. 12

Kapitel 16. Treibhausgas-Ausstoß halbiert

160 Die Einzelprojekte wurden Ecofys, das mit 450 Mitarbeitern in elf Ländern auch große Konzerne und Regierungen berät, von den Autoren vorgegeben. Die resultierenden Minderungen beim Treibhausgas-Ausstoß wurden so realistisch wie möglich abgeschätzt, Kosten oder politische Akzeptanz waren nicht Gegenstand der Betrachtung. – *www.ecofys.de*

161 Stern Review: The Economics of Climate Change. Executive Summary. London 2006, S. XIX

162 13 000 Kilometer für Benzin- und 20 000 Kilometer für Dieselfahrzeuge

163 UBA: Die Zukunft in unseren Händen. 21 Thesen zur Klimaschutzpolitik des 21. Jahrhunderts und ihre Begründungen. Dessau 2005, S. 99

164 Die Enquete-Kommission »Schutz der Erdatmosphäre« des Deutschen Bundestages kam 1994 zu diesem Ergebnis: »Vor allem die Verringerung des Verzehrs an Fleisch und Molkereiprodukten hat beträchtliche Klimarelevanz. Die Klimabelastung, die mit dem Verzehr von 100 g Schweinefleisch zu verbinden ist (0,85 kg CO_2-Äquivalent), wird auch durch 35 g Hartkäse, 19 g Butter oder 0,4 l Milch hervor-

gerufen ... Durch eine Senkung des Fleischkonsums auf ein – auch
der Gesundheit förderliches Maß – könnte ein Viertel oder mehr der
klimarelevanten Emissionen vermieden werden. Der Übergang zu einer stärker pflanzlich orientierten Ernährung eröffnet somit das mit
Abstand größte Einsparpotenzial (bis zu 100 Mio t. CO_2-Äquivalente)
im Ernährungssystem. Darüber hinaus würden die volkswirtschaftlichen Folgekosten der ernährungsbedingten Krankheiten (50 Mrd.
DM/Jahr) erheblich reduziert. ... Mit einer Halbierung des Konsums
an tierischen Erzeugnissen bei konstanter Versorgung mit pflanzlicher Nahrung würde nicht nur das Problem des zu viel, sondern auch
des ernährungsphysiologisch falschen Essens im Wesentlichen gelöst.
Rechnerisch ergibt sich eine Verringerung des Treibhauspotenzials des
Landwirtschafts- und Ernährungssektors um 64 Mio t. CO_2-Äquivalent bzw. 800 kg CO_2-Äquivalent pro Einwohner, also um ein Viertel.«
(Schlussbericht Teil D, S. 628, Bundestagsdrucksache 12/8600)
165 Unter Renate Künast hatte das Bundesagrarministerium das politische Ziel ausgegeben, bis 2010 den Bio-Anteil am Lebensmittelmarkt
auf 20 Prozent zu erhöhen. Die dadurch erreichbare Entlastung des
Klimas wurde damals mit 2,6 bis 3,9 Millionen Tonnen Kohlendioxid-Äquivalenten beziffert. (Umweltbundesamt: Klimaschutz in Deutschland bis 2030. Endbericht zum Forschungsvorhaben Politikszenarien
III. UBA-FB 000752, Berlin 2005, S. 260

Dank

Bedanken ...

... möchten wir uns bei den Kollegen vom Greenpeace-Magazin, wo die erste Idee für dieses Buch entstand, insbesondere bei Michael Friedrich, Wolfgang Hassenstein und Kirsten Brodde. Außerdem bei all jenen, die mit Rat und Tat zum Entstehen beigetragen haben: bei Fritz Vorholz sowie bei Michael Bauchmüller, Bernhard Burdick, Jörn Kabisch, Birgit Fischer, Sven Giegold, Gabriela von Goerne, Reinhard Loske, Sven Harmeling, Daniel Kluge, Hermann Ott, Konstanze Richter, Barbara Wenner und Nikolaus Wolters.

... möchte sich Nick bei seinem geliebten Weib für ihre scheinbar unerschütterliche Geduld

... möchte sich Toralf bei Bine, dass sie ihm immer wieder zeigt, was wirklich wichtig ist.

Berlin, den 15. April 2007